Das Buch zu

Android

Tablets

Hans Dorsch

Beijing · Cambridge · Farnham · Köln · Sebastopol · Tokyo

Kommentare und Fragen können Sie gerne an uns richten:
O'Reilly Verlag
Balthasarstr. 81
50670 Köln
E-Mail: kommentar@oreilly.de

Bibliografische Information der Deutschen Nationalbibliothek
Die Deutsche Nationalbibliothek verzeichnet diese Publikation in der Deutschen Nationalbibliografie; detaillierte bibliografische Daten sind im Internet über *http://dnb.d-nb.de* abrufbar.

Lektorat: Susanne Gerbert, Köln
Korrektorat: Eike Nitz, Köln
Satz: Ulrich Borstelmann, Dortmund
Umschlaggestaltung: Michael Oreal, Köln
Grafiken: Androiden auf den Kapitelstartseiten erstellt von Pia Steeb mithilfe der App *Androidify*
Produktion: Andrea Miß, Köln
Belichtung, Druck und buchbinderische Verarbeitung: Mediaprint, Paderborn

ISBN 978-3-95561-091-3

Dieses Buch ist auf 100% chlorfrei gebleichtem Papier gedruckt.

Inhaltsverzeichnis

8. Suchen, finden, nutzen – Infos und Wissen aus dem Netz 255

9. Verbinden, vernetzen, erweitern – sicher und schlau zum persönlichen Tablet 277

Willkommen am Tablet mit Android!

Diesmal fange ich nicht mit Jahreszahlen an, wie ich das sonst gerne in meinen Büchern tue. Stattdessen sage ich einfach:

Das Post-PC-Zeitalter ist angebrochen. Und zwar spätestens mit Erscheinen dieses Buchs.

Aufgaben, für die noch bis vor kurzem ein PC notwendig war (egal, ob im Towergehäuse oder als Laptop), können jetzt mit Geräten erledigt werden, die nur noch wenig mit klassischen Computern zu tun haben. Ohne langes Hochfahren (schlimm), ohne nervige Lüftergeräusche (noch schlimmer) und beinahe ohne Sorge um die Akkulaufzeit tritt bei den aktuellen Android-Tablets die Technik in den Hintergrund und macht die Bühne frei für den Spaß an den Inhalten.

Wenn Sie noch nie einen PC besessen haben, freuen Sie sich über die Gnade des späten Einstiegs. Wenn Sie lange Nächte mit Computerkonfiguration und blauen Bildschirmen kennen, freuen Sie sich, dass Sie so etwas nie mehr erleben müssen. Denn Tablets mit Android sind so einfach aufgebaut, dass sie Anfänger nicht überfordern und Profis nicht für dumm verkaufen.

Und so wünsche ich mir, dass Sie mit diesem Buch schnell und einfach die vielen Möglichkeiten Ihres Tablets nutzen können – und viele Anregungen für die eigene Nutzung mitnehmen.

Ach ja: Falls Sie mein Android Smartphone-Buch kennen, werden Ihnen einige Inhalte bekannt vorkommen. Das liegt daran, dass viele Dinge auf Smartphones und Tablets gleich sind.
Und das ist gut so.

Kapitel 1 | Loslegen – mit dem Tablet und ein paar Grundlagen

Ihr Android-Tablet, dieser kleine mobile Computer (teilweise mit Telefonfunktion) kann Ihnen vieles leichter, schöner und bunter machen. Natürlich können Sie einfach loslegen, aber mit einer Übersicht über die wichtigsten Techniken und Funktionen holen Sie schneller mehr aus Ihrem Gerät heraus.

Die Anleitungen und Tipps in diesem Buch können Sie mit jedem Android-Tablet nutzen. Jedoch ist kein Android-Tablet wie das andere: Ich hatte Geräte von Google (gefertigt von Asus) und Samsung zur Verfügung; alle waren unterschiedlich, aber alle waren sich auch sehr ähnlich. Drei Hinweise deshalb vorweg:

1. Dieses Buch behandelt Geräte mit der Systemversion 4.1 und höher. So gut wie alle Inhalte gelten aber auch für Android-Systeme mit niedrigerer Versionsnummer.

2. Das Nexus 7 von Google verwendet, wie alle Google-Geräte, das aktuelle Android-System in der unveränderten Grundausführung (derzeit mit der Versionsnummer 4.2.2). Samsung baut auf diesem System auf und stattet die Geräte Galaxy Tab 2 7.0 und Galaxy Note 10.1 mit einer eigenen Oberfläche (TouchWiz) und eigenen Programmen aus. Die Bildschirme sehen dadurch möglicherweise ein wenig anders aus als bei Ihrem Gerät, die Funktionen stimmen jedoch weitgehend überein.

3. Sie können Ihr Android-Tablet nutzen, ohne es jemals in die Nähe eines Computers zu bringen. Wenn Sie es aber doch einmal mit einem Computer zusammen nutzen möchten, ist es sehr kontaktfreudig. Ich gehe in diesem Buch auf die Verbindung mit dem PC (Windows 7) und dem Mac (OS X ab 10.6) ein. Linux-Anwender finden sicher auch passende Anwendungen. Suchen Sie einfach danach – vielleicht mit Googles anderer erfolgreicher Erfindung, der Google-Suche.

Mit welcher Software läuft mein Tablet?

Wie Sie die Version Ihres Geräts herausfinden, erfahren Sie weiter hinten in diesem Kapitel.

Mikrofon   Frontkamera

Kamera   SIM-Karten-Schacht

Lichtsensor

Ein/Aus-Taste

Lautstärketasten

Touchscreen

Navigationstasten

Lautsprecher

Kopfhörerbuchse / Micro-USB-Anschluss

SD-Karten-Schacht

Android-Grundlagen – Das ist dran am Tablet

Tablets sind kleine Wunderwerke: Ultraleichte Computer, randvoll mit modernster Technik. Und dazu noch einfach zu bedienen. Es gibt sie in unterschiedlichen Größen und mit unterschiedlichen Ausstattungen. Folgendes ist meistens drin:

Die Tasten

1. Ein/Aus-Taste: Einmal kurz drücken, und das Tablet geht in den Ruhezustand (Standby). Langes Drücken öffnet die Tablet-Optionen. Dazu gehören immer Lautlos, Flugmodus und Ausschalten. Als ordentlicher Computer lässt sich Ihr Android das Herunterfahren zunächst bestätigen.

2. Lautstärke: Die Lautstärketasten sind meist als Wippe ausgelegt. Sie steuern den Musik- und Videoton und beim Telefonieren auch die Lautstärke der Stimme Ihres Gesprächspartners.

3. Die Navigationstasten: Sie gehören zum System und sind Teil des Touchscreens. Werden sie nicht benötigt, können sie ausgeblendet werden.

Der Touchscreen

Der berührungsempfindliche Bildschirm ist Anzeige- und Eingabegerät zugleich. Alle Elemente, die Sie sehen, können Sie nutzen, indem Sie sie einfach anfassen. Mehr dazu folgt auf den nächsten Seiten.

Lichtsensor   Frontkamera

Lautsprecher

Navigations-
tasten

Kamera (mit Fotolicht)   Mikrofon

Das ist dran am Tablet (Fortsetzung)

Die Sensoren

- Lichtsensoren erkennen, ob Sie in einer dunklen oder hellen Umgebung sind, und passen die Bildschirmhelligkeit an. Samsung-Tablets erkennen außerdem die Aktivität vor dem Bildschirm, also ob sich etwa ein Gesicht davor befindet.

- Die Kamera auf der Rückseite ermöglicht hochauflösende Foto- und Videoaufnahmen. Die Frontkamera mit niedrigerer Auflösung reicht zum Videotelefonieren völlig aus.

- Mit GPS-Chip, Kompass und Bewegungssensoren erkennt Ihr Tablet jederzeit, wo und in welcher Lage es sich befindet.

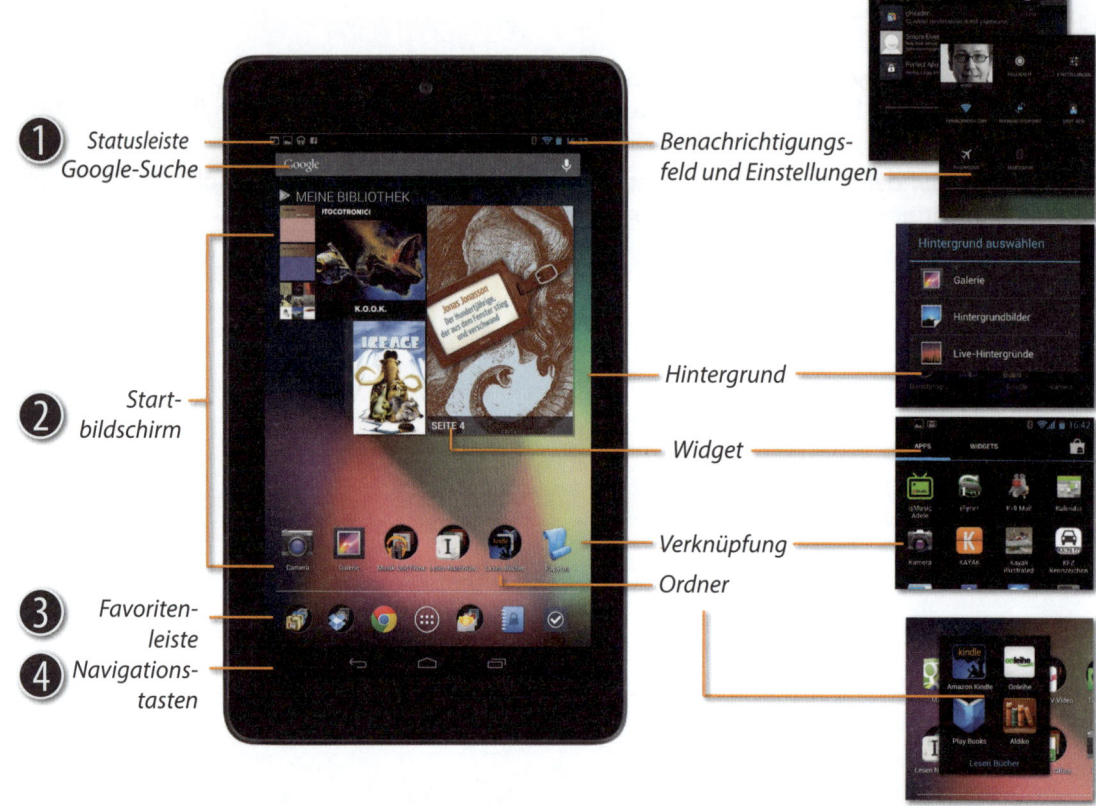

① Statusleiste
Google-Suche

② Start-
bildschirm

③ Favoriten-
leiste

④ Navigations-
tasten

Benachrichtigungs-
feld und Einstellungen

Hintergrund

Widget

Verknüpfung

Ordner

Android-Grundlagen – So steuern Sie Ihr Tablet

Wenn Sie Ihr Tablet einschalten, erscheinen auf dem Bildschirm sogleich die Elemente, mit denen es sich schnell und mühelos steuern lässt. Das sind folgende:

❶ Die **Statusleiste**: Sie zeigt immer die Zeit, den Batterieladezustand und die Signalstärke des Funknetzes an. In ihr sammeln sich alle Benachrichtigungen, etwa zu neuen E-Mails. Die **Google-Suche** ist am oberen Rand verankert oder als kleines Symbol am linken Bildschirmrand.

- Ziehen Sie mit dem Finger vom oberen Bildschirmrand links nach unten, um das **Benachrichtigungsfeld** zu öffnen (egal, was Ihr Tablet gerade anzeigt). Tippen Sie auf einen Eintrag, um ihn zu öffnen (z. B. auf eine SMS oder eine E-Mail).
- Tippen Sie am rechten Rand unten, um die wichtigsten Einstellungen anzuzeigen.

❷ Der **Startbildschirm** (auch Home-Bildschirm oder Homescreen): Die Organisationszentrale Ihres Tablets erreichen Sie immer mit einem Druck auf die Home-Taste. Auf diesem Bildschirm können Sie **Verknüpfungen** zu Dokumenten oder Apps (hier zur Kamera), **Widgets** (hier Google Play) und **Ordner** (z. B. Lesen) frei platzieren. Wie Sie mit diesen Elementen Ihr Tablet noch geschickter nutzen, erfahren Sie in Kapitel 7.

- Drücken Sie lange auf eine leere Fläche, um den **Hintergrund** zu ändern.
- Wischen Sie nach links und rechts. Sie können zwischen bis zu sieben Bildschirmen wechseln, die Sie ebenfalls individuell zusammenstellen können.

❸ Die **Favoritenleiste**: Diese Leiste, auch Launcher genannt, ist fest am unteren Bildschirmrand verankert und auf allen Bildschirmen zu sehen. Bei kleinen Bildschirmen wandert sie an den rechten Rand.

- Platzieren Sie hier Verknüpfungen zu Apps, die Sie besonders häufig verwenden.
- Das Symbol in der Mitte öffnet das Anwendungsmenü mit allen installierten Apps und den verfügbaren Widgets.

❹ Die **Navigationstasten**: Diese Tasten stehen auf dem Startbildschirm und in allen Apps immer zur Verfügung. Mehr zu ihnen auf den nächsten Seiten.

1 Zurück **2** Home **3** Kürzlich verwendet

Android-Grundlagen – Tasten und Menüs

Am unteren Bildschirmrand finden Sie die Navigationstasten. Sie sind immer zugänglich, egal, was auf dem Bildschirm zu sehen ist.

❶ Zurück: Geht einen Schritt zurück. Praktisch überall, systemübergreifend.

- Sie tippen durch ein Menü – Zurück bringt Sie eine Ebene höher.
- Eine App ruft eine andere auf – Zurück bringt Sie zur vorherigen App.
- Ein Dialogfeld öffnet sich – Zurück schließt es.

❷ Home: Die wichtigste Taste an Ihrem Tablet. Ein Tipp bringt Sie immer auf den Startbildschirm zurück, den Startpunkt aller Aktivitäten.

❸ Letzte Apps: Öffnet eine Liste der zuletzt verwendeten Apps. Tippen Sie auf eine, um direkt dorthin zu wechseln. Wischen Sie nach links oder rechts, um sie aus der Liste zu löschen.

❹ Aktionsleiste: Zu vielen Inhalten, die auf dem Bildschirm angezeigt werden, gibt es zusätzliche Funktionen, hier am Beispiel der (Foto-)Galerie. Kleine Dreiecke öffnen Menüs, um beispielsweise die Ansicht zu ändern, Tasten ermöglichen das Teilen (Mail, Twitter). Gibt es eine Suche, finden Sie hier eine kleine Lupe. Aktionen, die keinen Platz in der Leiste finden, landen im Menü. Tippen Sie auf die Taste mit den drei Pünktchen, um sie anzuzeigen.

Gleiche Funktionen, anders verpackt

Android ist nicht gleich Android. Je nach Systemversion (hier Version 4.2) oder Hersteller sehen die Oberflächen unterschiedlich aus. Aber die grundlegenden Funktionen unterscheiden sich nicht dramatisch. Zwei Beispiele sehen Sie auf der nächsten Seite.

Google mit Android 4.2 Jelly Bean　　　　　　　　　*Samsung mit Android und TouchWiz*

Android-Grundlagen – Versionen und Herstellererweiterungen

Wie schon gesagt, ist Tablet nicht gleich Tablet. Wahrscheinlich sieht Ihr Gerät nicht genauso aus wie die Geräte links auf dem Bild. Das liegt daran, dass jede Android-Version von Google als Open Source-System entwickelt und dann von den verschiedenen Geräteherstellern gemäß ihren eigenen Vorstellungen weiter angepasst wird. Da kann es durchaus sein, dass ein Gerät mit Systemversion 4.0.1 eine feste Favoritenleiste hat und ein anderes, wie hier rechts das von Samsung, mit Android 4.1 und der Samsung-Oberfläche TouchWiz ausgeliefert wird.

Hier ein paar Funktionen, die auf verschiedenen Geräten unterschiedliche Gestalt annehmen können:

❶ Startbildschirm: Bei Googles Android-Variante ist das Suchumfeld fester Bestandteil des Startbildschirms. Bei Samsung ist die Suche immer als Symbol dargestellt. Erstellt man bei Google Verknüpfungen und Widgets über das Anwendungsmenü in der Favoritenleiste, ist das bei Samsung auch über langes Drücken auf dem Bildschirm möglich. Das Anwendungsmenü finden Sie oben rechts statt in der Favoritenleiste.

❷ Favoritenleiste: Diese ist bei Googles Android fixiert und für alle Startbildschirme gleich. Bei Samsung können auf allen Bildschirmen unterschiedliche Symbole eingerichtet werden.

❸ Navigations- und Statusleiste: Bei Google befinden sich nur die drei Standardtasten in der Navigationsleiste. Samsung-Geräte besitzen zusätzlich eine Screenshot-Taste und eine für die Multiwindow-Leiste (Apps in der Leiste können nebeneinander dargestellt werden).

❹ Statusleiste und Benachrichtigungsfeld sind bei Google wie am Smartphone am oberen Bildschirmrand. Samsung-Geräte zeigen den Status unten rechts. Ein Tipp unten rechts öffnet das Benachrichtigungsfeld.

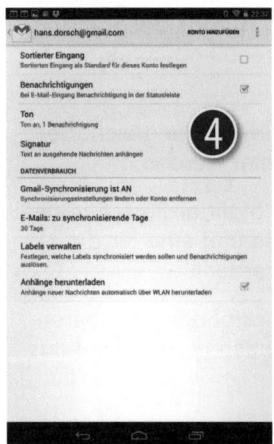

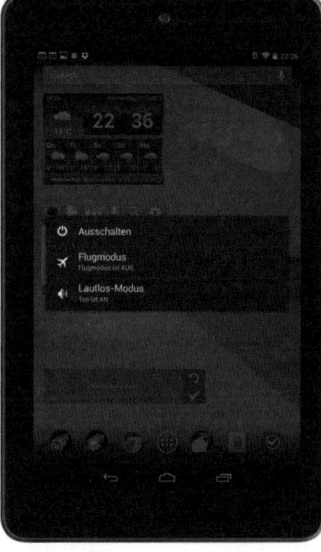

Wichtige Einstellung Nummer 1: Töne abschalten

Wundern Sie sich über die unfreundlichen Gesichter Ihrer Mitreisenden in der U-Bahn? Vielleicht liegt es daran, dass Sie eine E-Mail tippen und Ihr Gerät jeden Tastendruck mit einem deutlich hörbaren Ton quittiert. Und bin das nur ich, der sich vom Samsung-Mitteilungston (ein peinlicher Pfiff) geradezu körperlich belästigt fühlt wie von quietschender Kreide auf der Schultafel? Sie können die Töne zum Glück abschalten. Ihre Mitmenschen werden es Ihnen danken. Diese Einstellungen empfehle ich für den Anfang:

❶ Öffnen Sie Einstellungen → Sprache & Eingabe. Tippen Sie im Abschnitt Tastatur und Eingabemethoden auf die Einstellungen für die Android-Tastatur.

❷ Schalten Sie den Ton bei Tastendruck aus. (Vielen Dank!)

❸ Schalten Sie die Systemtöne aus, vor allem die Töne bei Berührung und vielleicht den Ton bei Displaysperre. Öffnen Sie dazu Einstellungen → Töne.

❹ Alle Nachrichten-Apps bieten eigene Benachrichtigungsoptionen an. Stellen Sie bei E-Mail-Konten, die nicht geschäftskritisch sind, den Klingelton ab.

❺ Schalten Sie die Ortungsdienste über Funk und GPS (benötigt ein bisschen mehr Strom) an. So können manche Apps den Standort Ihres Telefons genauer feststellen. Beim Download einer solchen App werden Sie davon in Kenntnis gesetzt.

❻ Schalten Sie die Display-Sperre ein. Mehr dazu später in diesem Kapitel.

❼ Schnell Ruhe schafft übrigens der Lautlosmodus. Damit schalten Sie alle Töne aus, die das Gerät erzeugt, bis auf die Medienwiedergabe und den Wecker. Drücken Sie dazu lange die Ein/Aus-Taste.

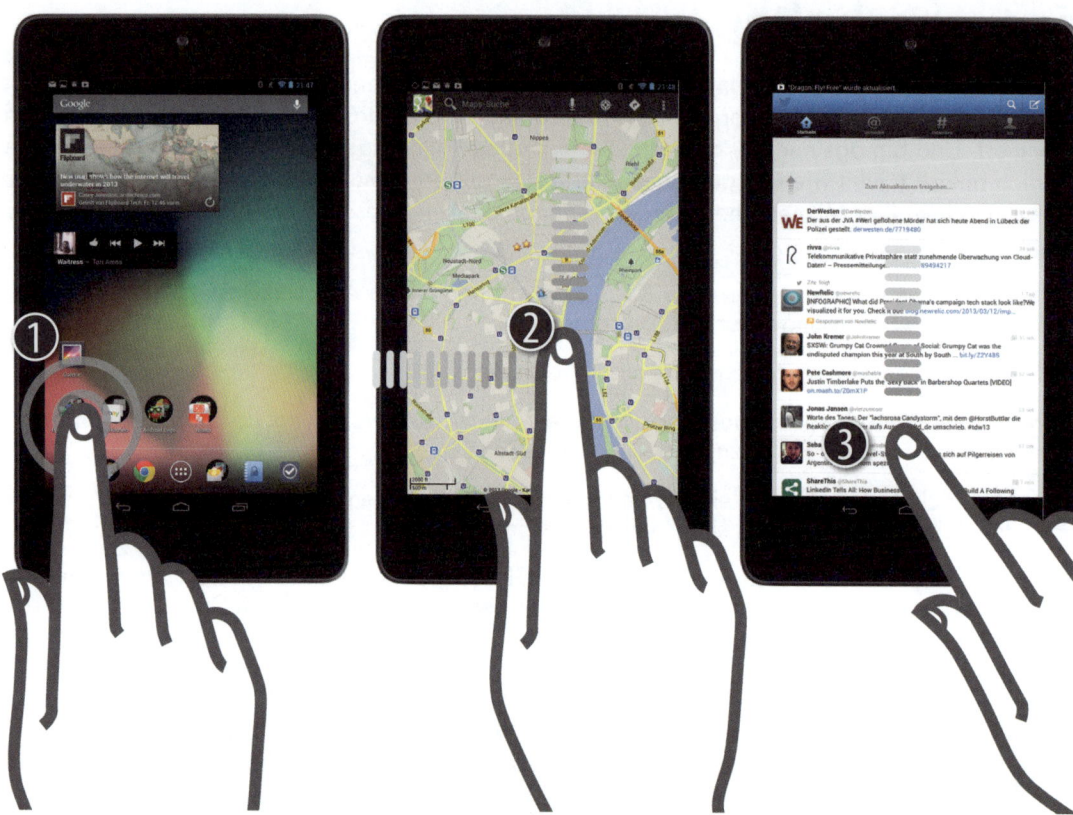

Das Android-Tablet mit Gesten steuern

Mit Ihrem Android kommunizieren Sie über Berührungen. Klingt schräg, ist es aber nicht. Denn es heißt nur, dass die Bedienung des Systems auf einem berührungsempfindlichen Display basiert. So gehen Sie vor, damit Ihr Tablet das tut, was Sie von ihm möchten:

❶ **Tippen**

- Mit einem **Tipp** starten Sie eine App auf dem Home-Bildschirm, folgen Links im Browser oder öffnen Fotos in der Galerie.
- Der **Doppeltipp** auf das Detail eines Fotos in der Galerie zoomt dieses auf Bildschirmgröße heran. Ein weiterer Doppeltipp bringt das ganze Bild zurück.

❷ **Bewegen**: Berühren Sie einfach den Bildschirm und bewegen Sie Ihren Finger darüber. So **schieben** Sie etwa die riesige Karte in Maps wie hinter einem Fenster mühelos hin und her oder bewegen sich auf großen Webseiten über die ganze Fläche.

❸ **Streichen** ist ein **Bewegen mit Loslassen** und viel schwieriger erklärt als durchgeführt. Stupsen Sie einfach den Bildschirm an und lassen Sie die Inhalte sich von allein weiterbewegen. Die eingebaute magische Physik sorgt dafür, dass sie nach einer Weile von selbst stoppen. Schieben Sie mit mehr Schwung, um in langen Listen schnell ans Ende zu kommen. Stoppen Sie die Bewegung mit einem Tipp. **Twitter** (bzw. Tweetie) machte als erste App aus dem Streichen eine Aktion. Ziehen Sie die Liste mit Einträgen von oben nach unten, damit die App neue Nachrichten lädt.

Das ist noch kein Multitouch

Diese Gesten funktionieren alle mit einem Finger, also einer Berührung. Auf der nächsten Seite sehen Sie die Gesten, für die Sie mehrere Finger benutzen können.

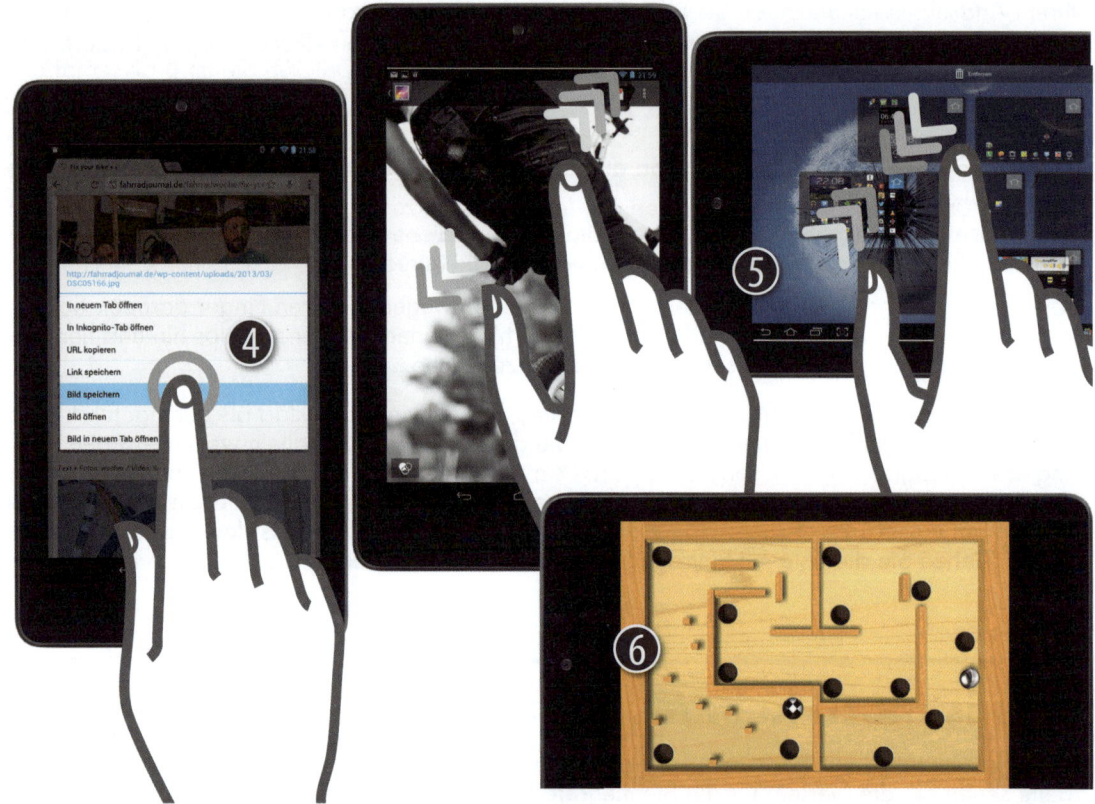

Das Android-Tablet mit Gesten steuern (Fortsetzung)

❹ Langes Drücken löst Aktionen aus oder blendet Optionen ein. Drücken Sie im Browser lange auf ein Bild und wählen Sie dann im Menü, ob Sie es speichern oder dem Link folgen möchten. Am Computer entspräche dem ein rechter Mausklick.

❺ Spreizen und **kneifen**: Mit dem Pinzettengriff vergrößern oder verkleinern Sie alles Mögliche auf Ihrem Display, also Fotos, Webseiten, Karten usw. Spreizen Sie Daumen und Zeigefinger, um ganz nahe ranzukommen, und ziehen Sie die Finger zusammen, um wieder herauszuzoomen. Bei Samsung- und HTC-Geräten holt Ihnen der Kniff auf dem Home-Bildschirm eine Übersicht aller Home-Bildschirme auf den Schirm.

❻ Bewegen: Es gibt nicht nur Gesten, die Sie auf dem Display ausführen, sondern auch solche, bei denen Sie das Gerät selbst bewegen. Vor allem Spiele nutzen den Neigungssensor. Bewegen Sie eine Kugel durch das Labyrinth oder lenken Sie einen Rennwagen durch Neigen in alle Richtungen. Schütteln Sie Ihr Tablet, um mit virtuellen Würfeln zu spielen.

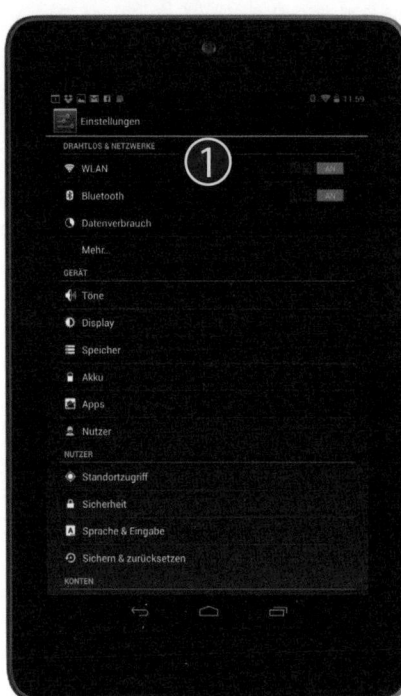

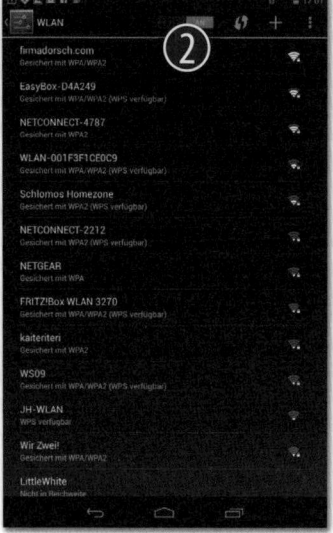

Mit dem WLAN-Netz verbinden

Jetzt wollen Sie natürlich ins Internet gehen, denn dafür ist Ihr Tablet geradezu prädestiniert. Meistens geht das am schnellsten via WLAN (auch Wi-Fi genannt), ob zu Hause oder unterwegs. Wenn Sie zu Hause oder im Büro ein WLAN nutzen, sollten Sie den Zugang dazu schnell auf Ihrem Tablet einrichten:

❶ Öffnen Sie Einstellungen. Aktivieren Sie im Abschnitt Drahtlos & Netzwerke den Schalter WLAN, falls die Verbindung noch nicht aktiv ist. Tippen Sie dann auf WLAN.

❷ Suchen Sie das Netzwerk, mit dem Sie sich verbinden möchten. Das Netz in meinem Büro heißt firmadorsch.com, es ist geschützt und trägt deshalb ein Vorhängeschloss. Tippen Sie auf das Netzwerk.

❸ Geben Sie im nächsten Schritt Ihr Kennwort ein – über die Tastatur oder über Kopieren und Einsetzen. (Ich sammle die Zugangsdaten in 1Password, siehe Kapitel 9.)

❹ Tippen Sie auf Verbinden.

❺ Sie sind jetzt verbunden. Den Status sehen Sie unter dem WLAN-Eintrag und am WLAN-Symbol in der Statusleiste.

- Die Zugangsdaten bleiben gespeichert. Wenn Sie sich in Zukunft in Reichweite dieses Netzes befinden, verbindet sich Android automatisch.
- Wenn Sie nicht mehr automatisch mit diesem Netzwerk verbunden werden wollen, tippen Sie auf den Eintrag und wählen dann Entfernen.

Netzwerkhinweis abschalten spart Strom und Nerven

Unter Menü → Erweitert finden Sie die Option Netzwerkhinweis. Entfernen Sie den Haken, dann sucht Ihr Tablet nicht ständig nach offenen WLAN-Netzen in der Nähe – und behelligt Sie auch nicht damit. Tippen Sie stattdessen auf Scannen, um selbst nach WLAN-Hotspots zu suchen.

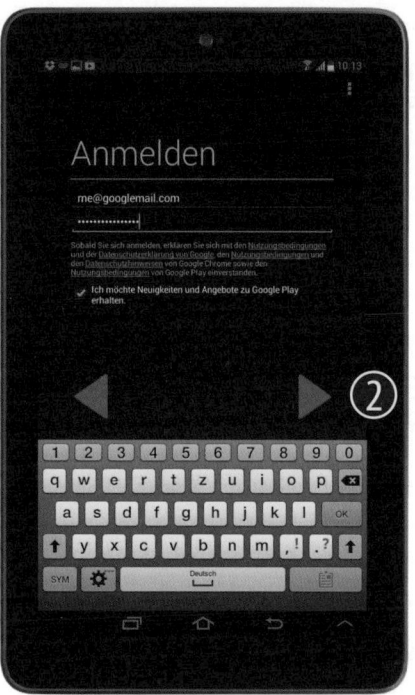

Ein Google-Konto einrichten

Wenn Sie Ihr Android-Tablet zum ersten Mal starten, werden Sie nach Ihren Google-Kontodaten gefragt. Dieses **erste** Konto ist das **Hauptkonto** Ihres Geräts. Falls Sie schon ein Google-Konto aktiv nutzen, etwa mit Google Mail oder Google Talk, sollten Sie es hier angeben.

Wichtig: Mit diesem Konto werden Ihre Downloads und Einkäufe in Google Play verbunden. Mit diesem Konto sind auch die Datensicherung und die automatische Wiederherstellung Ihrer Einstellungen verbunden (Einstellungen → Datenschutz).

Öffnen Sie Einstellungen → Konten und Synchronisierung. Tippen Sie auf Konto hinzufügen und dann auf Google. Jetzt haben Sie die Wahl …

Mit einem bestehenden Google-Konto anmelden

❶ Tippen Sie auf Anmelden.

❷ Geben Sie im nächsten Schritt Ihren Benutzernamen (Ihre Google-Mail-Adresse) und Ihr Passwort ein. Tippen Sie dann auf den Pfeil zum Anmelden.

Wenn Sie noch kein Google-Konto besitzen, geht es auf der nächsten Seite weiter.

Ein neues Google-Konto anlegen

Ein neues Google-Konto richten Sie in den Einstellungen unter Konten und Synchronisierung ein. Tippen Sie auf Konto hinzufügen und dann auf Google.

❶ Tippen Sie auf Erstellen.

❷ Geben Sie Ihren Vornamen und Nachnamen ein und tippen Sie auf den Pfeil für Weiter. Wählen Sie im nächsten Schritt einen Namen für Ihre E-Mail-Adresse und tippen Sie nochmals auf Weiter. Google überprüft jetzt, ob der Name verfügbar ist.

❸ Ist der Name nicht mehr verfügbar, können Sie ihn ändern oder durch einen der Vorschläge von Google ersetzen. Tippen Sie dann auf Wiederholen. Ist der Name noch zu haben, geht es weiter.

❹ Geben Sie ein Passwort ein – Google zeigt an, ob es sicher ist – und bestätigen Sie es. Tippen Sie dann auf Weiter.

Jetzt wird Ihr Konto eingerichtet und mit Ihrem Gerät verbunden (zwischendurch müssen Sie noch den Nutzungsbedingungen zustimmen). Im Anschluss können Sie ein Google+-Konto anlegen und Ihre Kreditkartendaten für den Google Play Store eingeben. Mehr zu diesen Themen finden Sie in den Kapiteln 3 und 6.

Android und die Cloud

Ihr Tablet ist ein mobiler Computer für das Internet. Es ernährt sich von Strom und GPS und braucht WLAN so dringend wie wir die Luft zum Atmen. Diese Nahrung ist die Grundlage für die erstaunlich vielfältigen Fähigkeiten, mit denen Android Ihr Leben unwahrscheinlich bereichern kann.

Denn Android ist ein System für die Cloud. Das heißt, es ist dafür gemacht, mit Daten zu arbeiten, die sich nicht auf dem Gerät, sondern im Internet befinden, gleichsam über dem Gerät schwebend wie in einer Wolke – auf Englisch Cloud.

Deshalb ist das Erste, was Sie beim Einschalten Ihres Tablets tun sollten, die Einrichtung Ihres Google-Kontos. Welche und wie viele Daten Sie Google anvertrauen wollen, können Sie später noch entscheiden.

Auch wenn Sie nicht vorhaben, Daten über Google-Dienste auszutauschen, empfehle ich Ihnen, ein Konto bei Google anzulegen. Sie benötigen es spätestens dann, wenn Sie bei Google Play einkaufen möchten.

Und wer denkt an den Datenschutz?

Sie meinen, Sie stünden nun völlig schutzlos den Gefahren der modernen Technik gegenüber und wären auf den guten Willen der Konzerne angewiesen? Es klingt fast so, stimmt aber nicht. Im Laufe dieses Buchs gehe ich auch auf Datenschutzbedenken ein und zeige Ihnen, wie Sie Ihre Daten schützen können.

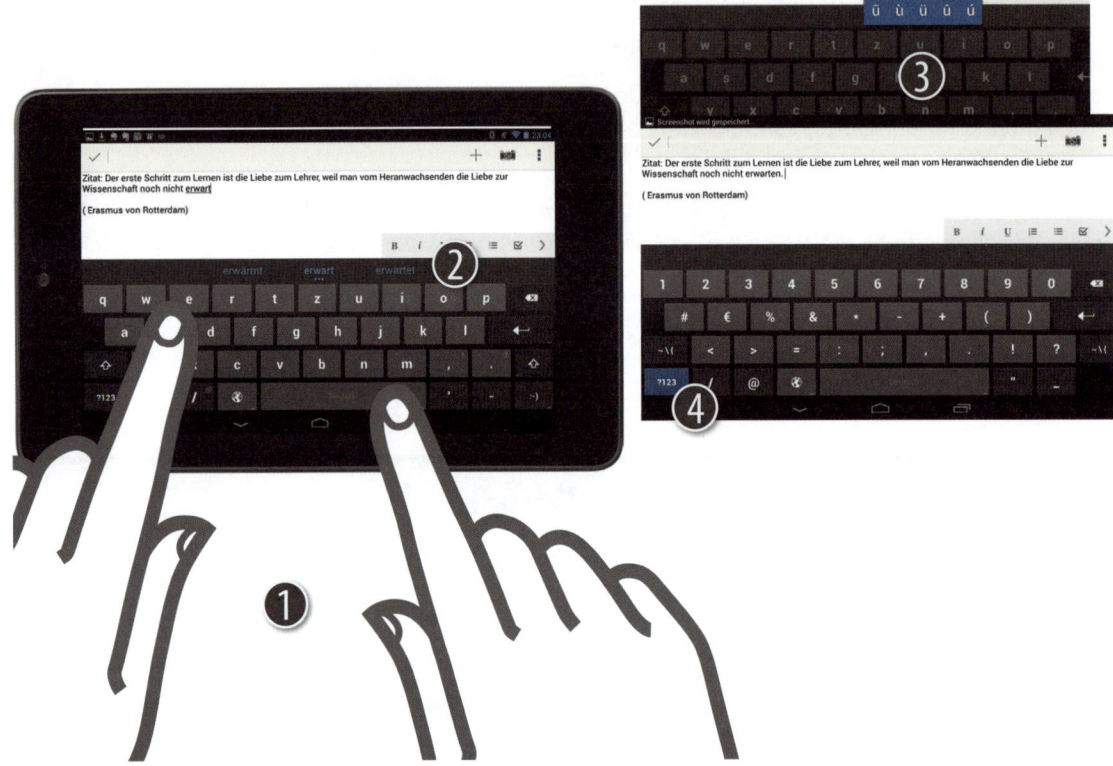

Perfekt tippen auf dem Touchscreen

Tablets haben keine Tastatur, und trotzdem lässt sich prima auf ihnen tippen. Zu diesem Zweck erscheint auf dem Display eine vollständige QWERTZ-Tastatur, wenn sie benötigt wird. Gewusst wie, ist diese virtuelle Tastatur extrem komfortabel. Hier sind meine gesammelten Zaubertricks, mit denen Sie garantiert schneller tippen als auf Ihrem Tastentelefon:

❶ **Finden Sie Ihre Schreibposition**: Längere Texte lassen sehr gut auf einer festen Unterlage (Tisch) im Querformat schreiben. Zehn Finger blind klappt nicht, dazu fehlt die mechanische Rückmeldung. Aber mit etwas Übung geht das Tippen gut von der Hand. Bei kleineren Tablets (7 bis 8 Zoll) und ohne Unterlage ist die die Zwei-Daumen-Methode unübertroffen (siehe nächste Seite).

❷ **Den Bildschirm im Blick**: Während Sie schreiben, schlägt das eingebaute Wörterbuch ständig vollständige Wörter vor. Ist das Wort, das Sie schreiben möchten, erkannt, tippen Sie einfach ein Leerzeichen (oder ein Satzzeichen), und Android setzt das Wort ein. (Diese automatische Wortvervollständigung lässt sich in den Einstellungen abschalten, falls sie Ihnen nicht liegt.)

❸ **Lange drücken für Umlaute**: Ä, Ü und andere sprachspezifische Zeichen haben häufig keine eigenen Tasten. Sie erscheinen, wenn Sie **lange** auf den Buchstaben **drücken**, der mit Pünktchen, Häkchen oder Strichen versehen werden soll.

❹ **?123** für Zahlen und Zeichen: Alles, was kein Buchstabe ist, finden Sie hinter dieser Taste. Die ~/{-Taste (Alt) bringt auch die seltensten Zeichen auf den Schirm. Zurück geht's mit **ABC**.

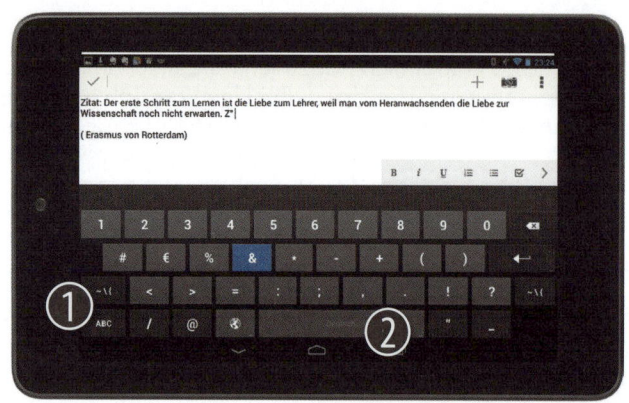

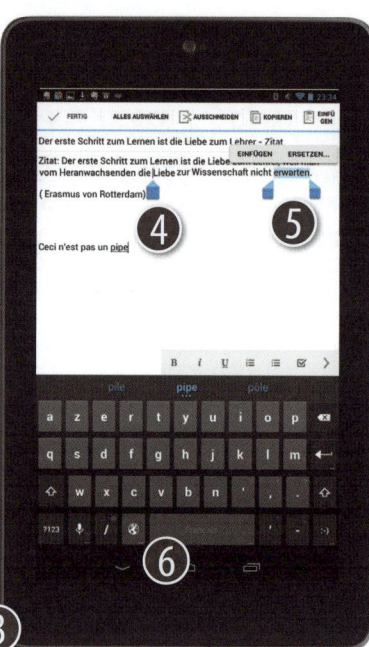

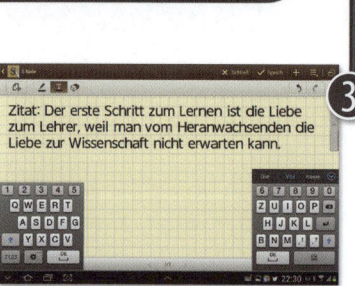

Noch mehr Tipps zum Touchscreen-Tippen

① **Sonderzeichen in einem Zug**: Brauchen Sie schnell mal eine eckige Klammer? Tippen Sie **?123**, ziehen Sie den Finger auf **ALT** und dann auf die eckige Klammer. Lassen Sie anschließend die Taste los, und das Zeichen sitzt. (Das gilt auch für die Großschreibung: Tippen Sie auf die Shift-Taste und wischen Sie zum Buchstaben Ihrer Wahl.)

② **Zweimal Leertaste = Punkt**: Tippen Sie am Satzende zweimal auf die Leertaste. Android setzt einen Punkt und ein Leerzeichen. Schon tippen Sie den nächsten Satz.

③ **Hochkant in den Händen**: Perfekt zum Daumentippen. So wie das Zehn-Finger-Schreiben am Desktop ist die Zwei-Daumen-Methode langjährigen Kleincomputerbenutzern tief ins Bewusstsein gebrannt. Bei Geräten mit besonders kleinen Bildschirmen ist sie manchmal der einzige Weg zur vollständigen Tastatur. Manche Tastaturen lassen sich auch teilen, so dass Daumentippen auch bei breiten Bildschirmen klappt.

④ **Cursor zum Anfassen**: Mit den Fingerspitzen trifft man nicht immer genau die Stelle, an der man eine Korrektur vornehmen möchte. Deshalb schenkt Android Ihnen größere Anfasser, mit denen sich die Einfügemarke präzise verschieben lässt. Diese Cursors sehen unterschiedlich aus, funktionieren aber ähnlich. Manche Geräte zeigen auch eine Lupe, wenn Sie lange drücken. Das ist noch praktischer. Probieren Sie es aus.

⑤ **Lang drücken für das ganze Wort**: Ein langer Druck auf ein Wort wählt es aus. Mit den zwei Anfassern können Sie noch mehr Text auswählen. Tippen Sie dann auf ein Symbol, um ihn zu kopieren oder auszuschneiden.

⑥ **Parlez You Android?** Android kennt viele Sprachen. Wählen Sie Ihre Lieblingssprachen in den Einstellungen aus. Ein Druck auf die Weltkugel bringt die Optionen zu Tastatur und Sprache auf den Schirm. (Die Eingabesprachen legen Sie unter Einstellungen → Sprache & Eingabe fest.)

Sprechen statt tippen

Diktieren? Das ist doch nur was für Ärzte und Rechtsanwälte! Es funktioniert auf dem Computer nur mit teurer Spezialsoftware, nach stundenlangem Training (ich hab's ausprobiert) und auch nur mit Spezialvokabular. Ist da nicht klassisches Tippen besser?

Am Computer vielleicht schon, aber nicht mit Android, denn dank einem ausgeklügelten System im Hintergrund funktioniert das Diktieren hier richtig gut: Die Spracherkennung schickt Ihr gesprochenes Wort zum riesig großen Google-Übersetzungsserver ins Internet. Dieser übersetzt Ihre Laute in Maschinentext und schickt diesen zurück an Ihr Gerät. Und weil das außer Ihnen noch ungefähr 23 Millionen anderer Menschen machen, lernt der Übersetzungsdienst sekündlich dazu. Probieren Sie es mal aus. Ein paar Anwendungsbeispiele gefällig? Sie könnten Ihre Einkaufsliste vor dem Kühlschrank diktieren, eine E-Mail schreiben, ohne hinzusehen, oder auch ein gerade aufgeschnapptes Zitat für immer in Evernote festhalten, und zwar so:

❶ Tippen Sie auf das Mikrofonsymbol der Tastatur. (Falls das Mikrofon nicht zu sehen ist, schalten Sie unter Einstellungen die Android-Tastatureinstellungen ein.)

❷ Sprechen Sie dann Ihren Text. (Sie können dabei auch die Anweisungen »Punkt« und »Komma« verwenden.)

❸ Nach kurzer Zeit erscheint Ihr gesprochener Text auf dem Display. Eventuelle Korrekturen nehmen Sie dann am besten mit der Tastatur vor.

Frag Google

Wahrscheinlich ist es Ihnen schon aufgefallen: Im Google-Suchfeld auf dem Startbildschirm und im Browser ist immer ein kleines Mikrofon zu sehen ❹. Tippen Sie darauf, um Ihre Suchanfrage zu diktieren. Ich kenne Menschen, die schon nicht mehr wissen, wann sie das letzte Mal unterwegs einen Suchbegriff eingetippt haben.

Kommunikation und Information

Foto und Unterhaltung

Programme auf allen Android-Tablets

Zwar kann der Kalender bei Samsung anders aussehen als bei Sony Ericsson – zugrunde liegen aber meist die Apps, die Google bereitstellt. Es folgt eine Auflistung der aktuellen Programme, nach Funktionen geordnet.

Kommunikation und Information

- **Telefon und Nachrichten**: Nur auf Tablets, die Telefonfunktionen bieten (Samsung-Geräte mit SIM-Karte).
- **Kontakte**: Adressen und Telefonnummern sammeln, verwalten und online mit Google, Exchange und anderen Diensten abgleichen. Die App ist meist in die Telefon-App integriert.
- **Google+**: Die App zu Googles sozialem Netz. Mehr dazu in Kapitel 6.
- **Kalender**: Termine ansehen und verwalten, auch online mit Google-Kalendern und Exchange. Mehr dazu folgt in Kapitel 7.
- **Gmail**: Die App zum Abrufen Ihrer Gmail-Konten. Alles über Mail und Chat erfahren Sie in Kapitel 6.
- **E-Mail**: Die App für alle anderen E-Mail-Konten; rufen Sie POP3-, IMAP- und Exchange-Postfächer ab.
- **Google Talk:** Textchat sowie Audio- und Videotelefonate mit Google-Nutzern weltweit.
- **Webbrowser Google Chrome**: Der Webbrowser ist Ihr Zugang zum World Wide Web. Auf manchen Geräten heißt er auch Browser oder Internet. Mehr dazu in Kapitel 2.

Foto und Unterhaltung

- **Kamera**: Fotos und Videos mit den eingebauten Kameras aufnehmen.
- **Galerie**: Das Foto- und Videoalbum von Android verwaltet und zeigt Ihre Aufnahmen. Mehr zu Fotos und Videos finden Sie in Kapitel 5.

Orientierung und Navigation

Dienstprogramme

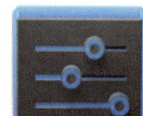

Suche und Sprachsteuerung

Programme auf Android-Tablets (Fortsetzung)

- **Musik**: Googles Musikspieler (bald auch mit Onlineverbindung) spielt Ihre MP3s unterwegs ab. Mehr dazu finden Sie in Kapitel 4.
- **YouTube**: YouTube-Videos ansehen, bewerten und kommentieren, mit Zugriff auf Ihre eigenen Listen. Mehr dazu folgt ebenfalls in Kapitel 4.

Orientierung und Navigation

- **Maps**: Der Kartendienst und Routenplaner von Google. Mehr dazu in Kapitel 8.
- **Navigation (Auto und Fußgänger)**: Googles Navigationssoftware mit Sprachführung für Auto- und Fahrradfahrer sowie Fußgänger. Mehr dazu folgt ebenfalls in Kapitel 8.
- **Google Earth**: Der digitale Atlas zum Entdecken der Welt.

Dienstprogramme

- **Google Play**: Android-Apps suchen und laden. Mehr dazu bietet Kapitel 4.
- **Einstellungen**: Hier bearbeiten Sie die Systemeinstellungen (wie am Computer).
- **Rechner**: Taschenrechner mit Grundrechenarten.
- **Uhr**: Die praktische Uhr mit Weckfunktion.
- **Downloads**: Hier finden Sie alle Downloads auf dem Gerät.
- **News & Wetter**: Lokales Wetter und Nachrichten von Google, als App und als Widget.

Suche und Sprachsteuerung

- **Suche (Google)**: Fester Bestandteil von Android. Universelles Suchfeld für Inhalte auf dem Gerät und im Internet.
- **Sprachsuche**: Tablet und Internet über Sprache durchsuchen.

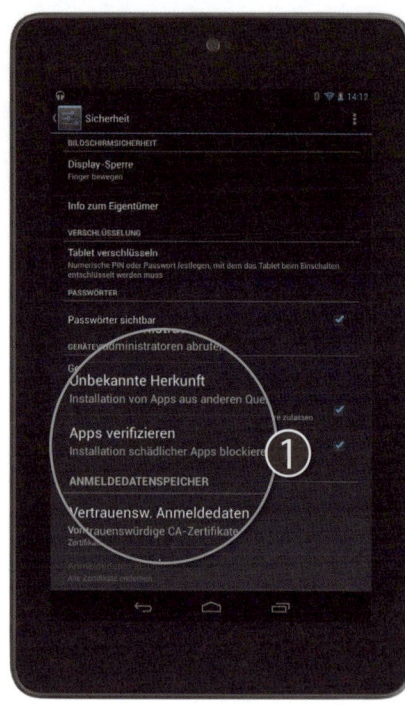

Schadsoftware und Viren abwehren

Mit Version 4.2 (Jelly Bean) ist Android ein gutes Stück sicherer geworden. Für noch mehr Schutz und zusätzlichen Komfort gibt es zusätzliche Apps und Dienste. So schützen Sie Ihr Tablet:

❶ Eingebaut: Android warnt vor bösen Apps und teuren SMS.

- **Apps verifizieren**: Aktivieren Sie die Funktion in Einstellungen → Sicherheit. Installieren Sie jetzt Apps aus anderen Quellen als dem Play Store (.apk-Datei oder Download aus anderen Stores), gleicht Android diese mit der Google-Datenbank ab, die auch den Play Store schützt. Verdächtige Apps werden dann abgelehnt.

- **Premium SMS:** Möchte eine App von Ihrem Gerät mit Mobilfunkkarte aus teure SMS-Nachrichten abschicken, erhalten Sie eine Nachricht. Das ist gut, denn diese Art des Onlinebetrugs ist bei Smartphones sehr beliebt und für die Betroffenen sehr teuer.

❷ lookout: Diese App gibt es bei Google Play. Die Grundfunktionen sind kostenlos, die komfortableren sind für einen fairen Preis zu haben.

- **Basisfunktionen:** Registrieren Sie sich mit E-Mail und Passwort. Die App überprüft installierte Apps auf Schadsoftware und sichert Ihre persönlichen Daten verschlüsselt auf den Server lookout.com (diese Funktion können Sie auch abschalten). Über die Website können Sie sehen, wo sich Ihr Gerät befindet, und einen lauten Sirenenton aktivieren.

- **Premium**: Sperren Sie das Gerät oder löschen Sie alle Inhalte, wenn es gestohlen wurde. Über die Internetverbindung. Überprüfen Sie Links aus E-Mails und anderen Quellen auf Phishing- und Malware-Seiten.

Trojaner kommen meist vom PC

Wenn Sie Banking und andere sensible Transaktionen mit dem Tablet durchführen, sind Keylogger besonders kritisch, die Ihre Tastatureingaben mitlesen und so Ihre Bankzugangsdaten ausspionieren. Am besten ist es, Ihr Tablet überhaupt nicht mit dem PC zu verbinden (vor allem bei älteren Windows-Systemen). Unabhängig davon sollten Sie auf dem PC natürlich ebenfalls Virenscanner installieren und nutzen.

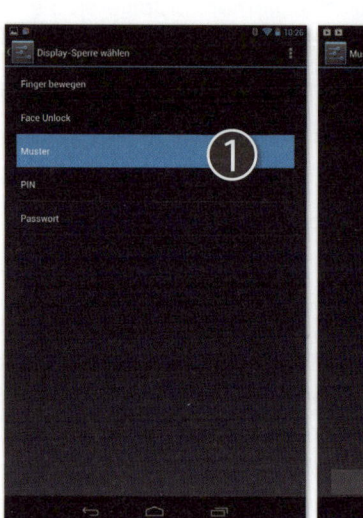
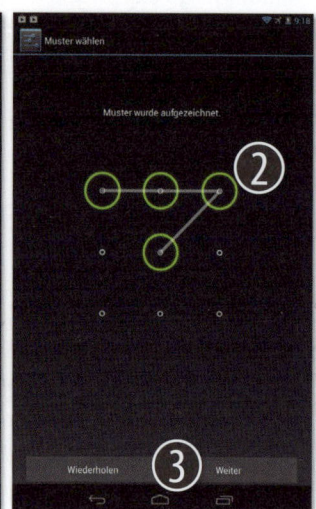
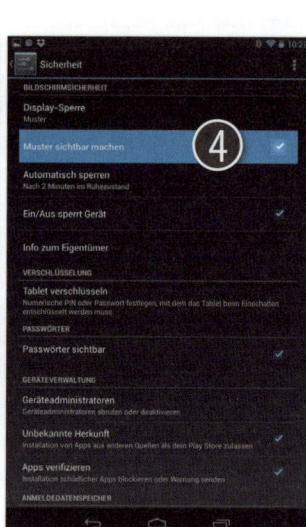

Display-Sperre mit Muster einrichten

Das wünsche ich mir fürs Fahrrad: ein Schloss, das auf Zeichnungen reagiert (»das ist das Haus vom Nikolaus«). Ich kann mir nämlich keine Zahlen merken, so dass die Zahlencodes mich öfter in Bedrängnis bringen. Am Android-Tablet ist sowas tatsächlich möglich: Hier können Sie ein Muster »malen«, das dann wie ein PIN oder Passwort funktioniert.

❶ Wählen Sie in den Einstellungen für die Display-Sperre die Option Muster.

❷ Zeichnen Sie zwischen den neun verfügbaren Punkten ein Muster, das Sie sich merken können. Dabei müssen Sie mindestens vier Punkte verbinden. (Ich verwende ein einfaches Muster, das sich schnell mit dem Daumen wischen lässt. So kann ich mein Android auch einhändig aufsperren. Ab und zu ändere ich das Muster.)

❸ Tippen Sie auf Weiter und zeichnen Sie das Muster im nächsten Schritt noch einmal. Mit Bestätigen schalten Sie die Sperre ein.

❹ Sie können das Muster anzeigen lassen, während Sie es eingeben (gut zum Üben). So ist es aber auch für Zuschauer einfacher nachzuvollziehen – entfernen Sie also lieber den Haken bei Muster sichtbar.

❺ Beim nächsten Aufwecken aus dem Standby ist Ihr Tablet geschützt.

Und wenn ich das Muster vergesse?

Haben Sie das Muster fünf Mal falsch gezeichnet, ist der Zugang für 30 Sekunden blockiert. Wenn Sie sich partout nicht an Ihre Zeichnung erinnern können, hilft Ihr Google-Konto. Tippen Sie auf Muster vergessen am unteren Bildschirmrand und loggen Sie sich wie gewohnt mit Ihrem Passwort ein. Puh, gerade noch mal gut gegangen! Jetzt müssen Sie nur noch ein neues Muster eingeben.

Kapitel 2 | Ins Web gehen – ganz selbstverständlich

Wer sich ein Tablet anschafft, will damit nicht zuletzt das Internet nutzen, denn das ist mit Tablets unübertroffen schnell und komfortabel möglich. Kein Wunder, denn Android ist sozusagen im Internet zu Hause: Jede Anwendung kann über das Netz drahtlos Daten austauschen bzw. auf Informationen zugreifen. Und mit dem Browser holen Sie sich das Web auf den kleinen Bildschirm – wie auf dem Computer, nur in der Regel deutlich schneller. Dazu tragen drei Faktoren bei:

- **Internetzugang eingebaut**: Android-Tablets haben immer WLAN eingebaut und lassen sich darüber schnell mit dem Netz verbinden. Viele Modelle sind mit UMTS- (3G) oder sogar LTE- (4G) Mobilfunkantennen ausgestattet, so dass Sie praktisch überall Internetzugang bieten.

- **Rasante Browserengine**: Webseiten und Webanwendungen bestehen aus Programmcode, der im Browser verarbeitet und dargestellt wird. Diese anspruchsvolle Arbeit erledigt die sogenannte Engine (Motor). Android verwendet WebKit, die zurzeit vielleicht fortschrittlichste und schnellste Engine, die auch Google Chrome und Apples Safari auf dem Computer verwenden. Das Web fühlt sich damit richtig schnell an.

- **Google- und Android-Dienste**: Die Google-Suche ist direkt im Browser eingebaut. Alle Inhalte lassen sich weiterleiten und bearbeiten.

Google Chrome ist der neue Standard

Viele Geräte haben bereits Browser installiert, die dann unter dem Stichwort Browser oder Internet zu finden sind. Die sind grundsätzlich alle gut. Googles Standardbrowser ist seit Android 4.2 Chrome für Android, und ich nutze ihn ausschließlich. Für den Fall, dass er auf Ihrem Gerät noch nicht vorhanden ist, erfahren Sie auf der nächsten Doppelseite, wie Sie ihn installieren.

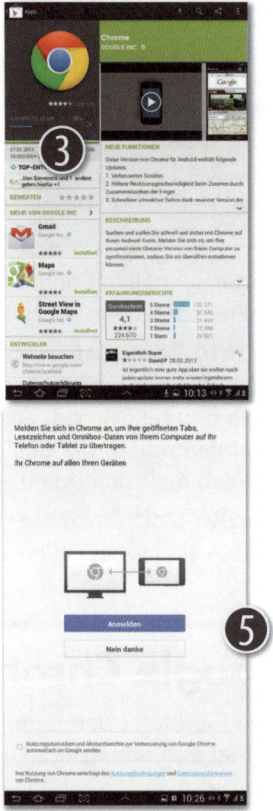

Google Chrome installieren

Damit Sie alle Funktionen Ihres Tablets optimal nutzen können, sollten Sie auch den Browser als Standardbrowser verwenden, den die Android-Macher Ihnen empfehlen. Und der hat einen Namen: Chrome für Android. Ich verwende ihn überall dort, wo in diesem Buch eine Website aufgerufen wird. Sie können ihn auf jedem Tablet installieren.

1 Navigieren Sie in den Play Store und suchen Sie nach Chrome.

2 Wählen Sie Herunterladen, dann startet der Download.

3 Den Fortschritt können Sie an der blauen Leiste unter dem Icon sehen. Sobald der Browser heruntergeladen und installiert wurde, erscheint auf der Seite der Öffnen-Knopf.

4 Die Chrome-App liegt auch auf Ihrem Startbildschirm. Platzieren Sie Chrome am besten so, dass Sie ihn schnell finden, also z. B. in der freien Stelle unten in der Leiste

5 Wenn Sie Chrome zum ersten Mal öffnen, werden Sie gefragt, ob Sie sich anmelden möchten. Was das für Vorteile mit sich bringt, verrate ich Ihnen später in diesem Kapitel.

Chrome zum Standard machen

Damit Chrome immer für Browseraufgaben genutzt wird, machen Sie ihn am besten zur Standardanwendung. Wie das geht, erfahren Sie in Kapitel 9.

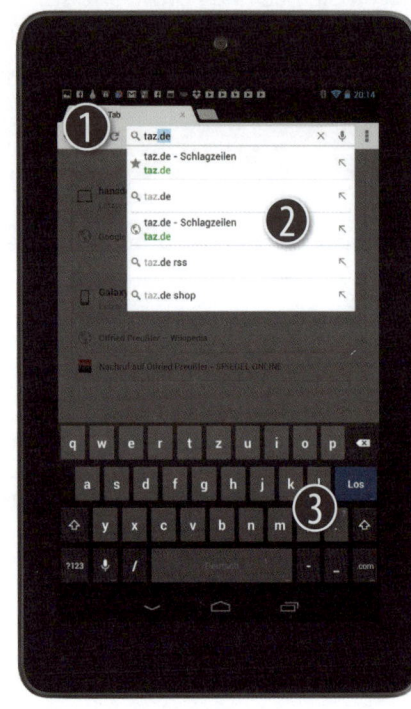

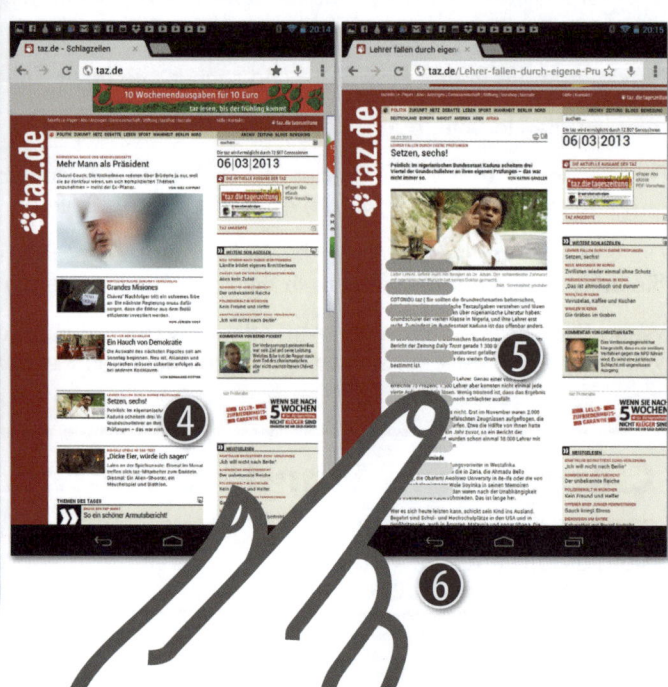

Webseiten finden und aufrufen

Ich habe mal gelesen, dass Firmen in Japan keine Webadressen mehr auf ihren Anzeigen abdrucken. Sie schreiben stattdessen einfach: Suchen Sie nach »Toyota«. Der Browser bei Android hat deshalb ein kombiniertes Such- und Adressfeld. Wenn Sie Chrome am Computer kennen, wissen Sie schon, wie gut das funktioniert.

❶ Öffnen Sie den Browser (Chrome) und tippen Sie in das Eingabefeld. Starten Sie die Eingabe. Ich suche die Seiten der tageszeitung (taz).

❷ Der Browser sucht zuerst in den Lesezeichen, dann im Verlauf und dann im Web. Tippen Sie auf ein passendes Ergebnis, um die Seite aufzurufen.

❸ Tippen Sie Los auf der Tastatur, um eine Google-Suche zu starten.

❹ taz.de hat, wie fast alle Zeitungen, eine mobile Website. Die wird aber am Tablet nicht aufgerufen. Sie haben schließlich genauso viel Platz wie auf einem Desktopcomputer.

❺ Streichen Sie mit dem Finger auf dem Display nach oben, um die Seite zu bewegen. Mit einem Doppeltipp passt sich der Artikel genau auf die Tabletgröße an.

❻ Tippen Sie auf Zurück, um zur vorherigen Seite zurückzukehren. Mehr brauchen Sie erst einmal nicht.

Tippen, streichen und zwicken

Falls Sie Ihr Wissen zur Fingersteuerung auffrischen möchten: In Kapitel 1 finden Sie alle Gesten für Android in der Übersicht.

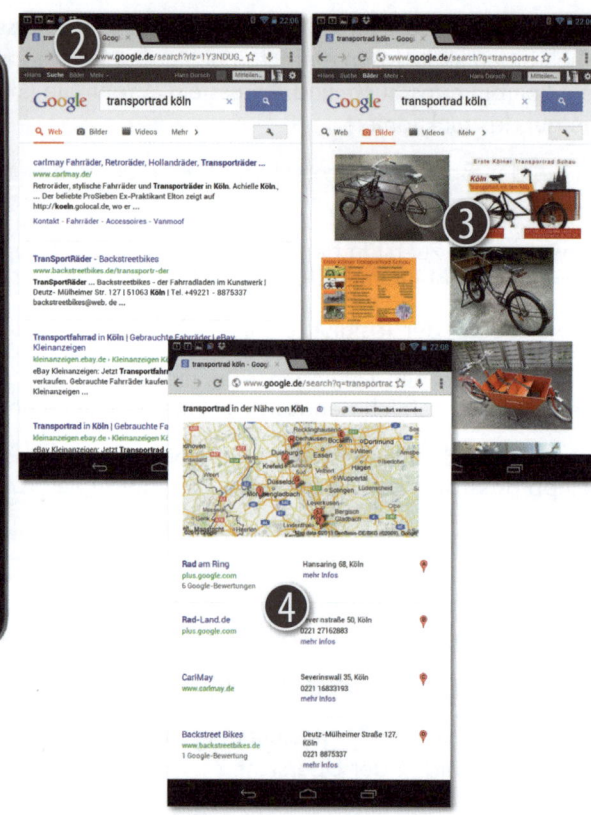

Alles schnell gefunden mit der Google-Suche

Die Google-Suche kennen und schätzen Sie sicher schon längst. Bei Android, das ja ein Produkt aus dem Hause Google ist, ist die Suche fester Bestandteil des Systems und perfekt an die Bedürfnisse unterwegs angepasst – was Sie nicht davon abhalten muss, sie auch zu Hause auf dem Sofa zu verwenden.

❶ Tippen Sie in das Suchfeld und geben Sie einen Begriff ein. Ich suche nach einem Transportrad in Köln. Während des Tippens werden meist schon passende Suchbegriffe vorgeschlagen. Tippen Sie auf einen Vorschlag, um ihn für die Suche zu übernehmen. Ich muss hier leider bis zu Ende tippen.

❷ Die Suchergebnisse erscheinen ähnlich, wie Sie es vom Computer kennen. Tippen Sie am oberen Rand auf Bilder, Places oder News, um unterschiedliche Ergebnisse zu bekommen.

❸ Die Ergebnisse der Bildersuche sehen Sie übersichtlich als Raster. Ein Tipp auf ein Bild startet die praktische Großansicht.

❹ Google Places ist sehr praktisch, wenn Sie, wie in diesem Fall, nach einem Laden oder einem Hersteller für Transporträder suchen. Den finden Sie dann hier. Places ist so etwas wie die Gelben Seiten des 21. Jahrhunderts (Google verwendet unter anderem auch Daten aus dem gelben Branchenbuch). Hier können Sie sich den Ort in der Suche sparen, Google ermittelt ihn automatisch.

Andere Suchmaschinen? Wenn's sein muss ...

Öffnen Sie im Browser Menü → Erweitert und tippen Sie auf den Eintrag Suchmaschine festlegen. Dort können Sie statt Google die Angebote von Ask.com, Bing (von Microsoft) oder Yahoo! auswählen. Aber ganz ehrlich: An Google kommen die anderen nicht ran.

Text auf der Webseite suchen

Kennen Sie das? Sie haben nach einem Stichwort gesucht und sind auf eine bestimmte Webseite gelangt. Nun enthält diese Seite jede Menge Text, so dass die Stelle, an der Ihr Stichwort vorkommt, gar nicht so leicht zu finden ist. In einem solchen Fall hilft Ihnen die Suchfunktion des Browsers bei der Recherche. Sie ist allerdings nicht über die Suche-Taste zu erreichen.

❶ Öffnen Sie eine Seite im Browser. Tippen Sie auf Menü → Suchen.

❷ Geben Sie den Begriff, den Sie suchen, in das Suchfeld ein. Während Sie tippen, erscheinen schon die Ergebnisse hervorgehoben auf der Seite.

❸ Drücken Sie die Lupe auf der Tastatur, um nach dem Begriff zu suchen. Oder den Pfeil, um die Tastatur auszublenden. So können Sie die Ergebnisse besser sehen.

❹ Mit den Pfeiltasten neben dem Suchfeld springen Sie zur nächsten Fundstelle oder wieder zurück.

❺ Die X-Taste oben rechts beendet die Suche und bringt Sie zur regulären Webansicht zurück.

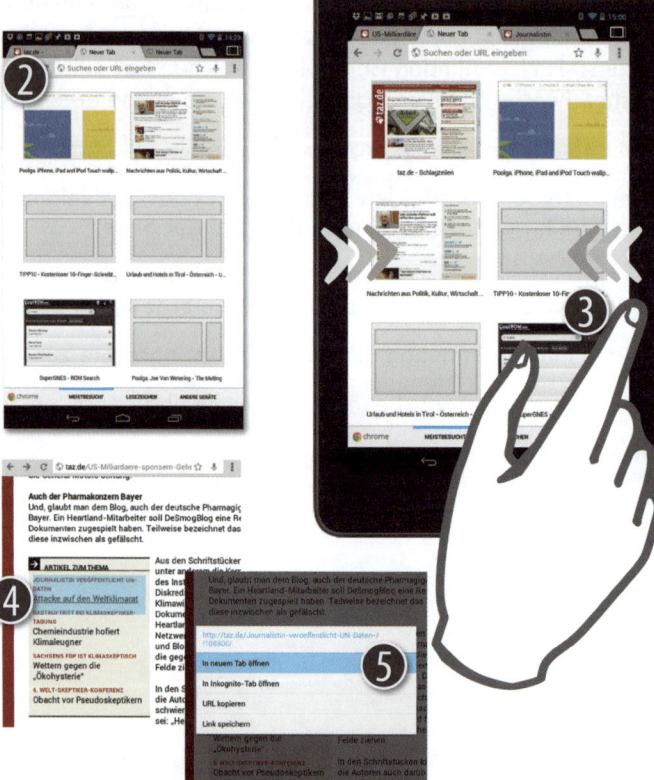

Bequemer surfen mit mehreren Fenstern

Schauen Sie mal am Ende eines Arbeitstags oder nach einer ausgedehnten Surfsitzung am Computer nach, wie viele Fenster oder Tabs Sie im Browser geöffnet haben. Sicher mehr als eines, oder? Manche Seite möchte man eben offen halten, während man auf einer anderen etwas überprüft; und manchen Link öffnet man zwischendurch in einem neuen Fenster, damit man ihn nicht vergisst. Gut, dass auch Chrome für Android mehrere Fenster gleichzeitig öffnen kann.

❶ Tippen Sie auf die Fläche neben dem Tab, um einen zusätzlichen Tab zu öffnen.

❷ Ein neues Fenster mit der voreingestellten Startseite öffnet sich (bei mir sind das die meistbesuchten Websites, die sich durch Tipp aufrufen lassen). Geben Sie eine Adresse oder einen Suchbegriff in das Suchfeld ein.

❸ Sie können in Ihrem Browser ganz einfach per Wischgeste zwischen den geöffneten Tabs hin- und herwechseln. Streichen Sie dazu einfach vom linken (oder rechten) Rand zur Seite.

❹ Öffnen Sie Links im Hintergrund in einem neuen Fenster: Wenn Sie einem oder mehreren Links auf einer Seite folgen, die aktuelle Seite aber nicht verlassen möchten, drücken Sie lange auf den Link, bis das Auswahlmenü erscheint.

❺ Tippen Sie dann im Menü auf In neuem Tab öffnen. Die verlinkte Seite wird dann in einem neuen Tab angezeigt.

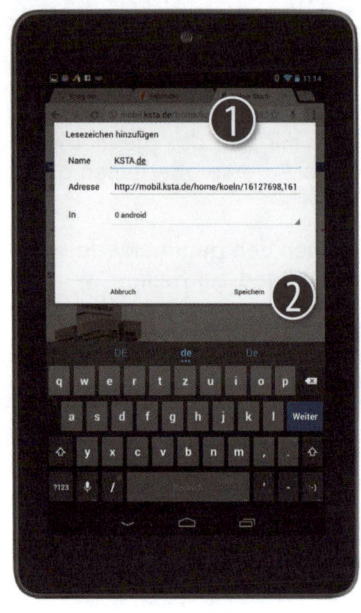

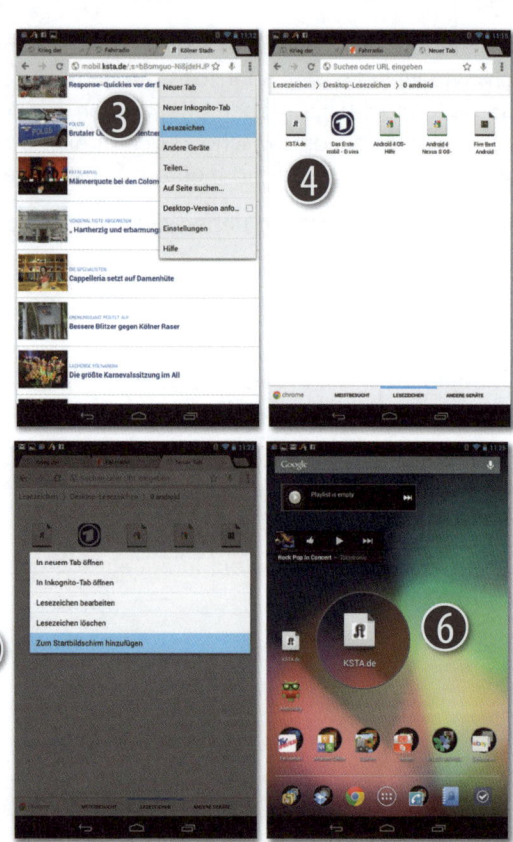

Lesezeichen für häufig besuchte Seiten

Wahrscheinlich speichern Sie Seiten, die Sie häufig besuchen, auf Ihrem Computer als Lesezeichen ab, um sie schneller wiederzufinden. Das können Sie auch am Tablet tun.

❶ Surfen Sie zu einer Seite, die Sie häufig aufrufen. Ich schaue jeden Morgen in die Rubrik Köln des Kölner Stadtanzeigers (meine Lokalnachrichten). Tippen Sie auf den Stern in der Adressleiste, um die Seite als Lesezeichen zu speichern.

❷ Die Speicheroptionen werden angezeigt. Ändern Sie den Namen, wenn Sie möchten, und wählen Sie Speichern.

❸ Ihr Lesezeichen erscheint bei den anderen. Sie finden es über Menü → Lesezeichen.

❹ Noch besser: Legen Sie das Lesezeichen auf dem Startbildschirm ab, dann sparen Sie sich den Umweg über die Lesezeichenliste. Tippen und halten Sie dazu das gewünschte Lesezeichen.

❺ Wählen Sie jetzt Zum Startbildschirm hinzufügen aus.

❻ Drücken Sie die Home-Taste. Auf dem Startbildschirm finden Sie ein hübsches Lesezeichen. Ein Tipp darauf öffnet ab jetzt Ihre Lieblingsseite. Dieses Lesezeichen können Sie auf dem Startbildschirm verschieben, in Ordner legen oder auch wieder löschen. (Ich sammle übrigens die Lesezeichen meiner Lieblingsnachrichtenseiten in einem Ordner namens Lesen News. Mehr dazu finden Sie in Kapitel 7.)

Tabs statt Lesezeichen in Chrome

Ganz ehrlich: Ich nutze Lesezeichen kaum noch. Nur Seiten, die ich wirklich häufig oder regelmäßig nutze, speichere ich als Lesezeichen. Brauche ich eine Seite öfter, lasse ich sie einfach offen – als Tab in Chrome. Dann kann ich sie nämlich sogar auf anderen Geräten sehen. Siehe nächste Seite.

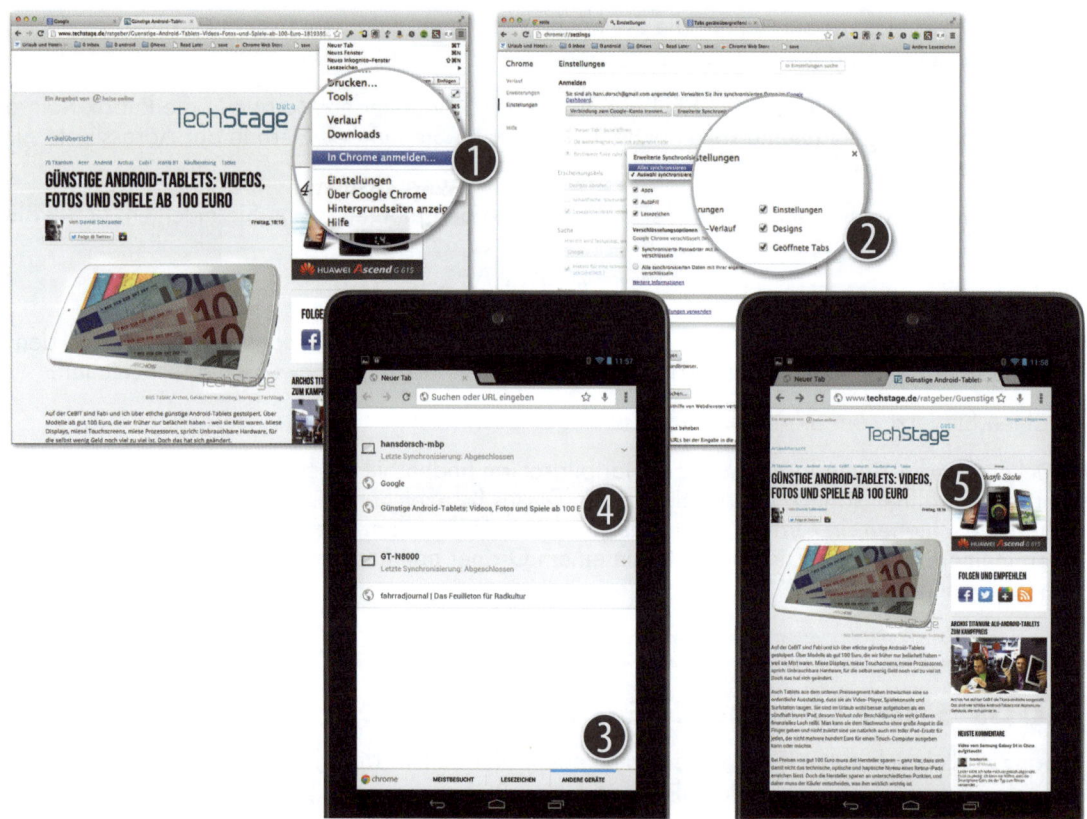

Geöffnete Seiten auf mehreren Geräten ansehen

Angenommen, Sie lesen im Büro einen spannenden Artikel am Computer, müssen die Lektüre aber unterbrechen, um Ihren Zug nicht zu verpassen: Nicht schlimm, denn Sie können den Artikel genauso einfach mitnehmen wie eine Zeitung und unterwegs auf Ihrem Tablet weiterlesen. Denn Google synchronisiert alle geöffneten Tabs auf allen Geräten.

❶ Starten Sie den Browser Chrome auf Ihrem Computer und rufen Sie eine Seite auf. Oder mehrere. Ist der Browser bei Ihnen noch nicht installiert, finden Sie ihn unter www.google.com/chrome/ (für Windows, Mac und Linux). Wählen Sie aus dem Menü Einstellungen → In Chrome anmelden. Melden Sie sich mit dem Google-Konto an, das Sie auch auf Ihrem Tablet verwenden.

❷ Wählen Sie in den Einstellungen unter Anmelden die Erweiterten Synchronisierungseinstellungen. Machen Sie ein Häkchen bei Geöffnete Tabs.

❸ Öffnen Sie Chrome auf Ihrem Tablet und melden Sie sich dort mit Ihrem Google-Konto an, falls noch nicht geschehen. Öffnen Sie einen neuen Tab. Tippen Sie unten auf Andere Geräte.

❹ Sie sehen alle Seiten, die gerade auf anderen synchronisierten Geräten geöffnet sind. Hier ist es auf meinem Mac ein Artikel bei Techstage. Tippen auf den Eintrag öffnet ihn in einem neuen Tab.

❺ Lesen Sie den Artikel auf dem Tablet. (Übrigens: Fällt Ihnen auf, dass Sie auf dem Tablet hochkant oft mehr sehen als auf dem Computer? Ich nutze mein Tablet fast immer so.)

Das alles funktioniert natürlich auch in andere Richtungen, z. B. vom Tablet zum Computer oder zum Smartphone.

Für Liebhaber anderer Browser

Für Firefox gibt es Fox To Phone (www.foxtophone.com), während Internet Explorer und Apples Safari zurzeit noch nicht unterstützt werden.

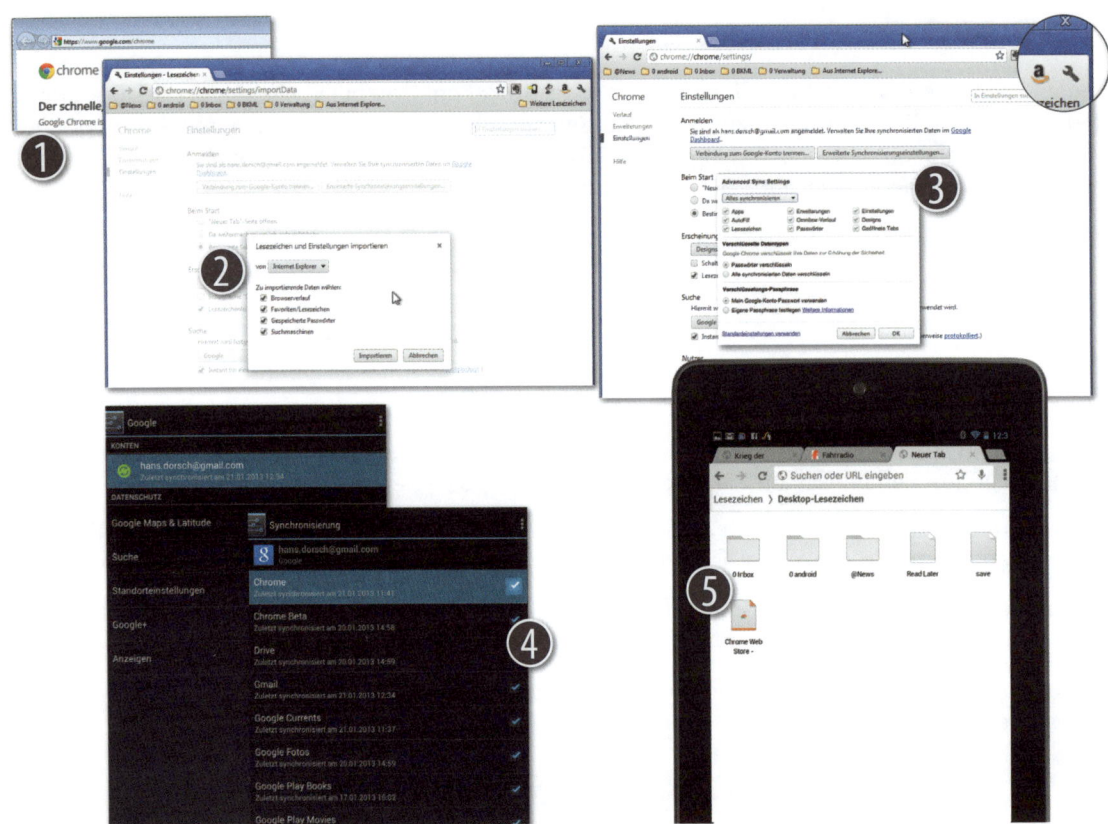

Lesezeichen vom Computer aufs Tablet

Auch das geht: Synchronisieren der Lesezeichen Ihres Browsers mit denen Ihres Smartphones. Und es ist ganz einfach – mit Ihrem Google-Konto und Googles Browser Chrome.

❶ Starten Sie den Browser Chrome auf Ihrem Computer. Sollten Sie ihn noch nicht installiert haben, finden Sie ihn unter www.google.com/chrome/ (für Windows, Mac und Linux).

❷ Falls Sie einen anderen Browser verwenden, kann Chrome Ihre Bookmarks (Lesezeichen) importieren. Klicken Sie auf den Schraubenschlüssel im Fenster oben rechts und wählen Sie Lesezeichen → Lesezeichen und Einstellungen importieren.

❸ Klicken Sie in Chrome am Computer auf den Schraubenschlüssel und wählen Sie Einstellungen → Privates. Melden Sie sich dort mit Ihrem Google-Konto an. Klicken Sie auf Erweitert, um festzulegen, welche Daten abgeglichen werden sollen. Ich habe Alles synchronisieren ausgewählt.

❹ Wechseln Sie jetzt zu Ihrem Tablet und öffnen Sie dort Einstellungen → Google (im Unterpunkt Konten). Wählen Sie Ihr Google-Konto aus und setzen Sie das Häkchen bei Chrome synchronisieren.

❺ Wenn Sie jetzt den Browser öffnen, sind Ihre Lesezeichen wahrscheinlich schon aktualisiert. Das geht wirklich beeindruckend schnell. Und zwar in beide Richtungen. Die Seiten, die Sie am Smartphone speichern, finden sich nur wenige Augenblicke später auch am Computer.

Für einmal oder für immer, ganz wie Sie wollen

Wenn Sie am Computer einen anderen Browser als Chrome nutzen müssen oder wollen (auch andere Mütter haben schöne Töchter), können Sie die Synchronisation nach der ersten Übertragung einfach wieder abschalten. Dann haben Sie einen einfachen Import durchgeführt.

Webseiten per E-Mail weiterleiten

»Teilen« wird im Internet immer wichtiger, die explosionsartige Verbreitung sozialer Netzwerke wie Facebook und Twitter spricht Bände darüber. Eine Möglichkeit des Teilens ist, Freunden eine Webseite zu empfehlen, die Ihnen gefällt – per E-Mail oder auf ganz viele andere Arten. Zu diesem Zweck gibt es bei Android ein einzigartiges Menü namens Teilen.

❶ Rufen Sie eine Seite im Web auf, zum Beispiel die fabelhaften Comics von The Joy of Tech.

❷ Tippen Sie auf Menü und wählen Sie dann Teilen.

❸ Im folgenden Menü können Sie auswählen, auf welchem Weg Sie den Link (die URL) weitergeben möchten. Wählen Sie Google Mail, um eine E-Mail-Nachricht zu erstellen.

❹ Android erzeugt eine Mail mit dem Seitentitel im Betreff und dem Link zur Seite im Nachrichtentext. Sie müssen nur noch einen Empfänger einsetzen und die Nachricht abschicken. Vielleicht fügen Sie noch eine kleine Anmerkung hinzu.

Teilen über alles

Das Teilen-Menü ist voller Möglichkeiten: Viele Apps installieren zusätzliche Dienste, die seine Fähigkeiten erweitern. Damit können Sie den Link zum Beispiel an Facebook, Ihren Notizblock oder sogar an Googles Übersetzungsdienst schicken. In Kapitel 9 erfahren Sie noch mehr dazu.

Kapitel 3 | Mehr aus dem Tablet machen – mit Android-Apps von Google Play

Wenn Sie Ihr Android-Tablet kaufen, enthält es je nach Modell eine mehr oder weniger große Grundausstattung an Funktionen. Diese Grundauswahl orientiert sich an Standardbedürfnissen, lässt sich aber leicht um Anwendungen erweitern, die auf Ihre ganz persönlichen Interessen abgestimmt sind.

Diese Anwendungen werden auch Apps genannt. Im Google Play Store finden Sie Hunderttausende davon – da finden Sie bestimmt das, was Sie suchen.

Entdecken Sie auf den nächsten Seiten die Welt der Apps:

- Installieren Sie kostenlose Apps von Google Play für Ihr Tablet.
- Kaufen Sie Apps (mit Umtauschgarantie).
- Räumen Sie Ihre Apps auf und löschen Sie solche, die Sie nicht mehr benötigen.

Was ist Google Play? Und was gibt's da sonst noch?

Google sammelt alle Medienangebote unter einer Marke. Und die heißt Google Play, wobei das Wort »Play« nicht für spielen, sondern für abspielen steht. Neben Apps gibt es dort Musik, Videos und Bücher. Mehr dazu in Kapitel 4.

Apps für's Tablet finden

Sie werden es wahrscheinlich bald merken: Viele Apps bei Google Play sind für Geräte mit kleineren Bildschirmen als denen von Tablets entwickelt worden. Das ist bei Spielen nicht schlimm, denn die werden meistens ganz gut vergrößert, es fällt aber bei anderen Arten von Anwendungen häufig negativ auf. Ich habe aber ein paar Tricks gefunden, die besten Apps für Tablets zu identifizieren.

❶ Vertrauen Sie den Empfehlungen der Redaktion. Diese hat sogar eine eigene Abteilung im Laden für Tablet-Benutzer eingerichtet. Tippen Sie auf Unsere Auswahl für Tablets.

❷ Suchen Sie nach Tablet Apps. Tippen Sie auf die Lupe. Das funktioniert erstaunlich gut. Die Suche nach »Notiz Tablet« fördert einige Apps zutage, die speziell an Tablets angepasst worden sind.

❸ Filtern Sie Erfahrungsberichte nach Ihrem Gerätemodell. Ich lese immer, was andere Benutzer über eine App schreiben, hier über Evernote. Wählen Sie am unteren Rand der Erfahrungsberichte Alle anzeigen.

❹ Tippen Sie dann auf Optionen und wählen Sie Nur von diesem Gerätemodell. Schon werden alle Smartphone-Kritiken ausgeblendet.

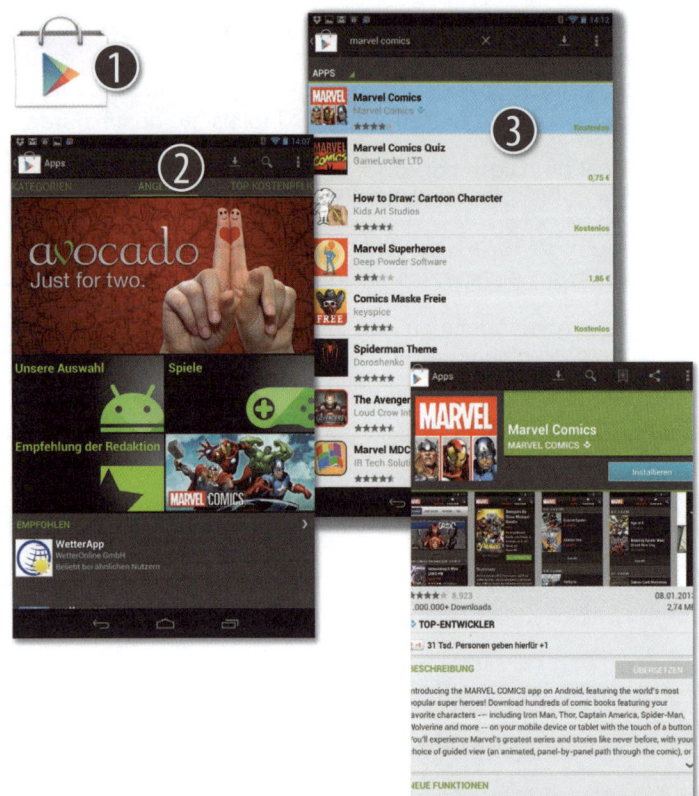

74

Kostenlose Apps von Google Play laden

Sind Sie auch Fan von Comics? Ich schon, deshalb zeige ich Ihnen anhand der App Marvel Comics, wie Sie kostenlose Apps auf Ihr Tablet laden.

1 Rufen Sie das Anwendungsmenü vom Home-Bildschirm aus auf und öffnen Sie den Play Store (oder suchen Sie danach).

2 Brauchen Sie eine bestimmte App? Tippen Sie auf die Lupe oben rechts. Ich suche die Comic-App Marvel Comics.

3 Tippen Sie in den Suchergebnissen auf den entsprechenden Eintrag, um die Details anzuzeigen – inklusive Vorschaubildern bzw. -videos. Ist die App kostenlos, tippen Sie auf Installieren.

4 Vor dem Download sehen Sie, auf welche Funktionen die App zugreifen will. Bestätigen Sie die Berechtigungen mit Akzeptieren/Herunterladen.

5 Der Download startet sofort. Ein kleiner Balken zeigt den Ladeverlauf an. Tippen Sie auf Öffnen, um die App gleich zu starten.

6 Die geladene App finden Sie dann später immer im Anwendungsmenü. Ist auf dem Home-Bildschirm noch Platz, erstellt Android dort eine Verknüpfung.

Berechtigungen und was sie bedeuten

Sie fragen sich vielleicht, warum Apps so viel wissen müssen. Das hat folgende Gründe: Die App Evernote beispielsweise greift auf die Kamera zu, um Bilder aufzunehmen, auf Ihren Standort, um Sie zu lokalisieren, und auf den Internetzugang, um die Codes mit der Datenbank abzugleichen.

Ohne Google-Konto läuft gar nichts

Um Google Play zu nutzen, benötigen Sie ein Google-Konto. Das haben Sie wahrscheinlich schon eingerichtet. Wenn Sie bei Google Play außerdem einkaufen möchten, benötigen Sie ein Google Wallet-Konto. Wie Sie diese virtuelle Brieftasche einrichten, steht auf der nächsten Seite.

Apps bei Google Play kaufen mit dem Google Wallet

Um kostenlose Apps aus dem Play Store zu laden, genügt ein Google-Konto. Wenn Sie eine App kaufen möchten, benötigen Sie aber ein Google Wallet-Konto. Legen Sie Ihre Kreditkarte bereit. Das Konto können Sie gleich am Telefon anlegen.

❶ Das Spiel Doodle Jump gehört auf jedes Tablet. 75 Cent ist der Spaß auf jeden Fall wert. Tippen Sie auf den Preis, um die App zu kaufen.

❷ Im nächsten Schritt wählen Sie Ihre Zahlungsmethode aus. Tippen Sie auf Karte hinzufügen, um eine Kreditkarte für die Zahlung festzulegen.

❸ Geben Sie jetzt Ihre Kreditkartendaten ein. Das ist ein wenig mühsam, aber Sie müssen es nur ein Mal tun. Tippen Sie zum Abschluss auf Speichern – und Ihr Google Wallet-Konto ist eingerichtet.

❹ Anschließend kommen Sie zu der Seite, die Sie in Zukunft sofort beim Kauf sehen: Hier bestätigen Sie den Kauf und stimmen den Nutzungsbedingungen zu. Tippen Sie auf Akzeptieren & kaufen. Im Anschluss startet der Download. (Bezahlung und Download können beim ersten Mal etwas dauern. Haben Sie ein wenig Geduld.)

Kreditkarte ohne Kreditkarte

Ein Google-Konto kann jeder einrichten, bei Wallet kommen Sie jedoch nur mit Kreditkarte rein. Wenn Sie keine Kreditkarte besitzen und sonst auch ganz gut ohne auskommen (das soll es geben), können Sie sich eine Prepaid-Kreditkarte nur für Einkäufe im Internet anschaffen. Googeln Sie einfach mal danach. Dazu gibt es auch noch virtuelle Kreditkarten wie die WireCard (www.mywirecard.de), die bei deutschen Android-Nutzern sehr beliebt ist.

Apps bei Google Play umtauschen

75 Cent mögen für eine App nicht viel Geld sein, wenn sie aber auf Ihrem Gerät nicht funktioniert (das kommt vor) oder überhaupt nicht Ihren Vorstellungen entspricht, hätten Sie sich davon doch lieber eine Kugel Eis gekauft. Im Google Play Store können Sie gekaufte Apps zum Glück auch umtauschen – vorausgesetzt, Sie beeilen sich. Denn Sie haben genau 15 Minuten Zeit, Ihr Geld zurückzubekommen.

❶ Öffnen Sie den Google Play Store und kaufen Sie eine App, die Sie interessiert (ich teste die Spiele-App Doodle Jump). Tippen Sie auf Jetzt kaufen.

❷ Schauen Sie auf die Uhr. Ab jetzt haben Sie 15 Minuten Zeit zum Umtausch.

❸ Öffnen Sie die App, um die Funktionen zu testen. (Diese App erklärt sich fast von selbst.)

❹ Möchten Sie die App zurückgeben (weil sie zum Beispiel zu schnell süchtig macht)? Wechseln Sie zurück zu Google Play (Taste Letzte Apps). Dort sehen Sie auf der Detailseite die Taste Erstatten (ist die Downloadseite nicht mehr geöffnet, finden Sie die App in Meine Apps). Tippen Sie auf Erstatten.

❺ Google Play fragt noch einmal nach, ob Sie sich wirklich den Kauf erstatten lassen wollen – wenn ja, wird die App sofort deinstalliert. Kurze Zeit später finden Sie eine E-Mail mit der Stornierung in Ihrem Posteingang. Es sind keine Kosten angefallen.

Die Umtauschregeln in Kürze

Sie können jede App nur einmal umtauschen. Bei einer zweiten Installation taucht die Taste Erstatten nicht mehr auf. Sollten Sie später Probleme mit einer App bekommen, müssen Sie sich direkt an den Entwickler wenden und die Lösung persönlich klären. Die E-Mail- und Webadresse des Entwicklers finden Sie ganz unten auf der App-Seite im Play Store.

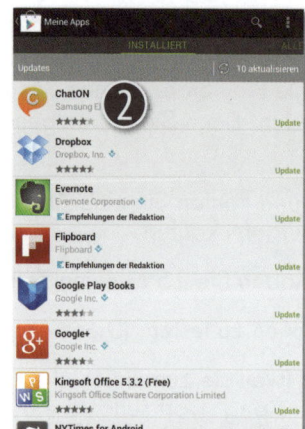

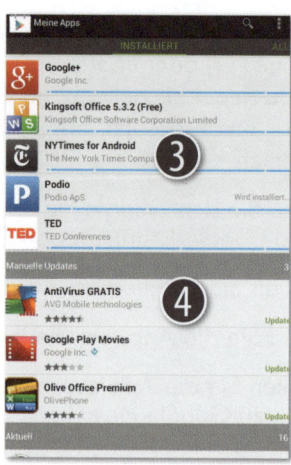

Eigene Apps im Play Store verwalten und updaten

Alle Apps, die Sie bei Google Play geladen haben, sind mit Ihrem Google-Konto verbunden. So können Sie (relativ) übersichtlich sehen, welche Apps Sie geladen oder gekauft haben und welche in neuer Version vorliegen.

❶ Rufen Sie den Google Play Store auf und wählen Sie oben rechts Meine Apps. Sie gelangen zur Liste Ihrer installierten Apps.

❷ Wählen Sie aktualisieren, um die verfügbaren Updates für Ihre installierten Apps zu laden.

❸ Alle verfügbaren Updates werden jetzt aktualisiert. Dabei müssen Sie nicht zusehen. Über alle erfolgreichen Updates werden Sie im Statusmenü benachrichtigt.

❹ Apps, deren Berechtigungen sich beim Update geändert haben, finden Sie unter Manuelle Updates. Diese Änderungen müssen Sie einzeln bestätigen. Tippen Sie auf einen Eintrag, um die Details anzuzeigen und die App zu aktualisieren. Ich wähle die App AntiVirus.

❺ Wählen Sie Update, um die Änderungen anzuzeigen.

❻ Bevor Sie auf Akzeptieren/Herunterladen tippen, sollten Sie einen Blick auf die geänderten Berechtigungen werfen. AntiVirus möchte neue Einstellungen anlegen. Ich lasse das zu.

❼ Mit dem Häkchen vor Automatische Updates erhalten Sie kleinere Updates sofort, wenn der Entwickler sie bereitstellt. Bei vielen Apps spart das richtig Arbeit.

App-Übersicht auch im Web

Richtig übersichtlich präsentieren sich Ihre Apps im Web. Rufen Sie Ihr Play Store-Konto am Computer unter play.google.com/apps auf. Dort sehen Sie alle Ihre Downloads und können zudem noch Ihre Geräte verwalten. Updates überschreiben i.d.R. die vorhandene App.

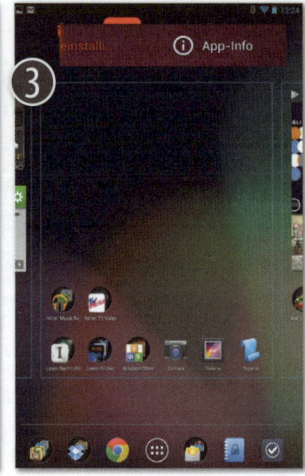

Apps aufräumen und löschen

Apps, die Sie nicht nutzen, stören eigentlich nicht weiter. Aber sie behindern manchmal die Übersicht. Sie begegnen Ihnen als Einträge in Weiterleiten-Menüs oder als überflüssige Widgets im Anwendungsmenü. Deshalb empfehle ich ein gelegentliches App-Ausmisten. Mit Android 4 geht das ganz einfach:

❶ Tippen Sie im Home-Bildschirm auf das Anwendungsmenü. Sie sehen die installierten Apps.

❷ Drücken Sie lang auf die App, die Sie nicht mehr verwenden wollen.

❸ Das Anwendungsmenü verschwindet und Sie sehen den Home-Bildschirm als Miniatur. Ziehen Sie die App auf den Papierkorb und lassen Sie sie los. Bestätigen Sie im Anschluss das Löschen. Die App und alle zugehörigen Daten werden gelöscht.

❹ Oder ziehen Sie die App auf App-Info, um mehr Informationen zu erhalten. Wenn Sie Probleme mit einer App haben, können Sie zur Fehlerbehebung die App zurücksetzen (Stoppen erzwingen) oder gespeicherte Daten oder den Cache löschen. Wollen Sie die App ganz loswerden, tippen Sie hier auf Deinstallieren.

Falls dieses Vorgehen nicht funktioniert:

Die App-Info (❹) erreichen Sie auch über die Einstellungen. Öffnen Sie dazu Einstellungen → Apps und suchen Sie dann die Anwendung, die Sie entfernen möchten.

Apps jederzeit neu installieren

Wenn Ihnen irgendwann einfällt, dass Sie eine gelöschte App wiederhaben möchten, installieren Sie sie einfach neu aus dem Google Play Store. Gekaufte Anwendungen bleiben mit Ihrem Konto verbunden, so dass Sie nicht noch einmal bezahlen müssen.

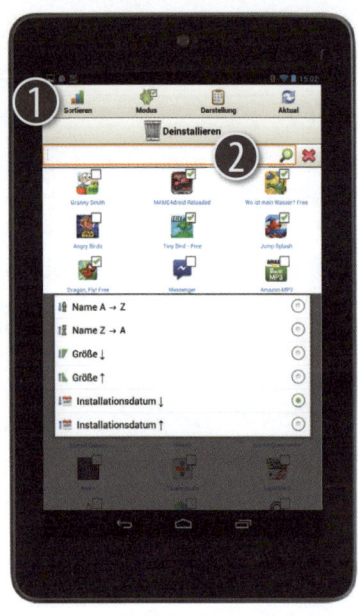

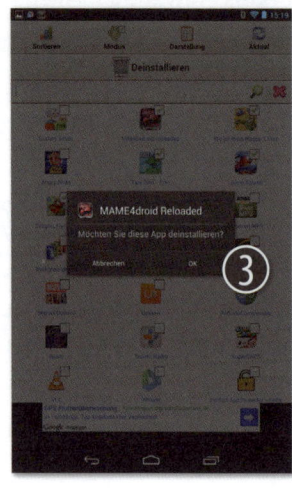

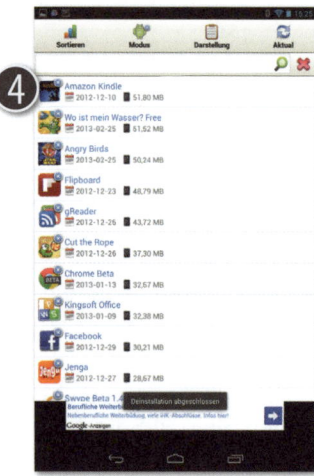

Perfect Uninstaller – überflüssige Apps finden und löschen mit Spaß

Apps einzeln zu suchen und zu löschen ist gut und schön. Aber was, wenn Sie im Rausch der Gefühle eine große Menge Spiele heruntergeladen haben, die Sie eigentlich gar nicht brauchen? Oder wenn der Platz knapp wird? Kein Problem mit dem Perfect Uninstaller.

❶ Installieren und starten Sie die App Perfect Uninstaller. Tippen Sie dann auf Sortieren und wählen Sie Installationsdatum aus den Optionen. Sie sehen jetzt alle Apps in der Reihenfolge der Installation. Von links nach rechts und oben nach unten.

❷ Setzen Sie ein Häkchen neben allen Apps, die Sie nicht mehr brauchen (tippen Sie darauf). Tippen Sie lang auf eine App, um sie zu starten oder im Play Store aufzurufen. Tippen Sie dann auf den Papierkorb zum Deinstallieren.

❸ Jetzt werden alle Apps nacheinander gelöscht. Sie müssen nur noch die Bestätigungstaste drücken: OK.

❹ Wechseln Sie über die Taste Darstellung in die Listenansicht und sortieren Sie nach Größe. So finden Sie die speicherfressenden Apps auf dem Gerät. Tippen Sie noch mal auf die Taste Modus, um die Apps zum Wackeln zu bringen. Mit einem Tipp befördern Sie jetzt einzelne Apps sofort in den Papierkorb. Das macht Spaß.

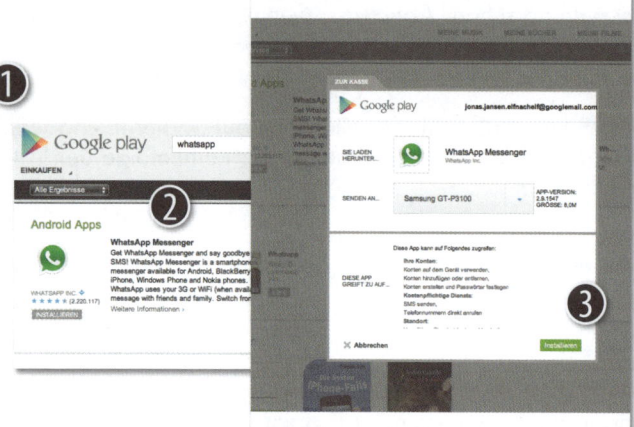

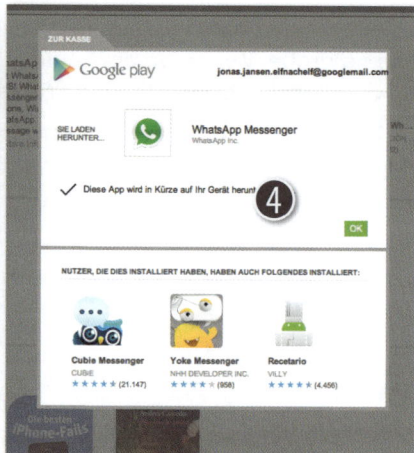

Apps am Computer laden

Alle Apps werden auf Ihrem Tablet installiert. Das heißt aber nicht, dass Sie dazu Ihr Gerät in die Hand nehmen müssten. Den Play Store können Sie auch am Computer im Webbrowser nutzen. Apps, die Sie dort kaufen, schicken Sie einfach an Ihr Tablet weiter. Das geht, weil Ihr Google-Konto immer mit Ihrem Android-Tablet verbunden ist – über die Cloud.

❶ Rufen Sie im Webbrowser die Adresse play.google.com/ auf und suchen Sie nach einer App, die Sie installieren möchten. Ich wähle WhatsApp Messenger, eine Nachrichten-App als SMS-Alternative (für Tablets mit Mobilfunk). Melden Sie sich am besten schon vorher mit Ihrem Google-Konto an.

❷ Klicken Sie auf Installieren oder Kaufen. Bei Kauf-Apps steht der Preis immer dabei; darunter sehen Sie, ob die App mit Ihrem Gerät kompatibel ist. Bei mir ist das der Fall.

❸ Überprüfen Sie Ihren Download im nächsten Schritt. Wählen Sie dann Ihr Gerät aus dem Menü Senden an aus und klicken Sie auf Installieren.

❹ Sie erhalten eine Bestätigung über den Download im Browser. Die App wird gleichzeitig an Ihr Smartphone geschickt.

❺ Die App wird jetzt auf Ihrem Gerät installiert. Neue Installationen werden in den Benachrichtigungen angezeigt. Von hier aus können Sie die App direkt starten oder, wie alle Apps, im Anwendungsmenü finden.

Das richtige Google-Konto

Sollten Sie mehrere Google-Konten besitzen, dann achten Sie darauf, dass Sie sich mit dem Konto anmelden, das Sie auf Ihrem Android-Tablet nutzen. Wie Sie ein Google-Konto einrichten, steht in Kapitel 1.

Kapitel 4 | Volle Unterhaltung im Tablet-Format

In der Geschichte der Unterhaltungselektronik hat es schon viele Versuche gegeben, mehrere Funktionen in ein Gerät zu packen, die alle gescheitert sind. Der PC eignet sich zum Sammeln und Abspielen von Musik und Videos. In unbequemer Haltung vor dem Bildschirm mit heulendem Lüfter im Hintergrund macht das aber alles keinen Spaß. Beim Smartphone wünscht man sich manchmal noch ein wenig mehr Platz auf dem Display. So ein Android-Tablet ist dagegen schon ganz nah am endgültigen universellen Unterhaltungszentrum.

Wenn Sie wollen, können Sie das alles und noch viel mehr mit Ihrem Tablet machen:

- Musik und Filme kaufen, abspielen und entdecken
- Filme mit DLNA und AirPlay auf anderen Geräten wiedergeben
- Videos vom Computer übertragen und abspielen
- YouTube-Videos ansehen
- Neue und alte Spiele entdecken und spielen

Google Play Movies – Filme online ausleihen

Es ist vorbei. Mir kommen keine DVDs oder Blue Rays mehr ins Haus. Weder gekauft noch geliehen. Der Player spielt nur noch die Restbestände ab, aktuelle Filme kommen direkt aufs Tablet. Da ich gar nicht so viele Dinge besitzen will, leihe ich sie meist aus. Im Google Play Store. Mit Play Movies spiele ich sie ab.

1 Öffnen Sie den Google Play Store und wechseln Sie zu Filme. Wischen Sie nach links, um weitere Angebote im Store anzuzeigen (Angesagt, Bestseller, Neuheiten). Wischen Sie nach rechts, um die Kategorien hervorzuholen.

2 Oder suchen Sie nach einem bestimmten Film, mit der Lupe oben in der Aktionsleiste.

3 Tippen Sie auf einen Film, um die Details zu sehen. Ich wähle »Jeff, der noch zu Hause lebt«. Tippen Sie auf den Startknopf, um den Trailer zu sehen. Wundern Sie sich nicht, er wird bei YouTube abgespielt.

4 Tippen Sie Film leihen, um den Film auszuleihen. Zum Leihen von Filmen benötigen Sie Ihr Google-Konto und eine Kreditkarte, genau wie zum Kauf von Apps.

5 Tippen Sie auf Akzeptieren und weiter, um den Kauf- (bzw. Leih-)Vorgang abzuschließen.

6 Tippen Sie Ansehen, um den Film anzusehen. Play Movies wird geöffnet. Keine Panik: Sie werden noch gefragt »ob Sie wirklich jetzt den Film starten möchten«.

30 Tage leihen, zwei Tage ansehen

So ist der Deal. Sie können jeden Film bei Google Play für 30 Tage ausleihen. Innerhalb dieser Zeit müssen Sie ihn ansehen. Nach dem Start haben Sie 48 Stunden Zeit, den Film Zu Ende anzuschauen. Das ist gut, wenn Sie zum Beispiel abends dabei eingeschlafen sind oder doch lieber ein Buch lesen wollten.

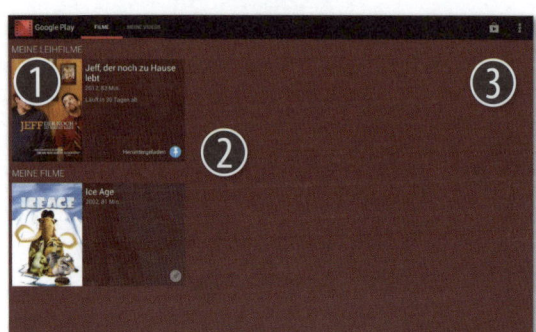

Google Play Movies – Filme ansehen

Um Filme anzuzeigen, die Sie im Play Store gekauft oder geliehen haben, benötigen Sie Google Play Movies. Wahrscheinlich ist der Player auf Ihrem Gerät schon installiert. Wenn nicht, laden Sie ihn bei Google Play. Weil das Ansehen von Filmen auf dem Tablet ganz einfach ist, fasse ich mich kurz:

❶ Öffnen Sie Play Movies. Sie sehen alle bei Google geliehenen und gekauften Filme.

❷ Tippen Sie auf die kleine Stecknadel, um Filme auf Ihr Tablet zu laden. Ist die Nadel blau, können Sie den Film auch ohne Internetverbindung ansehen. Tippen Sie auf das Vorschaubild, um die Film-Startseite anzuzeigen.

❸ Brauchen Sie neue Filme? Tippen Sie auf die Store-Taste in der Aktionsleiste.

❹ Starten Sie den Film. Ab jetzt läuft die Leihfrist von 48 Stunden.

❺ Der Player bietet die üblichen Steuerelemente. Ich glaube, die muss ich nicht erklären. Zurück zur Übersicht geht's mit Zurück.

Formatfrage: HD oder SD

Die meisten Filme und TV-Serien bei Google Play sind in HD (720p oder 1080p). Es wird immer die Auflösung geladen, die Ihr Tablet unterstützt. Gibt es Filme mit niedriger Auflösung, können Sie bei der Ausleihe wählen, welche Sie möchten. Später nicht mehr.

Watchever – Filme und Serien im Abo auf alle Geräte

Haben Sie Pay TV? Nein? Ich auch nicht. Fußball interessiert mich nicht und den Rest finde ich einfach zu teuer. Wenn Sie aber gerne Serien und Filme für die ganze Familie schauen möchten, auch in englischen Originalversionen, können Sie das für knapp 9 Euro im Monat bei Watchever. Auf Ihrem Tablet, am PC und auf vielen anderen Geräten, die Sie mit dem Internet verbinden können.

❶ Laden Sie die Watchever-App auf Ihr Gerät und melden Sie sich an. Sie können sich mit Facebook vernetzen, müssen das aber nicht. Bezahlen geht mit Kreditkarte oder Lastschrift. Ich wähle immer letzteres, wenn es geht. So, es kann losgehen.

❷ Die Homepage von Watchever ist wohldurchdacht: Oben sehen Sie die Highlights (Big Bang Theory im Original), darunter die Tipps des Tages. Tippen Sie auf das kleine Dreieck, um Filme sofort in Ihre Watchlist zu legen, oder herunterzuladen.

❸ Am oberen Rand wechseln Sie zwischen den Filmen. Ich wähle Serien.

❹ Links kommen Sie ganz schnell zu Ihren Wunschinhalten. Bei mir sind es Britische Serien – ich bin ergebener Top Gear-Fan. Mit einem Tipp rufe ich die vorhandenen Staffeln auf.

❺ Der nächste Tipp zeigt Details und einzelne Folgen. Wählen Sie eine Folge. Der Player startet.

❻ Und jetzt kommt das Wichtigste: Tippen Sie oben rechts auf die Sprechblase und wählen Sie die Sprache. Bei Top Gear muss es »Originalversion« heißen. Sonst macht das Ganze keinen Spaß.

Kindersicherung eingebaut

Watchever ist praktisch für Familien, denn alle Inhalte sind mit Altersfreigaben versehen. So können Sie festlegen, dass Ihre 10jährigen Kinder keine Filme sehen können, die erst ab 12 freigegeben sind – wenn Sie nicht die PIN dafür eingeben.

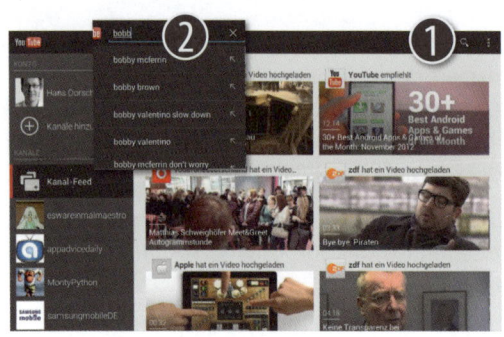

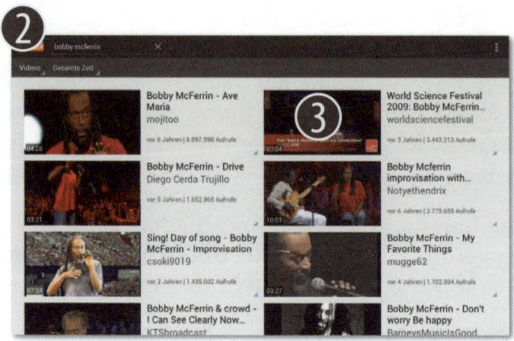

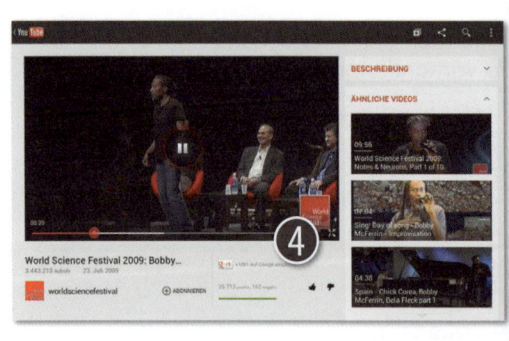

Videos bei YouTube finden und ansehen

YouTube kennen Sie, oder? Das Videoportal, auf dem es alles zu sehen gibt, von schielenden Opossums bis zu wissenschaftlichen Vorträgen. Ich sehe mir natürlich nur Letztere an – mit dem YouTube-Player für Android.

1 Starten Sie die App YouTube auf Ihrem Android. Der Startbildschirm zeigt aktuelle Videoempfehlungen. Wenn Sie angemeldet sind, sehen Sie Ihre abonnierten Kanäle. Tippen Sie auf die Lupe, um die Suche zu öffnen.

2 Tippen Sie den Namen eines Künstlers in das Suchfeld. Bobby McFerrin taucht schon nach wenigen Zeichen in der Ergebnisliste auf. Tippen Sie auf den Eintrag oder die Lupe, um die Suche zu starten.

3 Tippen Sie auf der Ergebnisseite auf den Film, den Sie sehen möchten.

4 Die Infoseite zum Film öffnet sich, und der Film startet. Hier gibt es eine Menge zu tun: Beschreibung lesen, ähnliche Videos sehen, kommentieren oder den »Daumen nach oben« anklicken für Mag ich. Aber schauen Sie sich den Film doch erst mal an. Tippen Sie auf die Vollbildtaste.

5 Im Vollbildmodus blenden sich die Steuerelemente nach kurzer Zeit aus.

- Tippen Sie auf das Display, um den Schieber für die Position einzublenden. Mit ihm kommen Sie schnell an die gewünschte Stelle im Video.
- Tippen Sie noch einmal, um den Film pausieren zu lassen.
- Unten links sehen Sie die Aufnahmequalität. Hier ist es HQ (hohe Qualität). Sollte der Film ruckeln, tippen Sie darauf, um auf eine niedrigere Qualität umzuschalten.

Videos bei YouTube merken und später ansehen

Videos lenken von der Arbeit ab, gerade wenn sie interessant sind. Wenn Sie also demnächst einen Link zu einem lehrreichen Video in Ihrer Mail oder bei Twitter finden, speichern Sie ihn bei YouTube zum Später ansehen. Sehen Sie sich den Film dann in Ruhe auf Ihrem Tablet an.

❶ Rufen Sie www.youtube.com im Browser am Computer auf und melden Sie sich mit Ihrem Google-Konto an. (Falls Sie noch nicht bei YouTube angemeldet sind, legen Sie ein neues YouTube-Konto mit der E-Mail-Adresse des Google-Kontos an, das Sie auf Ihrem Tablet verwenden.)

❷ Rufen Sie jetzt ein Video auf, das Sie interessiert. Klicken Sie am unteren Rand des Videos auf das Symbol mit der Uhr. Schon befindet sich das Video in der Liste Später ansehen. Schließen Sie den Browser und fahren Sie mit der Arbeit fort.

❸ Öffnen Sie (später) die App YouTube auf dem Tablet. Tippen Sie unter Konto auf Ihren Namen. Sind Sie noch nicht angemeldet, tippen Sie auf Anmelden und melden Sie sich mit Ihrem Google-Konto an.

❹ Die Kontoseite zeigt alle Ihre Aktionen bei YouTube. Tippen Sie auf Später ansehen.

❺ Wählen Sie den Film von eben aus der Liste. Tippen Sie zum Ansehen.

❻ Genießen Sie den Film.

❼ Später ansehen auch auf dem Tablet: Tippen Sie am oberen Bildschirmrand auf das auf das +-Zeichen. Wählen Sie im Menü die Liste, zu der Sie das Video hinzufügen möchten.

YouTube per WLAN auf den Fernseher – mit Twonky Beam

Haben Sie in letzter Zeit überlegt, ob Sie einen neuen Fernseher brauchen? Einige Hersteller machen ziemlich viel Wind um ihre Smart-TV-Geräte, weil diese zum Beispiel einen YouTube-Zugang eingebaut haben. Meine Meinung ist: Sparen Sie sich das Geld und nutzen Sie Ihr Tablet als Zuspieler für Ihren Fernseher. Mit einem WLAN-Adapter für Ihren Fernseher oder dem Apple TV wird Ihr Fernseher zum Smart TV. So kommen YouTube-Filme auf den Fernseher:

❶ Laden Sie Twonky Beam auf Ihrem Tablet und starten Sie die App. Die Oberfläche sieht aus wie ein Webbrowser. Sie funktioniert auch so ähnlich. Tippen Sie auf die große YouTube-Taste, um Videos zu suchen und auszuwählen.

❷ Als Beispiel verwende ich eine Folge von Markus Lanz. Tippen Sie auf die große Taste Beam. Twonky schiebt jetzt eine Auswahlpalette mit verfügbaren Mediengeräten herein, die mit demselben WLAN verbunden sind.

❸ Wählen Sie das Gerät aus, zu dem Sie beamen möchten. An meinen Sony-Bravia-Fernseher sind ein Sony-WLAN-Adapter und eine Apple-TV-Box angeschlossen. Ich tippe auf Apple TV, weil das in meinem Netz besser funktioniert. (Tippen Sie auf Dieses Gerät, um das Video direkt auf dem Tablet abzuspielen – ohne Beamen.)

❹ Ihr Video wird jetzt auf den großen Bildschirm gebeamt. In der höchsten Auflösung, die YouTube bietet und Ihr Netzwerk zulässt. Zum Steuern benötigen Sie keine Fernbedienung. Das geht alles über das Tablet.

Auf der nächsten Doppelseite sehen Sie, wie Sie Medien von Ihrem Gerät auf den großen Bildschirm beamen.

Eigene Videos vom Tablet zum TV beamen

Gerade habe ich Ihnen gezeigt, wie Sie YouTube-Filme auf Ihren Fernseher bekommen. Auf ähnliche Weise bringen Sie alle Medien, die sich auf Ihrem Tablet befinden, ins Großformat und in Stereo.

❶ Tippen Sie in der Menüleiste ganz rechts auf das Symbol für Meine Medien. (Es ist ein kleines Häuschen mit WLAN-Wellen drin. Ich habe es extra vergrößert.)

❷ Das Fenster Meine Medien zeigt alle verfügbaren Dateiquellen und Server an. Tippen Sie auf Dieses Gerät. Im Anschluss haben Sie Zugriff auf alle Mediendateien auf Ihrem Gerät.

❸ Lassen Sie Alle Videos anzeigen (in der Titelzeile sehen Sie den Pfad zum aktuellen Ordner), so kommen Sie am schnellsten zu Ihrem Wunschfilm. Ich habe nur einen Film auf dem Gerät, das ist aber ein besonders guter Frankenkrimi. Tippen Sie auf den Film, um ihn zu starten.

❹ Wählen Sie, falls Sie es nicht schon getan haben, das Endgerät aus. Schon sind Sie bereit zum Beamen.

Für Fortgeschrittene: Twonky Beam holt auch Inhalte von anderen Geräten aufs Tablet, wenn diese den Standard DLNA unterstützen. Die weit verbreiteten Home-Server tun das – und tauchen dann in Ihrer Bibliothek auf, zum Anschauen auf dem Gerät oder zum Weiterleiten an den großen Bildschirm.

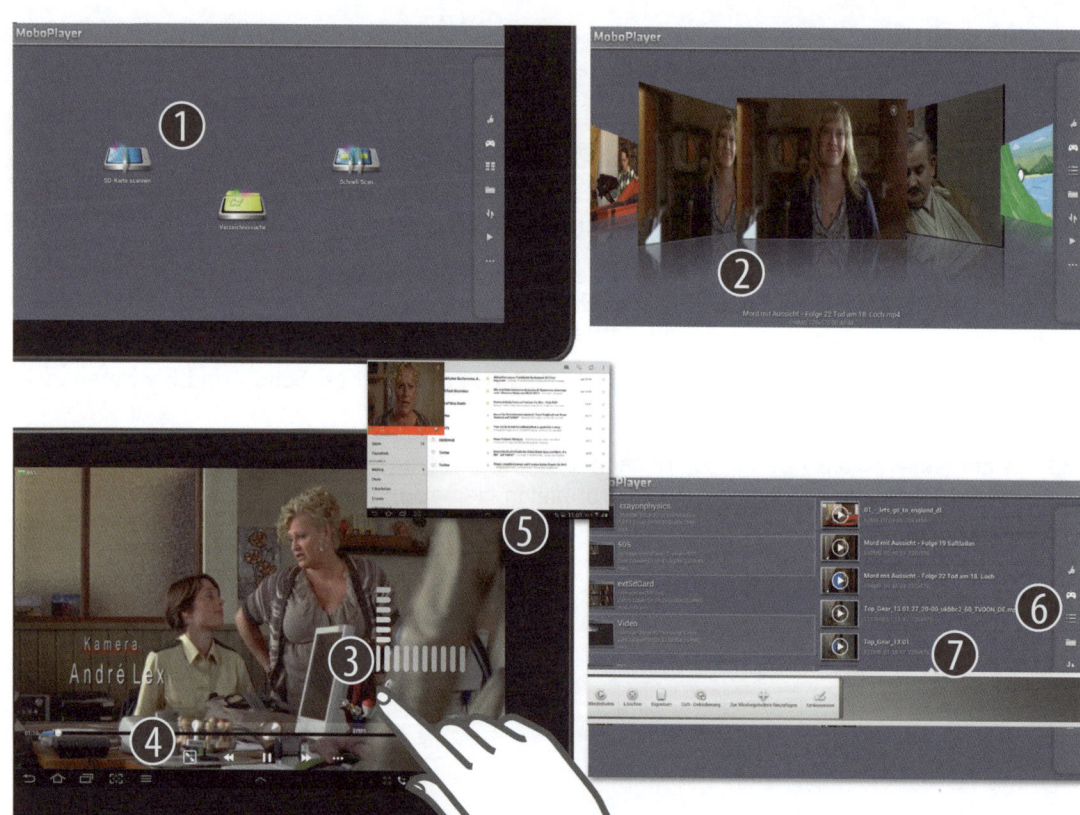

Videos in verschiedenen Formaten von SD-Karte abspielen

Nie mehr 20:15! Ich will nicht zu festen Zeiten vor dem Fernseher sitzen müssen, um einen Spielfilm anzusehen. Deshalb lade ich mir Filme auf den Computer und schaue sie mir später auf dem Tablet an. Dorthin kommen sie entweder per USB oder auf einer SD-Karte.

Viele Filme sind bereits im MP4-Format gespeichert, noch viel mehr aber in anderen Formaten wie .flv oder .avi (mpeg2), die die mitgelieferten Player (meist Galerie bzw. Google VideoPlayer) nicht abspielen. Deshalb empfehle ich den MoboPlayer aus dem Play Store.

❶ Beim ersten Start zeigt der MoboPlayer eine Übersichtsseite der verfügbaren Medien. Tippen Sie SD-Karte scannen.

❷ Der Player zeigt eine schöne Voransicht der gefundenen Filme. Tippen Sie darauf, um die Filme abzuspielen. (Bei mir läuft »Mord mit Aussicht«.)

❸ Tippen Sie auf das Display, um die Steuerelemente einzublenden. Einfache Gesten vereinfachen den Filmgenuss: Wischen Sie am linken Rand nach oben oder unten, um die Helligkeit einzustellen, am rechten Rand, um die Lautstärke zu regeln und nach links oder rechts, um im Film zurück- bzw. vorzuspringen.

❹ Die Taste links neben den Steuertasten stellt das Filmformat ein (z. B. 16:9). Ein weiterer Tipp blendet die Steuerelemente aus. Zurück geht's mit der Zurück-Taste.

❺ Beim Wechsel zu einer anderen App bleibt der Player an. So können Sie Ihre Lieblingsserie schauen, während Sie Mails checken.

❻ Die Filmübersicht gibt's übrigens auch ganz klassisch im Ordnerformat. Tippen Sie rechts die Menütaste an. Jetzt sehen Sie alle Videos auf Ihrem Gerät.

❼ Der Abspielpfeil zeigt durch seine Füllung an, ob und wie weit Sie einen Film schon gesehen haben. Tippen Sie lange, um den Film zu löschen oder die Decodierung umzustellen. (Falls der Film nicht abgespielt wird, stellen Sie auf Soft Decoding um.)

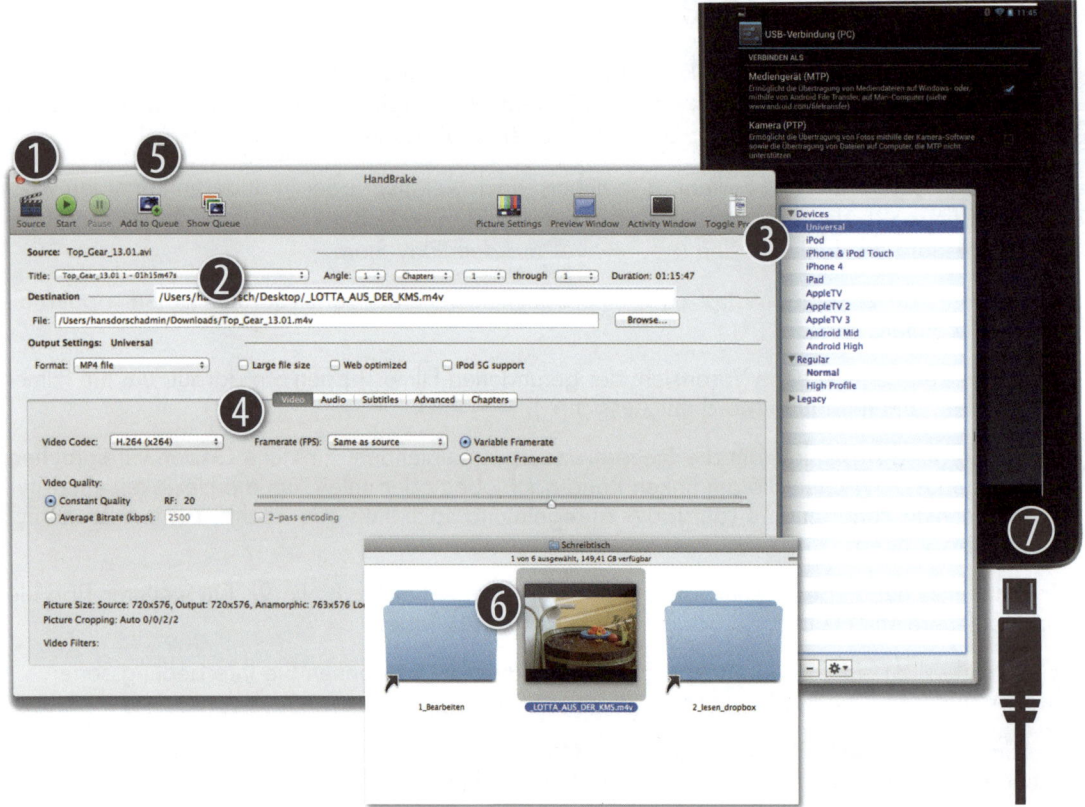

Spielfilme auf DVD mit Handbrake fürs Tablet umwandeln

Sicher haben Sie schon Spielfilme oder Fernsehsendungen auf DVD, die Sie gern am Tablet ansehen möchten. Mit der kostenlosen Software Handbrake für Mac und Windows machen Sie im Handumdrehen Videodateien, die alle Android-Geräte abspielen können. Installieren Sie zuerst das Programm Handbrake (www.handbrake.fr). Am Mac benötigen Sie zusätzlich den VLC media player, den Sie ebenfalls kostenlos laden können.

1 Legen Sie eine DVD ein und starten Sie Handbrake. Klicken Sie auf die Taste Source oben im Fenster und wählen Sie im Dialog die DVD aus. Handbrake scannt die DVD und erkennt alle darauf gespeicherten Filme.

2 Wählen Sie unter Title den längsten Film aus (hier Nr. 2 mit 1 Std., 11 Min., 46 Sek.). Die kürzeren Filme sind Trailer, Menüs und andere Nebensächlichkeiten.

3 Wählen Sie aus der Seitenleiste das Format Universal. Das passt für die meisten Tablets.

4 Mit den Auswahltasten wählen Sie Sprachversionen (Audio) oder Untertitel (Subtitles) aus.

5 Klicken Sie oben auf Add to Queue, dann auf Start. Ihr Film wird jetzt umgewandelt. Die Geschwindigkeit richtet sich nach dem Computer. Es kann aber gut über eine Stunde dauern.

6 Handbrake speichert den umgewandelten Film auf Ihrer Festplatte, zum Beispiel auf dem Schreibtisch (hier Desktop).

7 Schließen Sie jetzt Ihr Tablet über USB an und kopieren Sie den Film auf den Speicher.

Das sollten Sie wissen

DVDs mit Kopierschutz dürfen nicht kopiert werden. Weitere Hinweise finden Sie in der Wikipedia unter den Stichwörtern Kopierschutz und Privatkopie.

Spielen auf dem Tablet für Kinder und Erwachsene

Liebe intellektuelle Streber: Bitte gehen Sie weiter, hier gibt es nichts zu sehen – außer ein paar Möglichkeiten, die Sinne zu schärfen, die Geschicklichkeit zu üben, den Tierkümmertrieb zu befriedigen oder einfach nur Spaß zu haben. Willkommen bei den Android Games, willkommen in der endlosen Welt der digitalen Unterhaltung. Schauen Sie sich um, laden Sie sich Spiele aus dem Play Store und legen Sie los. Hier sind ein paar Anregungen.

❶ Subway Surfer: Mein Lieblingsspiel aus der Kategorie der Endless Runner. Es gibt keine Levels. Nur Punkte. Sie laufen los und sammeln Münzen, die Sie im Shop eintauschen können, und zwar gegen neue Figuren, bessere Schuhe und sonstige Spielerweiterungen.

❷ Real Racing: Eine richtig aufwendige Autorennsimulation. Macht richtig Spaß, kann aber viel Geld kosten.

❸ Pou: Ein virtuelles Haustier, das permanent beschäftigt werden will. Es meldet sich, wenn es Hunger oder Langeweile hat.

❹ Super Monkey Ball: Ein echter Klassiker. Nutzt die Neigungssensoren des Tablets. Bewegen Sie das Tablet, um den Affen in seinem Ball (!) durch immer schwierigere Parcours zu rollen. Angeblich verbessern Chirurgen mit diesem Spiel ihre Geschicklichkeit.

Das Tablet kindersicher machen

Natürlich wollen Ihre Kinder mit dem Tablet spielen. Lassen Sie sie ruhig. In Kapitel 9 zeige ich Ihnen, wie Sie Ihr Tablet sicher mit der ganzen Familie teilen können und mit Kids Place einen eigenen Startbildschirm für die Kleinen einrichten.

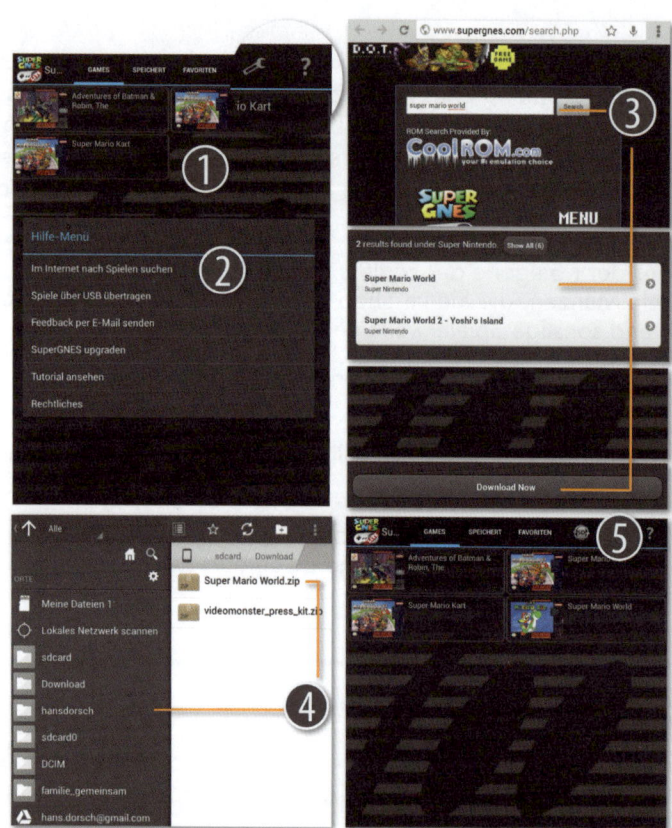

Spielen wie vor 20 Jahren – mit dem Nintendo-Emulator und Originalspielen

Ich bin schon etwas älter. Deshalb konnte ich die Frühzeit der Spielautomaten und Spielkonsolen real miterleben. Aber auch heute lässt sich die Entwicklung der Computerspiele nachvollziehen: Fast alle Spiele, die es in den letzten 30 Jahren für Automaten und Konsolen gab, lassen sich heute über Emulatoren auf dem Tablet spielen. Zum Beispiel Super Mario von Nintendo.
So geht's mit SuperGNES:

❶ Installieren und starten Sie die App SuperGNES (die Lite-Version genügt für den Anfang). Alle geladenen Spiele finden Sie unter GAMES. Hier fehlt aber Super Mario World.

❷ Tippen Sie auf das Fragezeichen und dann Im Internet suchen. Die Suchmaske von coolROM.com öffnet sich im Browser. Suchen Sie nach dem Spiel. Wählen Sie es aus den Ergebnissen aus.

❸ Wechseln Sie in den (Astro-)Dateimanager und öffnen Sie dort das Download-Verzeichnis.

❹ Verschieben Sie das heruntergeladene Paket (Zip-Archiv) dann in den ROM-Ordner von Super-GNES. Bei mir ist das »hansdorsch«, den Standardordner können Sie unter Schraubenschlüssel → ROM-Verzeichnis einrichten.

❺ Wechseln Sie zurück zur App und laden Sie die Games neu. Tippen Sie auf die Suchtaste am oberen Rand.

❻ Spielen Sie Super Mario World, als wäre es 1991.

Ist das legal?

Wenn Sie eine Original-Spielkonsole von Nintendo und die dazugehörigen Spiele-Cartridges im Keller haben, fällt die Nutzung möglicherweise unter das Recht auf Privatkopie. Aber genau wie die ROMs finden Sie im Internet auch Hilfe zu rechtlichen Fragen.

112

Musik hören mit Google Play Music

Musikdateien erkennt Android automatisch und macht sie allen Apps zugänglich. Auch wenn Ihnen der Hersteller Ihres Tablets die eigene App zum Abspielen von MP3s noch so schmackhaft machen möchte – nehmen Sie die von Google. Sie heißt Play Music, ist kostenlos und bei den meisten Tablets vorinstalliert. Play Music ist Teil des Google Play-Systems, das Sie auch für Apps nutzen. Es sieht schön aus und ist perfekt an die Nutzung am Tablet angepasst.

❶ Öffnen Sie die App Play Music (die mit den Kopfhörern). Sie startet mit der Liste der Interpreten.

❷ Streichen Sie nach unten bis zum Künstler Ihrer Wahl. Halten Sie den Finger rechts gedrückt, um den Anfangsbuchstaben während des Ziehens anzuzeigen. Tippen Sie auf einen Namen, um alle Alben eines Interpreten anzuzeigen. Hier ist es die Band Mumford & Sons.

❸ Das ist praktisch. Von links nach rechts öffnen Sie Alle Titel oder einzelne Alben des ausgewählten Interpreten. Ich tippe auf »Babel«, das neueste Album der Band.

❹ Diese Ansicht zeigt alle Stücke des Albums. Tippen Sie auf den Titel, den Sie hören möchten. Hier ist es I Will Wait (mein Anspieltipp).

❺ Kleine Dreiecke neben Einträgen öffnen Pop-up-Menüs mit Optionen. Hier besonders praktisch: Schnellmix abspielen (sammelt Titel, die dem aktuellen ähneln, so wie Genius in iTunes), zur Playlist hinzufügen und Musik kaufen. Letzteres führt in die Musikabteilung des Play Store.

❻ Aktuelle Wiedergabe: So sieht der Bildschirm aus, wenn Sie ein Stück abspielen. Der Kopfhörer oben links bringt Sie eine Ebene höher. Über das Menü-Symbol rechts können Sie die Abspielreihenfolge der Titel ändern.

❼ Die Tasten am unteren Bildschirmrand steuern die Musik. Tippen Sie darauf, um alle anzuzeigen: Zurück/Schneller Rücklauf, Start/Pause und Vor/Schneller Vorlauf (aber die kennen Sie ja wahrscheinlich). Links und rechts davon: Die Weiche spielt alle Titel des aktuellen Albums in zufälliger Reihenfolge ab. Rechts: Die Wiederholungsschleife wiederholt entweder alle Titel oder nur den aktuellen Titel (einmal oder mehrmals tippen). Ach ja, und wenn Sie einen Titel gut finden, tippen Sie ruhig auf Daumen hoch.

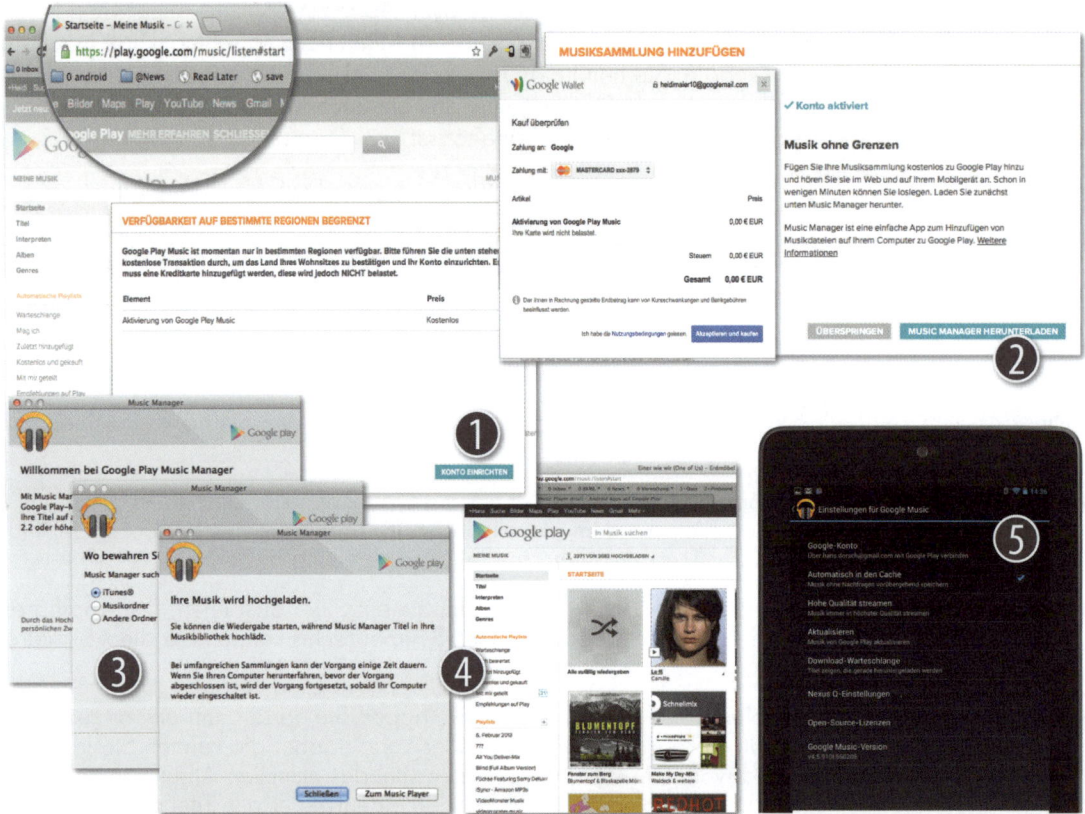

Google Play Music – Ihre komplette Musiksammlung auf allen Geräten

Wie kommt meine Musik vom Computer auf mein Tablet? Über USB? Und welche Titel meiner riesigen Musiksammlung kommen eigentlich mit? Nur die aktuellsten? Die Antwort auf beide Fragen lautet Nein, wenn Sie Ihre Musik mit Google Play über das Internet austauschen. Dieses Vorgehen möchte ich Ihnen ans Herz legen, denn es ist bestechend einfach und dazu noch kostenlos.

❶ Zuerst muss Ihre Musik vom Computer ins Internet. Setzen Sie sich an den Computer (ich nutze einen Mac) und rufen Sie im Browser diese Seite auf: play.google.com/music. Falls Sie noch kein Konto haben, klicken Sie Konto einrichten. (Zur Anmeldung benötigen Sie ein Google Wallet-Konto und eine Kreditkarte. Falls Sie keine haben, gehen Sie gleich los zum Kiosk oder zur Tankstelle und kaufen Sie sich eine Prepaid-Karte. Mehr dazu in Kapitel 3.)

❷ Laden Sie dann den Music Manager auf Ihren Computer, starten Sie das Programm und melden Sie sich mit Ihrem Google-Konto an.

❸ Der Music Manager durchsucht Ihren Computer nach Musikdateien. Folgen Sie einfach den leicht nachvollziehbaren Schritten. Wenn Sie iTunes verwenden (so wie ich), sucht das Programm dort nach Musikdaten und Playlisten. Dann startet der Abgleich mit Google Play.

❹ Sie können Ihrer Musik direkt auf dem Weg ins Netz zusehen. Rufen Sie einfach Ihre Musik im Browser auf.

❺ Verbinden Sie jetzt Play Music auf Ihrem Tablet mit Ihrem Google-Konto. Öffnen Sie Einstellungen → Google-Konto.

Abgleich und Upload

Keine Angst, Google lädt nicht jede Ihrer MP3-Dateien auf die eigenen Server, um sie dort zu speichern. Stattdessen vergleicht es Ihre Musikdateien mit den Dateien, die bereits online verfügbar sind. Nur die Titel, die nicht gefunden werden, lädt der Manager vollständig ins Netz.

Auf dem Tablet Musik bei Amazon kaufen

Amazon verkauft wirklich alles, vom Buch bis zum Wischmopp. Und natürlich Musik. Aber ich spreche hier nicht von diesen komischen runden Dingern, die mit der Post verschickt werden. (Wie hießen die noch mal? Ach ja, CDs.) Nein, ich meine MP3s. Und für die hat Amazon sogar eine eigene App.

❶ Laden Sie die App Amazon MP3 bei Google Play, starten Sie sie und öffnen Sie den Shop. Tippen Sie auf Menü → Suchen und suchen Sie eine Band, die Sie interessiert.

❷ Sie können auch einfach im Shop stöbern: Ganz oben finden Sie günstige bzw. kostenlose Angebote, darunter Bestseller, Neuerscheinungen und Genre.

❸ Wählen Sie das Album, das Sie interessiert, aus der Ergebnisliste.

❹ Tippen Sie auf einen Titel, um reinzuhören. Tippen Sie auf den Preis, um nur einen Titel zu kaufen. Tippen Sie auf die Taste neben dem Albumcover, um das ganze Album zu kaufen.

❺ Melden Sie sich mit Ihren Amazon-Zugangsdaten an und klicken Sie auf Anmelden.

❻ Amazon bestätigt den Kauf. Tippen Sie auf Abspielen oder herunterladen. Bestätigen Sie die anschließende Abfrage und fügen Sie Ihr Gerät der Amazon-Cloud hinzu.

❼ Der Cloud Player öffnet sich. Wählen Sie das Album aus der Liste und tippen Sie dann auf die Download-Taste. (Die Dateien werden auf Ihrer SD-Karte im Ordner amazonmp3 gespeichert.)

❽ Wechseln Sie in die Play Music-App. Alle Downloads tauchen dort automatisch auf. (Amazon MP3 hat zwar einen eigenen Musikplayer, aber ein Ort für die ganze Musik ist doch ganz praktisch.)

Von Amazon zu Google Play – nur via PC

Ihre MP3s von Amazon können Sie zwar mit Google Play Music abspielen, aber nicht hochladen. Das geht nur über einen Umweg: Rufen Sie am Computer die Seite www.amazon. de/cloudplayer auf. Laden Sie dort die MP3s auf Ihren Computer. Google Play lädt sie dann in die eigene Cloud.

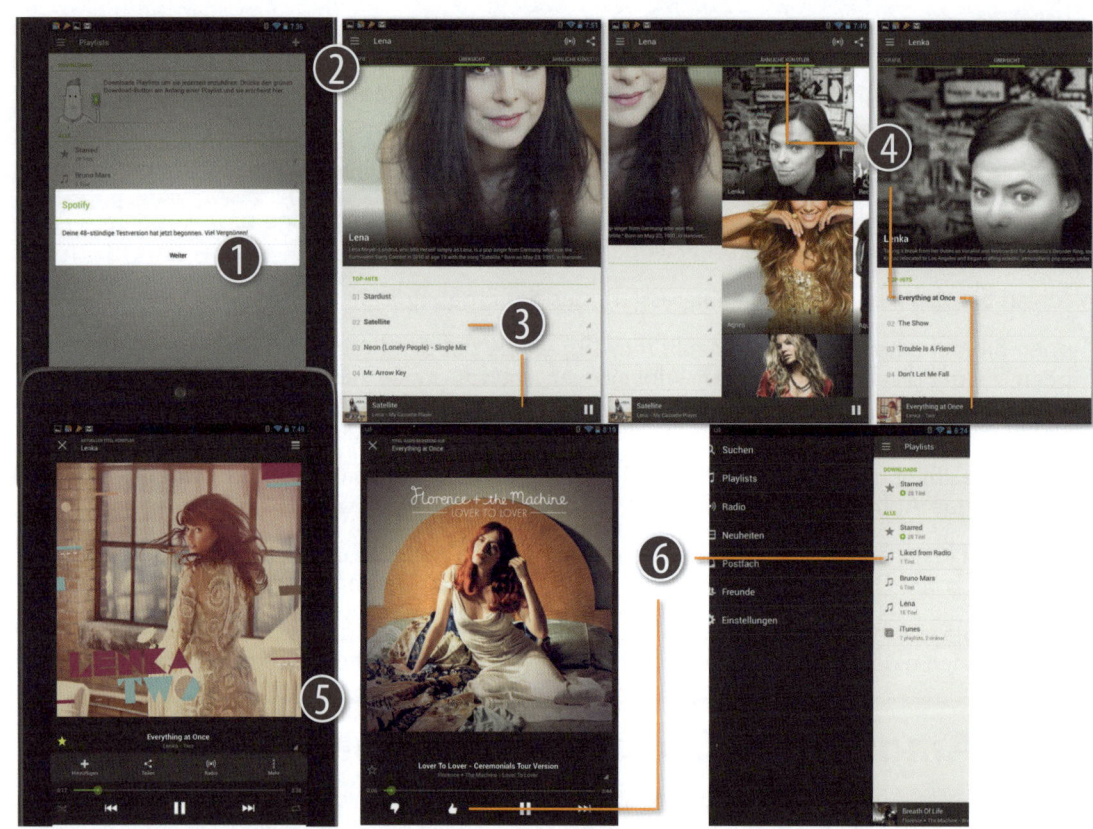

Musik mit Spotify überall hören

In den ersten 14 Lebensjahren wird der Grundstock für den Musikgeschmack des ganzen Lebens gelegt. Bei mir war das so. Deshalb sollte man in dieser Zeit Zugriff auf so viel Musik wie möglich haben. Meine Tochter nutzt deshalb Spotify. Für 10 Euro monatlich kann sie unbegrenzt ganz neue und ganz alte Musik entdecken und lieben lernen. Aber auch Erwachsene dürfen noch dazulernen.

1 Laden Sie die App auf Ihr Tablet und melden Sie sich an. Sie benötigen keinen Facebook-Zugang. E-Mail-Adresse genügt. Starten Sie dann den Test.

2 Suchen Sie nach einem Künstler. Die Funktion finden Sie hinter der Menü-Taste oben links. Meine Tochter mag Lena (ich finde die auch okay).

3 Ein Tipp auf den Lieblingstitel startet die Wiedergabe. Den aktuell gespielten Titel sehen Sie unten.

4 Und jetzt geht's ans Entdecken. Streichen Sie nach rechts zu den Ähnlichen Künstlern. Dort findet sich zum Beispiel Lenka mit »Everything at Once«. Ein tolles Lied, findet sie (ich auch). Ein Tipp startet den Titel. Ein Tipp auf die Vorschau unten holt den Player groß auf den Bildschirm.

5 Sie setzt ein Sternchen ganz links, dann landet der Titel in der Starred-Playliste. Tippen Sie auf das kleine Flyout-Menü rechts, um noch mehr mit dem Song zu machen: Zu bestimmten Playlists hinzufügen, Teilen (Twitter, Facebook, E-Mail) und …

6 Radio: Zeigt ähnliche Titel an. Tolle Sache. Lassen Sie es einfach laufen. Ist ein Lied nicht so gut, tippen Sie die Skip-Taste (und vielleicht noch den Daumen nach unten). Gefällt Ihnen ein Song wirklich gut, tippen Sie den Daumen hoch. Ihr Lied landet in der Liste Liked from Radio. So geht keine Perle verloren.

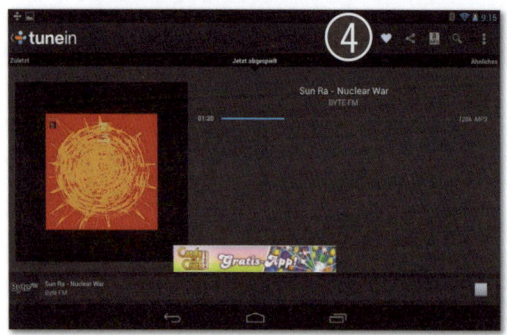

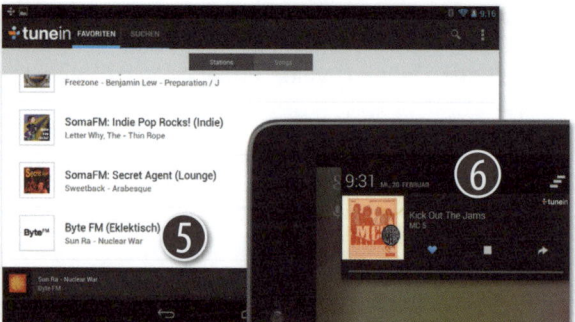

TuneIn Radio – das Kofferradio des 21. Jahrhunderts

Meine Oma hatte ein Kofferradio. Ich glaube, es war von Telefunken und es stand überall dort, wo sie gerade Musik oder Nachrichten hören wollte: beim Kochen in der Küche oder beim Ausruhen auf dem Liegestuhl im Garten. Leider liefen darauf nur die örtlichen Radiosender. Ich habe ein Tablet, das auch überall steht, wohin ich es mitnehme, und es spielt alle Radiosender dieser Welt – mit TuneIn Radio.

❶ Installieren Sie die App (die kostenlose Version genügt für den Anfang). TuneIn Radio startet mit der Suchansicht.

❷ Das Lokale Radio erkennt, wo Sie sich befinden und zeigt regionale Sender an. Über die linke Spalte (drehen Sie das Tablet horizontal) finden Sie schnell weitere interessante Radiosender nach Beliebtheit (Tendenz steigend) oder Themen (Sport, Musik, Nachrichten) gegliedert. Stöbern Sie einfach und wählen Sie einen Sender. Ich tippe auf 1LIVE, mein Lokalradio.

❸ Ach nein, ich nehme doch lieber die Suche. Denn ich weiß, wie mein Lieblings-Musikradio heißt – und suche nach »byteFM«. Tippen Sie auf die Lupe und geben Sie einen Sender, eine Musikrichtung oder einen Bandnamen ein. Tippen Sie in den Ergebnissen auf den Sender, um ihn abzuspielen.

❹ Ihr Radio läuft. Sie sehen den aktuellen Sender und Titel. Tippen Sie auf's Herz in der Aktionsleiste, um den Sender zu Ihren Favoriten hinzuzufügen, teilen Sie den aktuellen Titel über Facebook, Twitter oder E-Mail oder kaufen Sie ihn direkt bei Amazon. Zurück geht's über die tunein-Taste oben links.

❺ So sehen die Favoriten aus, alle gemerkten Sender in einer Liste. Das ist praktisch. Und die Station, die gerade läuft, sehen Sie immer unten.

❻ Und natürlich läuft das Radio auch im Hintergrund. Steuern können Sie es über das Benachrichtigungsfeld.

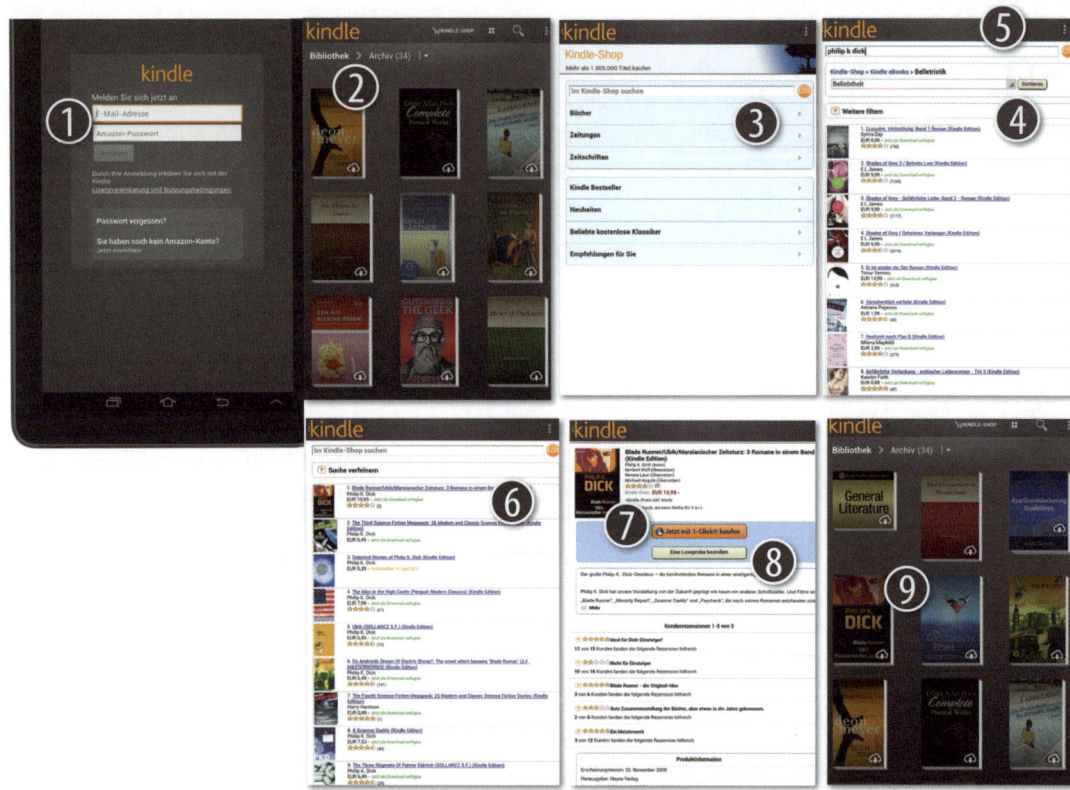

Ein Kindle-E-Book bei Amazon laden

Bücher lesen: Auch das ist eine Sache, für die Ihr Tablet ganz hervorragend geeignet ist. Der unkomplizierteste Weg, E-Books auf dem Tablet zu lesen, führt über Kindle, den E-Book-Reader des Internetriesen Amazon. Kindle-Bücher können Sie mit dem Kindle Wireless Reader lesen, dem eigenen Lesegerät von Amazon, oder mit den Apps für Windows, Mac, iPhone, iPad und natürlich Android. Alle Bücher, die Sie geladen haben, sind auf allen Geräten verfügbar. Sie werden über das Internet abgeglichen. Amazon nennt das Whispersync. Und so kommen Sie an Lesestoff:

❶ Installieren Sie die Kindle-App aus dem Play Store. Melden Sie sich beim ersten Start mit Ihrem Amazon-Konto an. Sollten Sie noch keines besitzen, können Sie über den Link ganz unten ein neues erstellen.

❷ Der Inhaltsbereich öffnet sich. Alle Bücher, die Sie besitzen, werden hier angezeigt. Drücken Sie die Menü-Taste und dann auf den Kindle-Shop, um neuen Lesestoff hinzuzufügen.

❸ Stöbern Sie im Shop. Tippen Sie auf Bücher und wählen Sie dann eine Kategorie.

❹ In den Kategorien können Sie clever sortieren und filtern und so interessante Bücher finden, zum Beispiel die aktuellen Bestseller der Belletristik.

❺ Wenn Sie wissen, was Sie suchen, geben Sie den Namen des Autors oder des Buchs in das Suchfeld ein und tippen auf Los.

❻ Die Suche nach Philip K. Dick zeigt deutsche und englische Titel an. Ich wähle Blade Runner.

❼ Tippen Sie auf die rote Taste Jetzt mit 1-Click® kaufen, um das Buch sofort zu kaufen. Vorsicht, es wird nicht noch einmal nachgefragt.

❽ Noch nicht ganz sicher? Lesen Sie die Rezensionen und schnuppern Sie in das Buch rein. Tippen Sie dazu auf Eine Leseprobe bestellen. Diese ist kostenlos und enthält einen Bestell-Link zum vollständigen Buch. Sehr praktisch.

❾ Ihr neues Buch steht jetzt ganz vorne im Inhaltsbereich; Leseproben sind mit einem kleinen Balken markiert. Tippen Sie auf das Buch, um es zu lesen.

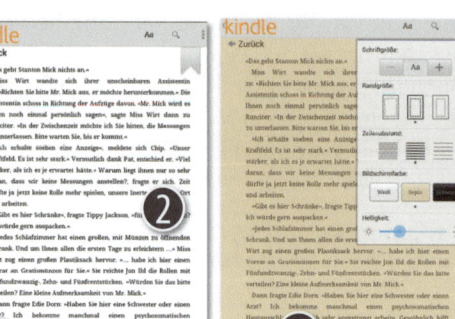

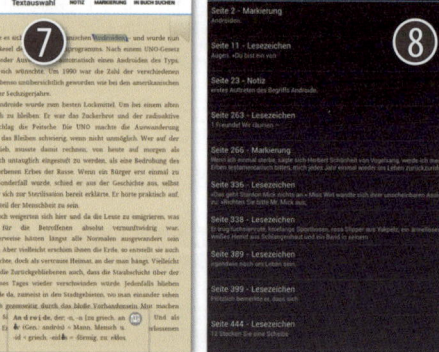

Ein Kindle-E-Book auf dem Tablet lesen

Das Display Ihres Tablets ist zum Lesen sehr gut geeignet. Es flimmert nicht und hat eine bessere Darstellungsqualität als viele Taschenbücher. Und was Sie alles mit dem Text machen können:

1 Tippen Sie im Inhaltsbereich auf das Buch, das Sie lesen möchten. Ich lese Blade Runner. (Der Originaltitel lautet übrigens »Do Androids dream of electric sheep?«.)

2 Das Buch öffnet sich auf der zuletzt gelesenen Seite. Tippen Sie an den rechten und linken Rand, um vor- bzw. zurückzublättern.

3 Die Kapitelinformationen und den Fortschrittsbalken am unteren Rand sehen Sie, wenn Sie in die Seite tippen. Mit dem Schieber bewegen Sie sich schnell im Buch vor und zurück.

4 Wählen Sie Menü → Anzeigeoptionen, um Ihr Buch anzupassen. Verändern Sie die Schriftgröße und stellen Sie die Hintergrundfarbe um. Ich mag den Sepiaeffekt: Er gibt dem Buch einen echten Vintage-Look und ist auch noch angenehm für die Augen.

5 Tippen Sie auf Menü → Lesezeichen oder auf das Symbol direkt oben rechts, um sich eine besonders interessante Seite zu merken. Fügen Sie so viele ein, wie Sie mögen. Ein kleines blaues Lesezeichen oben rechts zeigt die gemerkte Seite an.

6 Sie können das gesamte Buch durchsuchen. Tippen Sie auf die Lupe und geben Sie einen Begriff ein. Tippen Sie auf ein Suchergebnis, um die Seite zu öffnen.

7 Drücken Sie lange auf ein Wort, blendet Kindle die Definition aus dem Lexikon ein (jetzt wissen wir auch alle, was ein »Androide« ist). Gefällt Ihnen eine Textstelle, markieren Sie sie oder schreiben eine Notiz dazu. Mehr ruft die Suche nach dem Begriff im Buch, bei Google und in der Wikipedia auf.

8 Alle Lesezeichen, Markierungen und Notizen finden Sie gesammelt auf einer Seite, die mit allen Kindle-Readern abgeglichen wird. Tippen Sie dazu auf Menü → Notizen und Markierungen.

Bücher laden bei Google Play

Man braucht nicht zwingend die Kindle-App, um Bücher zu lesen. Auch über die vorinstallierte App Google Play Books können Sie Bücher laden.

So kommen Sie an Ihre Lieblingsbücher:

1 Öffnen Sie die App Play Books. Der Inhaltsbereich öffnet sich. Alle Bücher, die Sie besitzen, werden hier angezeigt. Mit der Taste oben rechts gelangen Sie zum Play-Shop, um neuen Lesestoff hinzuzufügen.

Tipp: Über die Einstellungstaste können Sie die Ansicht vom 3-D-Raster zu einer Liste ändern. Das erleichtert die Übersicht, wenn Sie viele Bücher in ihrer digitalen Bibliothek haben.

2 Stöbern Sie im Shop. Sie können aus verschiedenen Kategorien wählen, von Bestsellern bis Fachliteratur. Oder, falls Sie ein bestimmtes Buch finden wollen, mit der Lupe danach suchen.

3 Nicht alle Bücher kosten Geld. In der Kategorie Kostenlose Bücher finden Sie meist Klassiker, die inzwischen freie Lizenzen haben.

4 Ich wähle »Die Leiden des jungen Werther« von Goethe. Mit einem Klick kommen Sie – wie bei den Apps – zum Auswahlbildschirm und können das Buch herunterladen.

5 Zurück in der Bücherübersicht wird ihr neuestes Buch nun angezeigt.

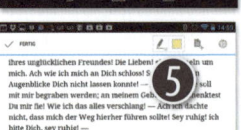

Bücher mit Play Books lesen

Wenn Ihnen die vorinstallierten Leseproben nicht mehr reichen und Sie Ihr erstes Buch aus dem Play Store geladen haben, können Sie losschmökern.

Und das geht so:

1 Öffnen Sie das Buch durch Anklicken. Falls Sie es nicht bereits angelesen haben, öffnet sich das Titelblatt. Sie blättern durch Wischen nach rechts und links oder durch Tippen an den Rändern.

2 Wenn Sie ein Mal auf die Seite tippen, werden Ihnen mehrere Optionen angezeigt: Mit dem Regler am unteren Bildschirmrand können Sie sich durch die Seiten navigieren. Falls das Buch in Kapitel aufgeteilt ist, werden zusätzlich zu den Seiten die Kapitelnummern angezeigt.

3 In den Anzeigeoptionen können Sie Schriftart, Schriftgröße oder Helligkeit anpassen oder auch gleich das ganze Design umstellen, etwa auf den Nachtmodus.

4 Mit der Suche können Sie das ganze Buch nach Stichwörtern durchstöbern. Das Suchfenster zeigt ihnen passende Textstellen an. Ich habe nach »Medicus« gesucht. Mit einem Klick auf ein Suchergebnis öffnet sich die Seite.

5 Wenn Sie ein Wort antippen und halten, können Sie es markieren. Mit den Reglern können Sie dann den ausgewählten Text anpassen, wenn Sie etwa einen ganzen Satz markieren möchten. In der oberen Leiste öffnen sich zudem weitere Optionen: Sie können die ausgewählte Stelle in verschiedenen Farben markieren. Neben dem Stift wird die ausgewählte Farbe angezeigt. Außerdem können Sie eine Notiz hinzufügen oder Wörter oder ganze Textpassagen mit Google Translate übersetzen lassen. Das funktioniert mit mehreren Sprachen.

6 Die Optionstaste am rechten oberen Bildschirmrand zeigt Ihnen noch weitere Funktionen. Sie können sich Informationen über das Buch anzeigen lassen (dann öffnet sich der Play Store), das Buch in sozialen Netzwerken oder per Mail teilen und vieles mehr.

7 Das Inhaltsverzeichnis hat drei Funktionen: Es zeigt Ihnen zunächst die Kapitel an, die sie so direkt ansteuern können. Sie können sich aber mit den anderen Reitern auch ihre Lesezeichen und Ihre Notizen in einer Übersicht darstellen lassen.

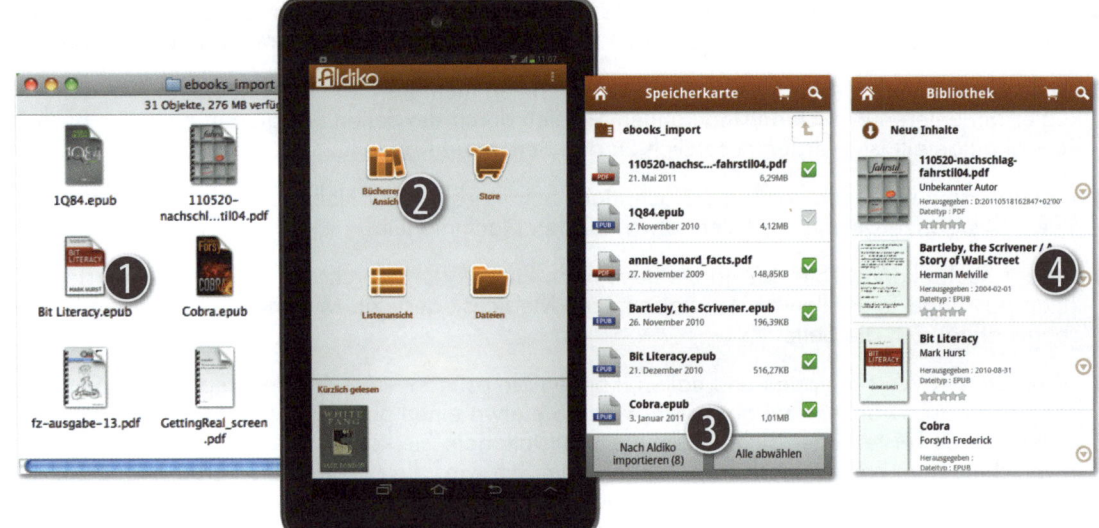

EPUB- und PDF-Bücher mit Aldiko importieren und öffnen

Die populärsten Formate für E-Books sind EPUB und PDF. Das erste ist speziell für elektronische Bücher gemacht, das zweite für die layoutgetreue Speicherung digitaler Dokumente im Allgemeinen. Zum Glück können Sie beide mit dem Aldiko-Reader öffnen. Über die SD-Karte kommen sie von Ihrem Computer auf das Smartphone.

1 Speichern Sie E-Books im Format EPUB oder PDF in einem Ordner auf der SD-Karte. Trennen Sie anschließend die USB-Verbindung.

2 Starten Sie Aldiko und wählen Sie auf der Startseite das Symbol Dateien. Der Inhalt Ihrer Speicherkarte (oder des USB-Speichers) wird angezeigt.

3 Navigieren Sie zu dem Ordner, in dem Sie Ihre E-Books gespeichert haben (meine liegen im Ordner ebooks_import). Wählen Sie die Bücher aus, die Sie lesen möchten, und tippen Sie auf Nach Aldiko importieren (das kann ein wenig dauern).

4 Ihre neuen Bücher werden jetzt in der Aldiko-Bibliothek angezeigt. Das Buch »Bartleby, the Scrivener« (oder auf Deutsch: »Bartleby, der Schreiber«) von Herman Melville möchte ich Ihnen bei dieser Gelegenheit sehr ans Herz legen.

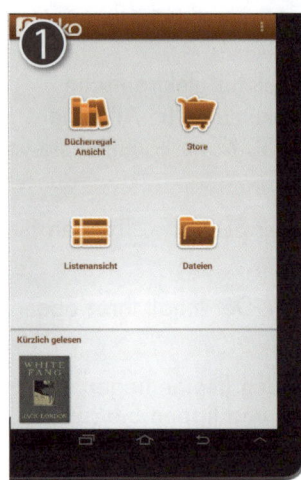

E-Books mit Aldiko öffnen, verwalten und lesen

Mit dem Aldiko-Reader können Sie E-Books in den verbreiteten Formaten EPUB und PDF elegant verwalten und lesen.

❶ Öffnen Sie Aldiko. Die Startseite bringt Sie zum Regal mit Ihren Büchern. Neue Bücher bekommen Sie über den Store oder über die Speicherkarte (siehe vorherige Seite).

❷ Im Store finden Sie die Angebote mehrerer Anbieter. Die meisten sind englischsprachig, und zum Einkauf müssen Sie sich bei jedem Shop separat registrieren. Zum Glück gibt es aber auch eine Menge kostenloser Bücher, zum Beispiel bei Feedbooks. Schauen Sie mal in die gemeinfreien Bücher (Public Domain). Hier finden Sie unter anderem Klassiker von Thomas Mann. Tippen Sie auf einen Titel, um Details aufzurufen und ihn zu laden.

❸ Alle Bücher erscheinen im Bücherregal. Tippen Sie auf ein Buch – hier Der neue Mann –, um es zu öffnen. Drücken Sie lange darauf, um Details zum Buch anzuzeigen oder es zu löschen.

❹ Während Sie lesen, wird nur der Text angezeigt. Tippen Sie an den rechten und linken Rand, um vor- oder zurückzublättern.

❺ Tippen Sie in die Mitte der Seite, um sämtliche Steuerelemente anzuzeigen.

❻ Tippen Sie unten auf Gehe zu, um Lesezeichen hinzuzufügen, aufzurufen oder das Inhaltsverzeichnis anzuzeigen.

❼ Die Tag/Nacht-Taste invertiert die Anzeige zu Weiß auf Schwarz.

❽ Textgröße, Seitenränder und viele weitere Details ändern Sie in den Einstellungen.

❾ Das Haus oben links führt zur Startseite, und mit der Lupe rechts oben durchsuchen Sie das Buch. Das geht erstaunlich fix.

❿ Natürlich können Sie Texte auch im Querformat lesen. Vor allem gestaltete PDFs passen auf diese Weise häufig besser ins Display. Und – das hätte ich beinahe vergessen – mit den Laut/Leise-Tasten können Sie vor- und zurückblättern.

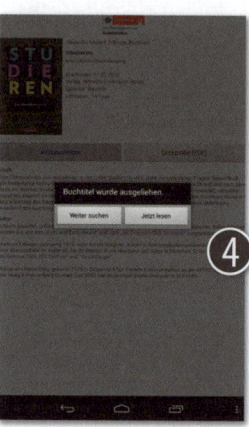

Bücher ausleihen und lesen

Haben Sie einen Mitgliedsausweis Ihrer Stadtbibliothek? Wenn nicht, sollten Sie sich vielleicht wieder einen besorgen. Immer mehr Städte bieten neben den gedruckten Büchern nämlich auch E-Books an. Und die können Sie, genau wie die Papierversionen, kostenlos ausleihen – mit der App Onleihe. Lesen können Sie die Bücher unter anderem mit dem Aldiko-E-Book-Reader.

1 Vom Startbildschirm der Onleihe-App aus erschließt sich das Angebot Ihrer Bibliothek ähnlich wie das Angebot in echten Buchhandlungen. (Beim ersten Start müssen Sie Ihre Bibliothek aus der Liste wählen.) Die beliebtesten Bücher finden Sie unter Bestleiher und die neuesten bei den Neuzugängen. Nur in der Leihbibliothek gibt es die Letzten Rückgaben. Ich wähle die Neuzugänge.

2 Blättern Sie in der Liste der Bücher. Gelb markierte Bücher sind verliehen, können aber vorgemerkt werden. Titel mit einem grünen Punkt können ausgeliehen werden. Tippen Sie auf Ihr Wunschbuch.

3 Die Detailseite zeigt alle wichtigen Informationen zum Buch an und auch die Leihdauer (14 Tage, reicht genau für den Urlaub). Tippen Sie auf Jetzt ausleihen, um das Buch sofort zu laden. (Wollen Sie nur kurz reinlesen oder ist der Titel gerade vergriffen, laden Sie einfach die Leseprobe (PDF). Öffnen Sie diese mit Aldiko, wenn Sie gefragt werden.)

4 Onleihe startet jetzt die Ausleihe. Tippen Sie im nächsten Schritt auf Jetzt lesen, und Onleihe schickt die Datei zum E-Book-Reader Aldiko.

5 Geben Sie nun Ihre Adobe ID ein oder legen Sie eine neue an und tippen Sie dann auf Anmelden.

6 Sie finden das Buch nun in der Aldiko-Bibliothek.

Adobe ID, was ist das?

Die E-Books sind durch ein sogenanntes DRM (Digitales Rechtemanagement) der Firma Adobe kopiergeschützt. Ihr Schlüssel dazu ist die Adobe ID. Diese Adobe ID können Sie online bearbeiten. Gehen Sie auf www.adobe.de und suchen Sie nach Anmelden.

Berges, Markus
Bilton, Nick
Dick, Philip K_
fahrrad
GettingReal_screen.pdf
Global_eB...ctions.epub
hansdorsch
Hewson, David
hilfe_manual
Hodgkinson, Tom
Indridason, Arnaldur
John Schember
Kloeble, Christopher
learn-to-programm
Make_Ulti...uide_.epub
metadata_...ackup.json
metadata.db
microsoft
Nesbo, Jo
publishing...oks Author
Rushkoff, Douglas
Sande, Steven
Schindler,...Liller, Tapio
seo
Visualisier...4-159.pdf
ArtOfWheelbuilding.pdf
BicycleHistory.pdf
paterek.pdf
richards21...lebook.pdf
sutherland.pdf
thebicyclewheel.pdf
thecustombicycle.pdf
TheUltimat...leBook.pdf
1
fahrrad
Hoch zu ebooks
ArtOfWheelbuilding.pdf
BarnettsBicycleManual.pdf
BicycleHistory.pdf
BicyclingScience.pdf
IllustratedBicycleMaintenance.pdf
paterek.pdf
richards21stcenturybicyclebook.pdf
sutherland.pdf
thebicyclewheel.pdf
thecustombicycle.pdf
TheUltimateBicycleBook.pdf
2
BicycleHistory.pdf
3
Hoch zu Bilton, Nick
cover.jpg
I Live in the Future & Here's How It...Creatively Dis - Bilton, Nick.epub
metadata.opf
4
Diese Datei exportieren
Auf SD-Karte speichern
Add to Voice Reading
Amazon Send to Kindle
Drive
E-Mail
Evernote - Notiz erstellen
Fügen Sie ein Abonnement hinzu
Skype
Interner Speicher
kindle
Abbrechen
Exportieren
5
kindle
Bibliothek
Heruntergeladene Elemente (8)
Blade Runner/Ubik/Marsianischer Zeitsturz: 3 Romane in einem Band (German Edition)
Program or Be Programmed
The Fourth Science Fiction Megapack
Trügerisches Bild: Ein Auftrag für Spenser
Mr. Penumbra's 24-Hour Bookstore: A Novel
Pitch Perfect: Practical Advice From Professional Bloggers
I Live in the Future & Here's How It Works: Why Work, and Brain Are Being Creatively Disrupted
6

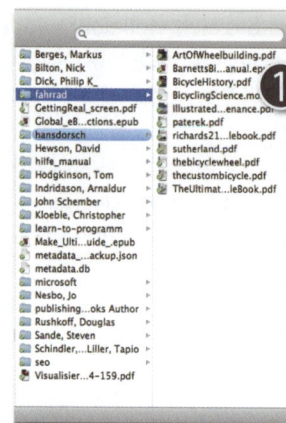

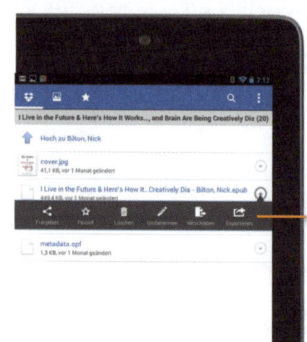

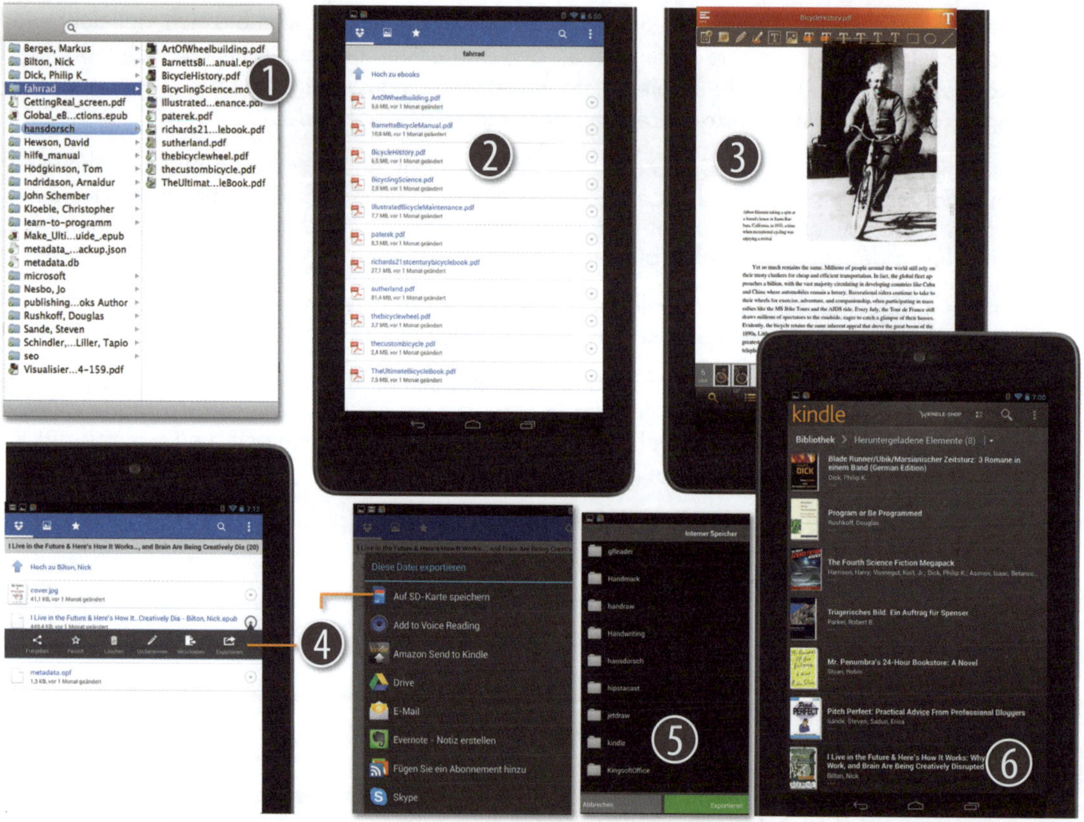

E-Books über Dropbox laden

Weil in meiner Dropbox sowieso schon alles drin liegt, frage ich mich, warum ich nicht auch Bücher hineinlegen soll. Egal, welches Format sie haben. Manche nutze ich auch auf dem Computer, zum Beispiel meine Fahrrad-Forschungsbücher im PDF-Format.

❶ Legen Sie Ihre Bücher in einen Ordner in der Dropbox, egal, in welchem Format.

❷ Öffnen Sie den Ordner in Dropbox auf dem Tablet und tippen Sie auf ein Buch, das Sie lesen möchten. Die Datei wird geladen und Sie werden gefragt, mit welcher App Sie sie öffnen möchten. Dieses Verfahren klappt bei EPUB und PDF-Dateien.

❸ Ich wähle den ezPDF Reader für PDF-Dateien. Mein Buch wird in der App geöffnet.

❹ Kindle-Bücher (mit der Endung .mobi oder .azw) können Sie nicht direkt öffnen. Wählen Sie Exportieren aus dem Menü rechts und dann Auf SD-Karte speichern.

❺ Suchen Sie den Ordner kindle auf Ihrem Gerät, wählen Sie ihn aus und tippen Sie auf Exportieren.

❻ Öffnen Sie die Kindle-App. Ihr Buch wird gefunden und angezeigt (hier ganz unten).

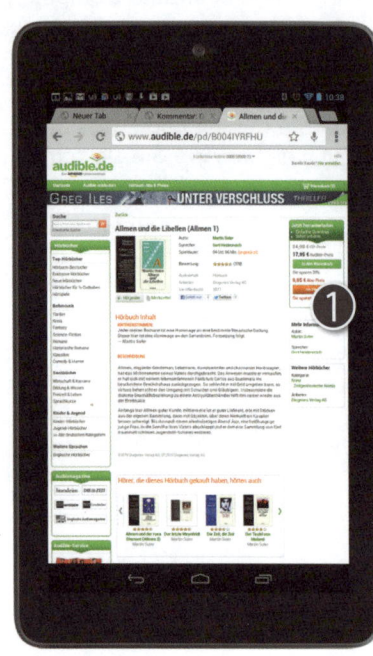

Hörbücher von Audible kaufen und abspielen

Auf längeren Autofahrten hat man viel Zeit. Leider kann man die, zumindest als Fahrer, nicht zum Lesen nutzen. Wie wär es, sich stattdessen ein interessantes Hörbuch auszusuchen und vorlesen zu lassen? Mit Audible geht das am einfachsten.

1 Audible hat einen mobilen Shop. So können Sie auf dem Tablet nach Büchern suchen. Gehen Sie zu www.audible.de, melden Sie sich an und suchen Sie sich ein Hörbuch aus. Ich habe ein Buch von Martin Suter gesucht. Mit dem Probeabo ist das richtig günstig.

2 Öffnen Sie jetzt die Audible-App und melden Sie sich mit Ihren Zugangsdaten an. Die Bücher in Ihrer Bibliothek werden angezeigt. Tippen Sie auf die Download-Taste, um das Hörbuch auf Ihr Smartphone zu laden. Je nach Verbindungsgeschwindigkeit kann das ein wenig dauern.

3 Tippen Sie auf die Pfeiltaste, um den Player zu starten. Sie müssen nicht warten, bis das Hörbuch vollständig geladen ist.

4 Gerade läuft heißt der Bildschirm, den Sie sehen, während Ihr Buch abgespielt wird. Tippen Sie auf die Register, um sich Details zum Buch, die Kapitel oder die Lesezeichen anzeigen zu lassen.

5 Die Steuerelemente kennen Sie vom Musikplayer, sie sind aber an Hörbücher angepasst. Links neben der Start/Stopp-Taste spulen Sie mit einem Tipp 30 Sekunden zurück, wenn Sie nur den letzten Satz noch einmal hören möchten. Rechts davon ist die Lesezeichentaste, die Sie brauchen, wenn Sie sich eine Stelle merken möchten.

6 Mit den Pfeiltasten spulen Sie den Text schnell zurück oder vor (Profis hören mit doppelter Geschwindigkeit) oder springen von Kapitel zu Kapitel.

7 Tippen Sie auf Menü für die weiteren Optionen. Besonders wichtig dabei ist der Schlafmodus. Audible schaltet sich nach Ablauf einer bestimmten Zeit oder, wie hier, am Ende des Kapitels automatisch aus.

8 Wie alle Audioplayer finden Sie auch Audible im Benachrichtigungsfeld und können den Player von hier aus starten.

Foto: sigfridlundberg bei flickr.com

Kapitel 5 | Selber machen – Fotos und Videos erstellen, bearbeiten und sammeln

Zugegeben, anfangs sah es ungewohnt aus, aber ich frage Sie ernsthaft: Warum soll ich nicht mit meinem Tablet fotografieren oder Videos aufnehmen – solange ich nicht den Leuten hinter mir im Konzert die Sicht nehme? (Wer schaut sich eigentlich die Videos an, die Leute auf Konzerten aufnehmen? Egal.) »Die beste Kamera ist die, die man dabei hat«, sagt der Fotograf Chase Jarvis, und ich sage: »Genau!« Und zum Betrachten und Bearbeiten der Fotos und Videos sind die großen Displays sowieso unschlagbar. Also, werden Sie kreativ!

- Schießen Sie Fotos und Videos ganz einfach mit Ihrem Tablet.
- Bearbeiten Sie die Fotos mit raffinierten Effekten.
- Tauschen Sie Bilder und Filme mit dem Computer aus.
- Synchronisieren und teilen Sie Fotos und Videos online mit den Diensten von Google.

Szenenmodus   Automatis...

Ort speichern   An

Bildgröße   5 Megapix...

Fotos schießen – warum nicht mit dem Tablet?

Alle Android-Tablets haben mindestens eine Kamera auf der Vorderseite eingebaut – zum Videochatten. Wenn Sie zusätzlich eine Linse auf der Rückseite haben, können Sie Ihr Tablet als Fotoapparat mit großem Display nutzen, zum Beispiel mit der Kamera-App von Google:

❶ Öffnen Sie die App Kamera. Visieren Sie Ihr Motiv an. Der Autofokus stellt automatisch scharf. Tippen Sie den Auslöser an (rechts oder im Hochformat unten).

❷ Praktisch alle Einstellungen ändern Sie mit einem Tipp ins Bild. Dann erscheint der Einstellungsring. Ziehen Sie den Finger auf ein Symbol, um den Blitz ein- und auszuschalten, den Weißabgleich (Lichtfarbe) einzustellen oder die Belichtung nach oben oder unten zu korrigieren.

❸ Ein Wisch nach oben links schaltet die Kamera um. Ich wähle die Vorderseite, um zu schauen, ob meine Frisur auch richtig sitzt.

❹ In den Kameraeinstellungen können Sie aus verschiedenen Szenenmodi wählen (Action, Party, Abend usw.), oder – meine Empfehlung – Automatisch aktivieren. Hier wählen Sie auch, ob die Kamera Ortsdaten in der Bilddatei speichern soll. Nicht immer soll der aktuelle Ort aufs Bild.

❺ Ein Wisch nach links zeigt die letzten Aufnahmen in der Galerie – und ganz links das Live-Sucherbild.

❻ Auch wenn Besserwisser es Ihnen verbieten: Zoomen Sie ruhig (digital) zum richtigen Ausschnitt, und zwar einfach, indem Sie die Finger spreizen.

Tippen, wischen, Funktionen entdecken!

Mein erster Tipp: Probieren Sie alles aus! Tippen Sie, wischen Sie, ziehen Sie über das Display – nur so entdecken Sie alle Möglichkeiten, die sich in den Apps verbergen. Mit Menübefehlen haben Sie sich doch am Computer lange genug herumgeplagt.

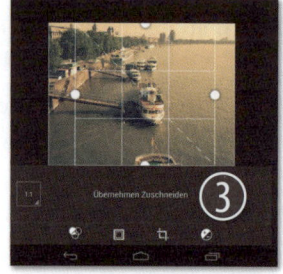

Fotos bearbeiten mit den Werkzeugen von Google

Mit der mitgelieferten Kamera-App können Sie schnelle Schnappschüsse erstellen. Und mit der Galerie können Sie sie ansehen und sogar bearbeiten. Wer braucht da noch einen Computer?

❶ Öffnen Sie ein Bild in der App Galerie und tippen Sie unten links auf die Taste Bearbeiten.

❷ Der Filter Vintage lässt das Bild aussehen, als wäre es in den 1920ern aufgenommen. Tippen Sie auf das Bild, um Original (links) und Bearbeitung (rechts) zu vergleichen.

❸ Richtig nach Lochkamera sieht das Bild aus, wenn es quadratisch ist. Wählen Sie Zuschneiden. Tippen Sie auf Übernehmen Zuschneiden.

❹ Mit Speichern sichern das Bild auf's Gerät – als Kopie zusätzlich zum Original.

❺ Und wenn Ihnen die Änderungen nicht gefallen? Tippen Sie ins Menü oben rechts und blenden Sie den Verlauf ein. Jetzt können Sie jeden einzelnen Schritt rückgängig machen.

Fotos von SD-Karte übertragen

Fotos sehen einfach besser aus auf einem großen Display. Deshalb nutzen viele Fotografen mittlerweile Tablets, um unterwegs auf dem Set die Qualität ihrer Bilder beurteilen zu können. Weil die Fotos aber recht groß sind und die drahtlose Übertragung oft nicht klappt, ist der einfachste Weg oft der beste – hier über das USB Connection Kit von Samsung:

1 Schließen Sie den SD-Karten-Adapter an das Tablet an und stecken Sie die Karte aus der Kamera hinein. Menü → Einstellungen.

2 Öffnen Sie den File Manager (ich nehme den von Astro) und suchen Sie nach dem USB-Laufwerk. Hier heißt es UsbDriveA (na gut). Die Fotos finden sich meist im Ordner DCIM.

3 Von hier aus können Sie die Fotos direkt öffnen. Tippen Sie einfach darauf.

4 Oder verschieben Sie sie in ein Verzeichnis auf dem Gerät. Halten Sie dazu die Bilder gedrückt, bis die Auswahlmöglichkeiten am unteren Rand erscheinen. Tippen Sie dann auf Kopieren. Wechseln Sie in den neuen Ordner und wählen Sie dort Einfügen.

5 Mein Ordner heißt »hansdorsch«. Die Fotos, die sich dort befinden, werden von der Galerie erkannt und dargestellt. Praktisch!

Klappt das auch mit anderen Tablets?

Klar klappt das. Zum Beispiel über USB-On-The-Go (OTG, ein weit verbreiteter Standard). Besitzt Ihr Tablet einen Micro-USB-Anschluss, lassen sich mit einem passenden Adapterkabel Speichersticks und alle möglichen anderen USB-Geräte anschließen.

Fotos auf der elektronischen Pinnwand zeigen mit der Daydream-Fototafel

Wenn so ein Tablet gerade nicht aktiv genutzt wird, könnte es doch eigentlich trotzdem etwas anzeigen. Denn es wär doch schade um das schöne Display, wenn es immer nur schwarz wäre. Deshalb hat man Android die Daydream-Funktion spendiert (ab 4.2). Statt eines schwarzen Bildschirms zeigt Ihr Tablet während des Aufladens jetzt die Uhrzeit, Nachrichten oder Fotos an – und zwar richtig schick.

❶ Öffnen Sie Einstellungen → Display → Daydream. Für Fotos gibt es zwei Optionen. Der Fotorahmen zeigt eine klassische Diaschau. Die ist sehr schön, schöner ist aber die zweite Option.

❷ Wählen Sie Fototafel und tippen Sie auf die Taste für Einstellungen. Suchen Sie dort die Alben aus, aus denen Fotos angezeigt werden.

❸ Tippen Sie auf Jetzt Starten, um die Tafel sofort anzuzeigen.

❹ Ihre Fotos flattern auf eine virtuelle Wand. Sie können sie anfassen, bewegen, von der Wand schieben, anders anordnen und mit einem Tipp vergrößern. Das ist immer wieder ein schöner Anblick. Ruhig, unaufdringlich und doch abwechslungsreich. Mit Zurück verlassen Sie die Vorschau.

❺ Schalten Sie Daydream in der Aktionsleiste AN und tippen Sie auf Daydream Starten. Wählen Sie aus, wann Daydream aktiv werden soll. Ich wähle Während des Ladevorgangs.

❻ Sobald Ihr Tablet in den Ruhezustand geht, startet Daydream. Aber nicht, wenn Sie die Stand-by-Taste drücken. Wann Ihr Gerät in den Ruhezustand wechseln soll, stellen Sie ein unter Einstellungen → Display → Ruhezustand.

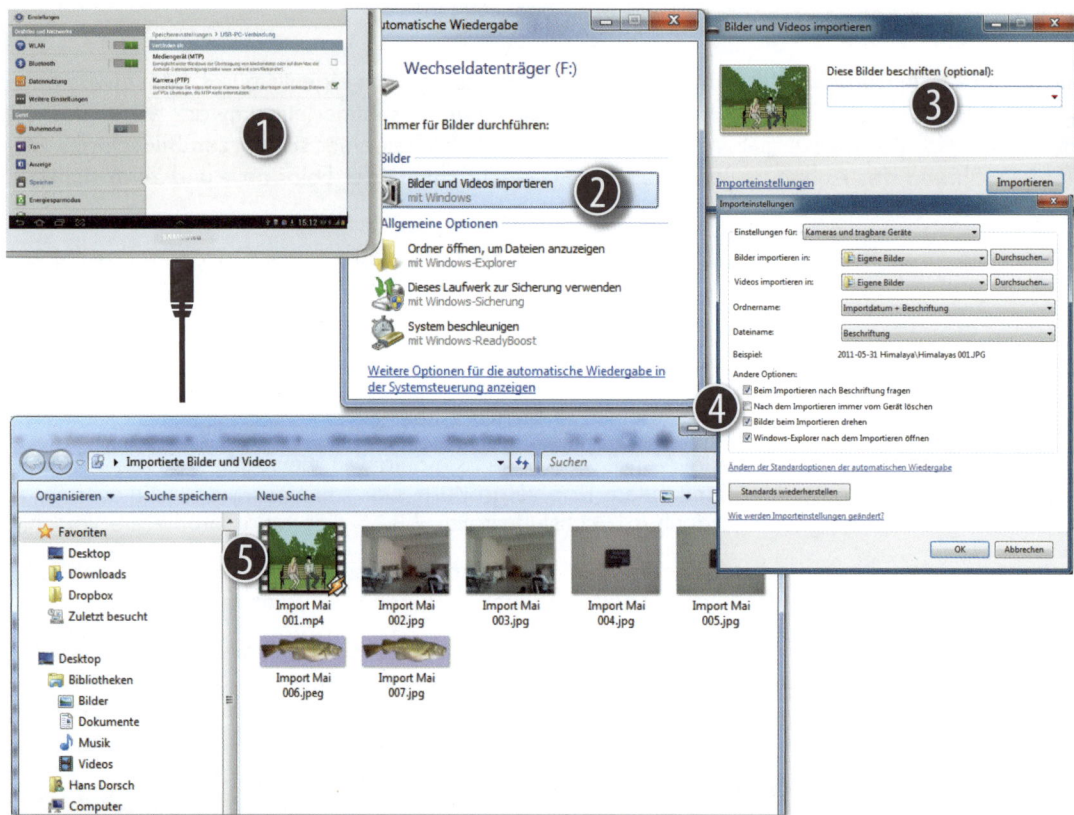

Bilder und Filme mit Windows 7 importieren

Vielleicht wollen Sie Fotos und Videos, die Sie auf dem Tablet erstellen, auch am Computer sichern und verwalten. Dort lassen sie sich erstens richtig groß auf dem Bildschirm betrachten und zweitens bequem organisieren und verwalten. Unter Windows benötigen Sie dazu eigentlich nicht mehr als den Explorer. So kommen Ihre Fotos und Videos auf den PC:

1 Stecken Sie Ihr Gerät an den USB-Anschluss und wählen Sie den Modus Mediengerät (MTP) oder Kamera (PTP).

2 Sobald Sie Ihr Gerät anstecken, fragt Windows, wie es verfahren soll. Wählen Sie Bilder und Videos importieren.

3 Im nächsten Schritt können Sie einen eigenen Namen für Ihre Dateien festlegen, zum Beispiel Familienfest Regensburg oder, wie hier, Import Mai. Alle Dateien werden dann nummeriert und heißen Import Mai 001 etc.

4 Diese Einstellungen können Sie in den Importeinstellungen anpassen. Klicken Sie dazu auf den gleichnamigen Link im Importfenster. Setzen Sie dort den Haken, wenn Sie die Bilder nach dem Import löschen möchten.

5 Im Normalfall landen Ihre Dateien in Meine Bilder (in Ihrem Benutzerordner), und zwar durchnummeriert in einem Ordner, der das Importdatum als Titel trägt.

Und wie kommen meine Bilder auf mein Tablet?

Ganz einfach: ebenfalls über den Explorer. Mehr dazu finden Sie in Kapitel 4.

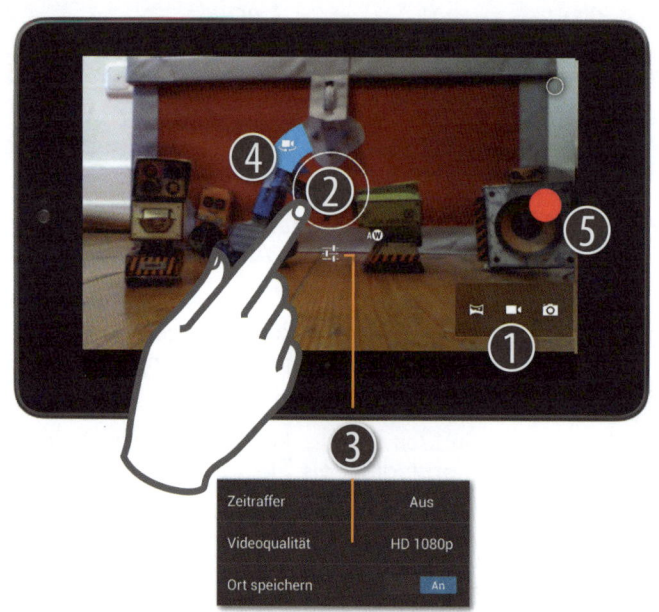

Zeitraffer	Aus
Videoqualität	HD 1080p
Ort speichern	An

Videos aufnehmen

Was braucht man, um die wichtigen Dinge in Bewegtbildern festzuhalten? Genau, eine Videokamera. In Ihrem Tablet befindet sich wahrscheinlich sogar eine. Mit dem großen Display ist sie noch dazu kinderleicht zu nutzen.

❶ Öffnen Sie die Kamera-App. Tippen Sie auf die Kameraauswahl und wählen Sie die Videokamera.

❷ Wie bei den Fotos ändern Sie alle Einstellungen mit einem Tipp ins Bild. Dann erscheint der Einstellungsring. Ziehen Sie den Finger auf ein Symbol, um den Blitz ein- und auszuschalten, den Weißabgleich (Lichtfarbe) einzustellen oder die Belichtung nach oben oder unten zu korrigieren.

❸ In den Einstellungen schalten Sie die Zeitrafferfunktion ein (für Langzeitbeobachtungen) oder wechseln die Videoqualität. Die Standardeinstellung ist HD 720p. Wenn Sie die Videos auf Ihrem Full-HD-Fernseher ausgeben wollen, wählen Sie HD 1080p.

❹ Ein Wisch nach oben links schaltet die Kamera um. Mit der Frontkamera filmen Sie sich selbst.

❺ Jetzt zum Filmen: Tippen Sie auf den Auslöser (der ist rot) und nehmen Sie Ihr Video auf. Tippen Sie noch einmal auf den Auslöser, um die Aufnahme zu stoppen. Tippen Sie während der Aufnahme in das Bild, schießt die Kamera zusätzlich ein Foto.

Video trimmen

Jeder gute Kameramann lässt bei der Aufnahme vorne und hinten etwas Luft, damit er beim Schnitt entscheiden kann, wo die Szene beginnt. Oft ist die lustigste Stelle des Videos vom letzten Ausflug genau in der Mitte der Aufnahme. In diesem Fall möchte man den Rest einfach wegschneiden, bevor man das Video anderen zeigt. Das nennt man Trimmen oder Zuschneiden – und es lässt sich ganz leicht in der Galerie erledigen.

1 Öffnen Sie die Galerie und wählen Sie ein Video aus der Liste. Tippen Sie dann im Menü auf Zuschneiden.

2 Verschieben Sie die Anfasser links und rechts in der Zeitleiste. So legen Sie den Bereich für das neue Video fest.

3 Tippen Sie in das Video, um den Ausschnitt zu testen.

4 Sind Sie mit dem Ausschnitt zufrieden, tippen Sie auf Speichern. Das Video wird zugeschnitten.

5 Sie finden das Video neben dem Original in der Galerie.

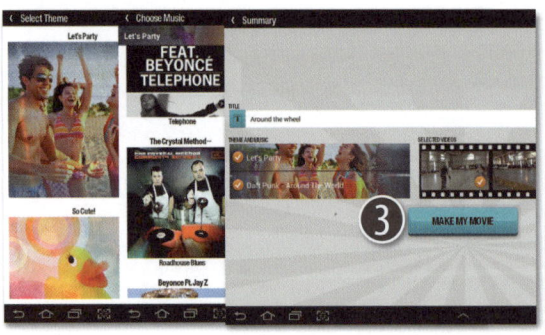

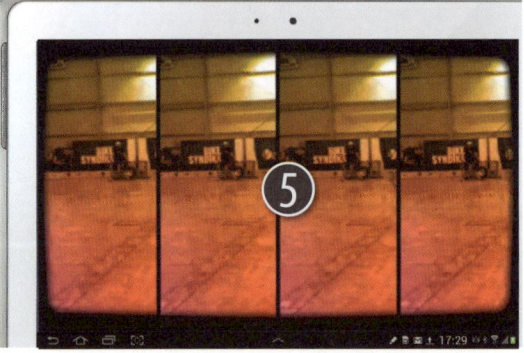

Videos auf dem Tablet bearbeiten

Ich bin öfter auf irgendwelchen Fahrradveranstaltungen unterwegs. Danach fragen mich Freunde: »Du hast doch sicher Filme gemacht. Lass uns die doch mal sehen!« Natürlich habe ich Filme gemacht. Kleine Schnipsel und längere. Aber das Schneiden ist immer so aufwendig. Darum lasse ich das jetzt Magisto machen. Das macht automatisch tolle Filme

❶ Laden Sie die App Magisto und starten Sie sie. Tippen Sie auf My Gallery. Damit greifen Sie auf alle Videos zu, die auf Ihrem Tablet liegen. Ich wähle Filme, die ich auf dem Google Drive liegen habe.

❷ Wählen Sie Musik. Ich nehme Party und Around the World von Daft Punk. Tippen Sie Next.

❸ Geben Sie Ihrem Film noch einen Titel. Und tippen Sie dann auf Make My Movie.

❹ Ihr Video wird jetzt erstellt. Das kann eine Weile dauern, läuft aber prima im Hintergrund ab. Surfen Sie doch ein wenig!

❺ Voilà, Ihr Video ist fertig. Mit Vorspann und richtig guten Effekten.

Und wo kommen die Videos hin?

Natürlich gleich online, damit Sie sie vorzeigen können. Das geht bei Magisto in einer Online-Galerie. Es kostet zwischen 99 US-Cent (einmalig) und 18 Dollar für ein Jahr (damit verdient die Firma Geld). Oder Sie schicken die Videos an Ihr Google Drive oder direkt zu YouTube. Das geht sogar richtig schnell.

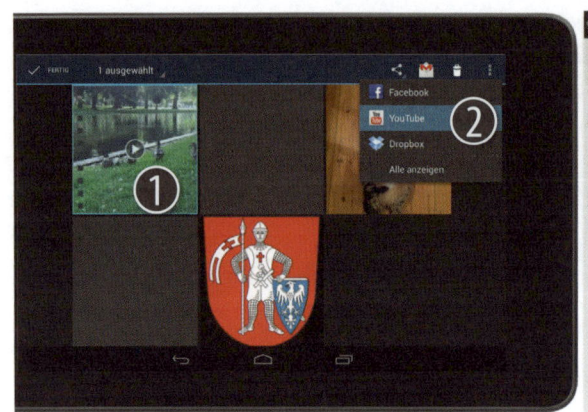

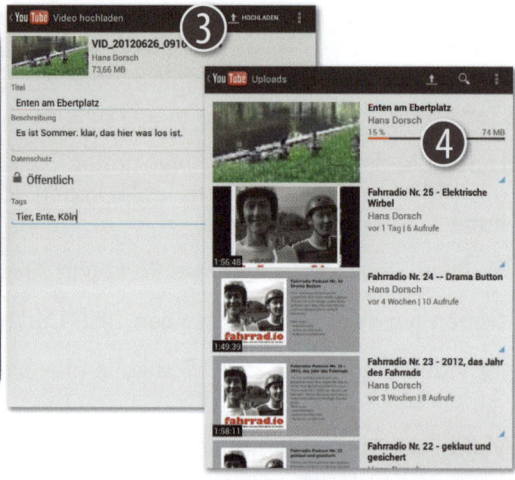

Videos bei YouTube hochladen

Wohin mit den drolligen Tiervideos? Zu YouTube natürlich. Das Portal ist der Quasi-Standard für Onlinevideos. Der beste Ort also, um Ihre Videos im Netz zu veröffentlichen. Der Uploadkanal ist fest in Android eingebaut, YouTube gehört schließlich auch zu Google, dem Android-Entwickler.

❶ Öffnen Sie die Galerie und suchen Sie das Video, das Sie hochladen möchten. Drücken Sie lange darauf, um ein Video auszuwählen. Der Rahmen zeigt die Auswahl an, und die Aktionsleiste erscheint am oberen Rand.

❷ Tippen Sie in der Aktionsleiste auf Teilen und wählen Sie aus dem Menü YouTube. Die YouTube-App wird geöffnet.

❸ Geben Sie einen Titel für Ihr Video ein und legen Sie fest, ob das Video öffentlich zu sehen sein soll oder privat, also nur für Sie und Ihre Freunde. Tippen Sie dann auf Hochladen.

❹ Den Verlauf können Sie in Uploads verfolgen. Sobald Ihr Film online ist, können Sie ihn direkt öffnen. Tippen Sie auf den Film, um ihn anzusehen.

❺ So sehen Sie und Ihre Freunde den Film in der YouTube-App. Über das Menü Teilen können Sie den Link an Freunde und Verwandte weitergeben.

❻ Falls Sie mal den Überblick über Ihre Aktivitäten verloren haben: Alle Ihre hochgeladenen Filme (sowie Ihre Favoriten und gemerkten Videos) finden Sie im Register Konto der YouTube-App.

Picasa – Fotos und Videos auf den Computer übertragen

Es gibt viele Gründe, Fotos auf den Computer zu bringen. Die zwei wichtigsten sind wohl Sicherheit und Speichplatz. Das mit USB-Kabel angeschlossene Tablet verhält sich am Rechner wie eine Digital-kamera. So sichern Sie Fotos auf Ihrem Computer und schaffen Platz auf dem Gerät.

So eine Software ist Picasa von Google. Die App ist ideal, um selbst große Foto- und Videoarchive auf dem Computer zu sichten, zu verwalten und zu bearbeiten. Egal, auf welchem Computer Sie sie verwenden, ob PC, Mac oder Linux: Sie sieht immer gleich aus und funktioniert immer gleich – und sie ist immer gleich teuer, nämlich kostenlos. So kommen Ihre Fotos und Videos in die Picasa-Datenbank:

1 Öffnen Sie Picasa und schließen Sie Ihr Tablet über USB an den Computer an. Ignorieren Sie Meldungen anderer Programme, die sich anbieten, die Fotos zu verwalten.

2 Picasa öffnet ein neues Register: Importe. Wählen Sie einen Ort und einen Titel für den Ordner mit den importierten Fotos aus und legen Sie fest, was nach dem Kopieren mit den Fotos auf dem Ge-rät passieren soll. In diesem Fall werden alle Inhalte von der Karte gelöscht. Auf der nächsten Seite sehen Sie, wie Ihre liebsten Fotos wieder aufs Gerät kommen. Tippen Sie auf Alle importieren.

3 Alle Fotos sind jetzt in Picasa geladen. Sie finden sie in der linken Spalte im Bereich Ordner. Sie können jetzt Ihr Tablet wieder vom USB-Anschluss trennen.

Picasa oder eine andere App?

Es gibt noch weitere Apps, mit denen sich Fotos und Videos verwalten und bearbeiten las-sen. Diese sind jedoch entweder nur für eine Plattform erhältlich, so wie iPhoto für den Mac und die Windows Live Fotogalerie unter Windows, oder sie kosten Geld, wie Photoshop Elements von Adobe. Und Picasa hat noch etwas, das die anderen nicht haben, nämlich Picasaweb. Mehr dazu finden Sie auf der nächsten Doppelseite.

Mit Google+ haben Sie immer die neuesten Familienbilder dabei

Darf ich Sie noch einmal an den Computer bitten? Es lohnt sich. Denn mit Picasa erstellen Sie automatisch ein immer aktuelles Familienalbum, und mit den Picasa-Webalben bringen Sie die Fotos auf Ihr Tablet – egal, mit welcher Kamera sie aufgenommen wurden.

❶ Blättern Sie mit Picasa in Ihren zuletzt importieren Fotos und Videos. Blenden Sie in der rechten Spalte die Tags (Schlagwörter) ein. Klicken Sie dazu unten auf die Tag-Taste.

❷ Versehen Sie Ihre Fotos mit aussagekräftigen Schlagwörtern. Für den Familienausflug wähle ich kind, familie, wandern und ausflug.

❸ Erstellen Sie dann ein automatisches Album für alle Bilder mit dem Schlagwort kind. Wählen Sie dazu aus dem Menü Tools → Sonstiges → Tag als Album anzeigen. Geben Sie einen Tag in das Suchfeld ein; ich nehme kind.

❹ Das automatische Album taucht nun in der linken Spalte auf. Wann immer Sie ab jetzt ein Foto mit dem Schlagwort kind versehen, wird es in diesem Album angezeigt. Wählen Sie das Album aus.

❺ Melden Sie sich am oberen Fensterrand in Ihrem Google+-Konto an.

❻ Klicken Sie dann auf den Schalter unter der Überschrift Mit Web synchronisieren. Wählen Sie im nächsten Schritt, wer das Album sehen soll.

❼ Jetzt muss Android das Album noch synchronisieren. Öffnen Sie dazu die Einstellungen, wählen Sie unter Konten Ihr Google-Konto. Setzen Sie die Häkchen unter Google Fotos und Google+.

❽ Nach kurzer Zeit finden Sie das Album (es heißt kind) in der Galerie Ihres Tablets.

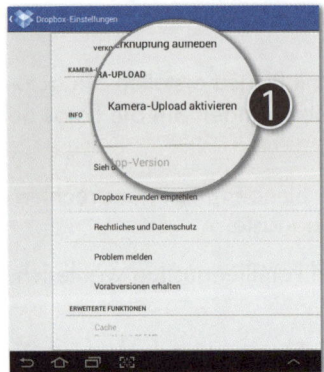

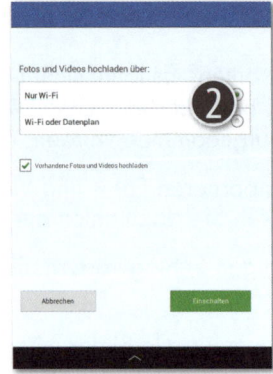

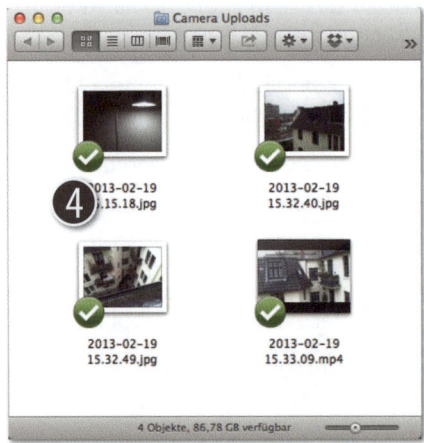

Dropbox-Kamera-Upload – alle Fotos und Videos automatisch auf allen Geräten

Die Dropbox werde ich in Kapitel 9 genauer vorstellen. Sie ist, kurz gesagt, ein Ordner im Internet (in der Cloud), auf den Sie mit allen Ihren Geräten zugreifen können. Alle Dateien, die sich im Dropbox-Ordner Ihres Computers befinden, werden automatisch mit dem Speicher im Internet abgeglichen. Das Gleiche funktioniert auch andersrum. Alle Fotos, die Sie mit Ihrem Tablet schießen, werden automatisch mit dem Internet – und Ihrem Computer – abgeglichen. Eine tolle Sache. Sie müssen sie nur einmal einrichten.

❶ Öffnen Sie Dropbox auf dem Tablet (wie Sie die Dropbox einrichten, lesen Sie in Kapitel 9). Öffnen Sie dann Menü → Einstellungen. Wählen Sie dort Kamera-Upload aktivieren.

❷ Wählen Sie aus, ob Fotos nur bei einer WLAN- (Wi-Fi-)Verbindung hochgeladen werden sollen oder auch über das Mobilnetz. Ich habe Nur Wi-Fi eingestellt. Tippen Sie dann auf Einschalten. Fertig. Mehr ist nicht zu tun.

❸ Schießen Sie jetzt Fotos und drehen Sie Videos. Sie landen im Ordner Kamera (oder Camera) Ihres Tablets. Sobald sich Ihr Tablet mit einem WLAN-Netz verbindet, lädt Dropbox die neuen Bilder automatisch hoch.

❹ Dropbox legt alle Ihre Fotos und Videos in den Ordner Camera Uploads Ihres Dropbox-Ordners. Wenn Sie an Ihren Computer gehen (mein Mac ist immer eingeschaltet), sind sie möglicherweise schon alle geladen. Wenn nicht, können Sie dabei zusehen, wie sich der Ordner mit Ihren Bildern füllt.

Kapitel 6 | Kommunizieren – E-Mail, Twitter, Facebook, Google+ und Telefon

Ihr Tablet ist nicht nur eine überraschend vielseitige Unterhaltungsplattform, sondern auch eine vollwertige Kommunikationszentrale. Alles, was Sie von größeren Computern wahrscheinlich längst kennen, geht hier auch, schnell und unkompliziert:

- Rufen Sie E-Mails von beliebigen Konten ab: von Gmail, MS-Exchange und allen anderen.
- Erweitern Sie die Möglichkeiten durch zusätzliche E-Mail-Apps.
- Kommunizieren Sie billiger und besser mit Internetnachrichtendiensten.
- Chatten Sie beruflich oder privat mit Google+.
- Bleiben Sie über Facebook und Twitter in Kontakt mit Ihrer Community.
- Telefonieren Sie – mit Skype und dem Telefon.

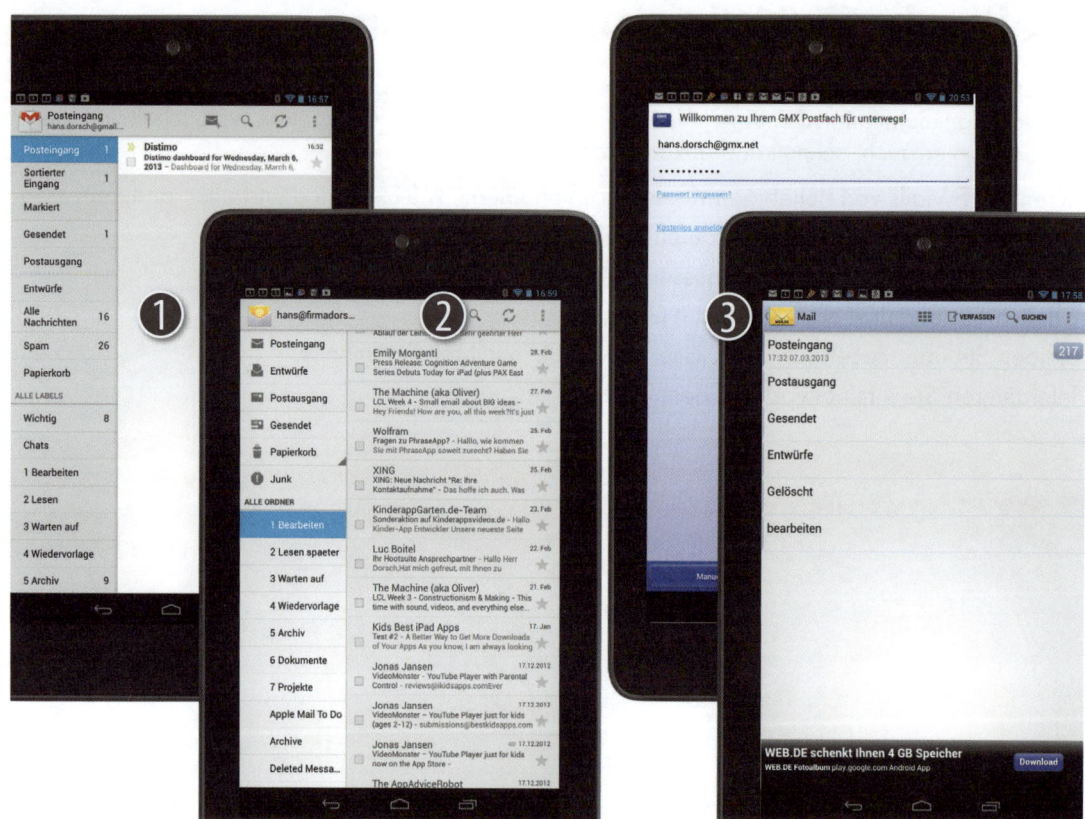

E-Mail so, wie Sie sie möchten

Ihr Android-Tablet besitzt von Haus aus zwei E-Mail-Apps, die je nach Anbieter unterschiedliche Bezeichnungen haben können. Weil es aber immer Bedürfnisse gibt, die beide nicht erfüllen können, stehen viele hervorragende Alternativen zum Download zur Verfügung. Zwei davon stelle ich Ihnen ebenfalls vor.

❶ **Gmail** (früher Google Mail) arbeitet perfekt mit Googles Mailangebot zusammen und unterstützt dort mehrere Adressen. Wenn Sie Ihr Konto bei Gmail schon ausgiebig nutzen oder Ihre bisherige E-Mail-Adresse durch eine von Google ersetzen wollen, ist das die beste App, die Sie nutzen können.

❷ **E-Mail** ist das Programm, mit dem Sie alle anderen E-Mail-Konten abfragen können. Wenn Sie eines oder mehrere Konten bei einem anderen Provider haben und Ihre Mails über POP3, IMAP oder Microsoft Exchange empfangen, bietet dieses Programm die wichtigsten Grundfunktionen. Es ist zwar recht aufgeräumt, aber auch arm an Funktionen. Sie können zum Beispiel nicht in Ihren Mails suchen.

❸ **Web.de** und **GMX** gibt's auch für Android. Die großen deutschen E-Mail-Dienste machen es sich und Ihnen leicht. Sie bieten eigene Apps für ihre Dienste.

Gmail: Nachrichten lesen und beantworten

Gmail organisiert Mails in sogenannten Konversationen oder Threads. Wenn Sie auf eine E-Mail antworten, sehen Sie deshalb immer die komplette Unterhaltung – schön aufgeräumt natürlich.

❶ Die Navigationszeile enthält den Betreff der Mail. Das App-Symbol mit dem Pfeil bringt Sie zur vorherigen Liste – den Posteingang oder die Liste eines Labels. (Die Zurück-Taste funktioniert auch.) Die Labels der Mail sehen Sie direkt unterhalb.

❷ Die Kopfzeile zeigt die wichtigsten Infos: Name und E-Mail-Adresse. Der Stern zeigt markierte Nachrichten an. Tippen Sie auf die Zeitangabe, um weitere Details anzuzeigen, zum Beispiel eine Liste aller Empfänger. Tippen Sie auf die Pfeiltaste, um auf die Mail zu antworten oder sie weiterzuleiten.

❸ Android zeigt alle Mails an, egal ob im HTML- oder im Textformat (bei HTML-Mails wählen Sie Bilder anzeigen). Webadressen werden zu Links. Ein Tipp öffnet sie im Browser.

Tippen Sie auf das kleine Vorschaubild, um sich das dazugehörige Bild in der Galerie in groß anzeigen zu lassen

❹ Mit den Tasten in der Aktionsleiste am oberen Rand erledigen Sie die gängigsten E-Mail-Aufgaben: Archivieren, Löschen, Labels ändern und Als (un)gelesen markieren. Die Menü-Taste führt zu weniger häufig genutzten Funktionen und den Einstellungen.

❺ Ein Wisch nach links oder rechts zeigt ältere und neuere Nachrichten in der Liste an.

❻ Wenn Sie auf die angehängte PDF-Datei tippen, öffnet sich ein Auswahlfeld, in dem Sie wählen können, mit welchem Programm sie das Dokument öffnen möchten.

❼ Ein Tipp auf die Einstellungstaste zeigt Ihnen weitere Optionen: Sie können das Dokument speichern oder in der Vorschau von Google Mail öffnen.

❽ In der Vorschau wird Ihr Dokument angezeigt, Sie können die Datei dort ebenfalls herunterladen und so offline verfügbar machen.

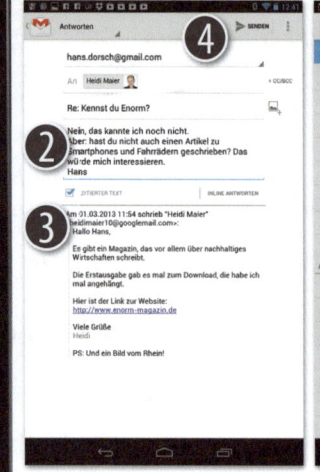

Gmail: Nachricht beantworten und Konversation anzeigen

Mit den aufgeräumten Darstellungen der Konversationen (Threads) verlieren Sie auch bei langen E-Mail-Briefwechseln nicht den Überblick. Sie sehen immer, an welcher Stelle der Unterhaltung Sie sich befinden.

❶ Tippen Sie in einer Mail auf den Pfeil Antworten.

❷ Eine neue Nachricht wird erstellt. Geben Sie Ihre Antwort in das Textfeld ein.

❸ Entfernen Sie den Haken bei Text anzeigen, wenn Sie die ursprüngliche Antwort nicht anzeigen wollen. Möchten Sie in Ihrer Antwort direkt auf einzelne Stellen in der Mail Ihres Partners Bezug nehmen, wählen Sie Inline antworten.

❹ Tippen Sie auf das Menü, um auszuwählen, ob Sie antworten oder die Mail weiterleiten möchten. Tippen Sie auf das kleine Papierflugzeug (Senden-Taste), um die Mail abzuschicken.

❺ Erhalten Sie auf Ihre Mail eine Antwort, zeigt Google Mail die vorherigen Nachrichten unter demselben Betreff an. Die Zahl hinter dem Absender (hier 6) zeigt die Anzahl an. Tippen Sie darauf, um sie anzuzeigen.

❻ Alle Nachrichten werden als Liste angezeigt, inklusive der ersten Zeile. Tippen Sie auf einen Eintrag, zum Beispiel auf den Namen, um eine Nachricht vollständig anzuzeigen. Tippen Sie noch einmal darauf, um sie wieder zusammenzuklappen.

Neuer Betreff, neue Konversation

Gmail fasst alle Nachrichten mit demselben Betreff zusammen. Die Unterhaltung beginnt deshalb immer mit der ersten Zeile der Nachricht. Wenn Sie in einer Antwort den Betreff ändern, startet Gmail eine neue Konversation.

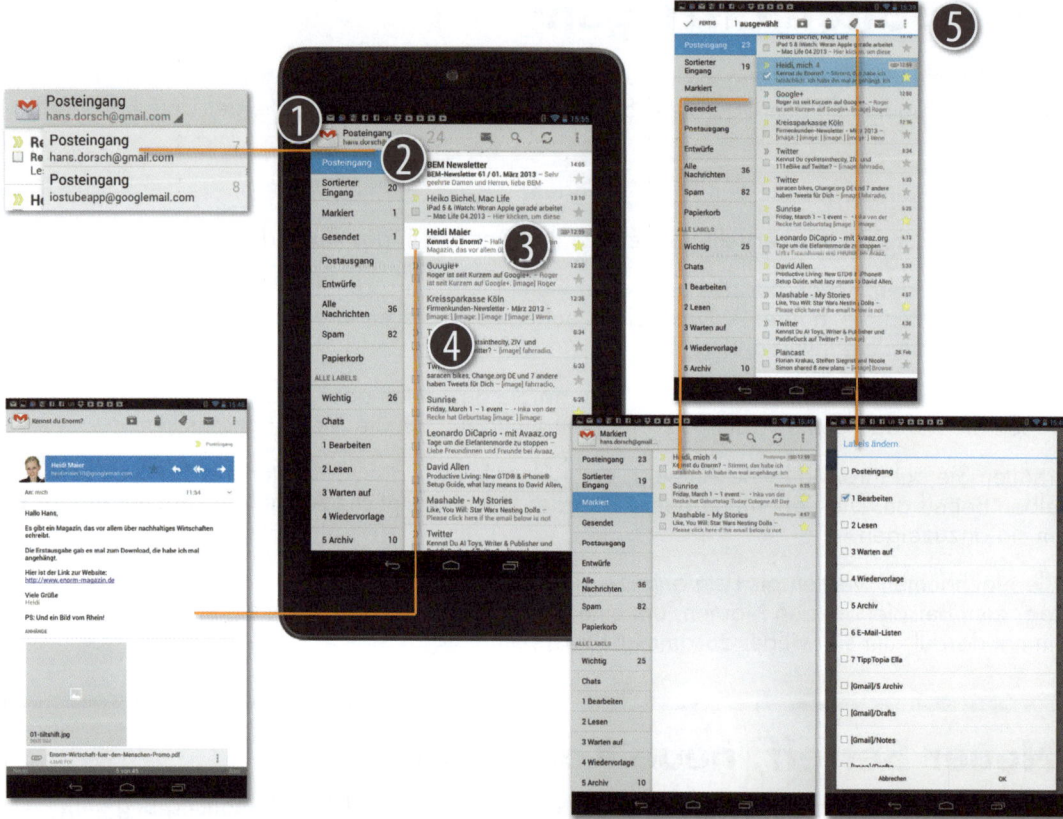

Gmail: E-Mail-Nachrichten anzeigen und organisieren

Auch beim Verwalten Ihrer E-Mails bietet Gmail jede Menge Komfort.

❶ Oben links sehen Sie das aktuelle Label, hier den Posteingang, daneben die Anzahl ungelesener Nachrichten.

❷ Mit einem Tipp wechseln Sie das Konto (Sie können mehrere Google-Mail-Konten auf einem Gerät nutzen) oder das Label. Mit Labels (Etiketten) können Sie in Google Mail Ihre E-Mails verwalten. Anders als beim klassischen Ordner kann eine Mail verschiedene Labels haben.

❸ Neue Nachrichten werden fett angezeigt. Wie am Computer sehen Sie die wichtigsten Daten auf einen Blick: Betreff, Absender (oder Absenderin) und die Information, ob die Mail Anhänge hat. Tippen Sie auf eine Nachricht, um sie zu öffnen.

❹ Die Checkboxen sind immer sichtbar. Markieren Sie eine oder mehrere Nachrichten, um sie gleich im Posteingang zu verarbeiten.

❺ Wählen Sie in der Aktionsleiste am oberen Rand aus den Optionen: Mit Archiv wird die Nachricht archiviert (ein Google-Mail-Konto bietet eine Menge Speicherplatz, Sie müssen also nicht sparsam sein), mit Papierkorb endgültig entfernt. Wählen Sie Labels, um Nachrichten mit Etiketten zu versehen. Ich nehme Bearbeiten, weil ich sie nicht jetzt, aber im Laufe des Tages beantworten will. Der Umschlag markiert die Mail als gelesen/ungelesen, der Stern ist für interessante Nachrichten gedacht, Sie finden diese später unter dem Label Markiert. Mails können beliebig viele Labels haben.

Gmail: E-Mails schreiben und versenden

Auf dem Android-Tablet eine E-Mail zu schreiben, funktioniert zwar grundsätzlich genau so wie am Computer, ein paar Einzelheiten lohnen dennoch eine kurze Betrachtung.

❶ Wechseln Sie in den Posteingang und tippen Sie auf die Taste E-Mail schreiben.

❷ Das aktuelle E-Mail-Konto ist ausgewählt. Aus dem Menü können Sie auch ein anderes Absenderkonto wählen.

❸ Tippen Sie den Namen des Empfängers in das Feld An. Android sucht in Ihren Kontakten und zeigt passende E-Mail-Adressen. Tippen Sie auf den Eintrag in der Liste, um ihn einzusetzen. Sie können natürlich mehrere Empfänger eingeben.

❹ Kopien (Cc) und Blindkopien (Bcc) fügen Sie über die +CC/BCC-Taste ein.

❺ Darunter liegt die Taste für Datei anhängen. Wählen Sie dann eine beliebige Datei über die Datei-Manager (hier Astro und der Clean File Manager) zum Beispiel von der SD-Karte oder, wie in diesem Fall, ein Bild aus der Galerie.

❻ Überprüfen Sie die Mail und tippen Sie auf die Senden-Taste am oberen Bildrand. Wollen Sie die Mail später fertigstellen, tippen Sie einfach auf Zurück. Die begonnene Nachricht geht nicht verloren, sie ist gespeichert. Sie finden sie unter dem Label Entwürfe. Dort können Sie sie öffnen und weiterbearbeiten – nicht nur am Tablet oder Smartphone, sondern auch am Computer mit Gmail im Browser unter mail.google.com.

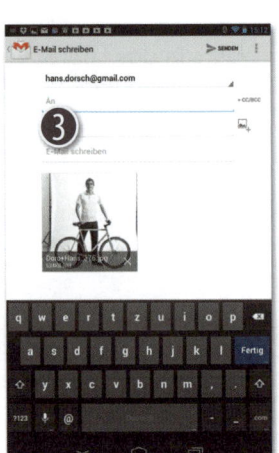

Alles Mögliche per Mail verschicken

Wenn Sie Fotos, Videos oder Dateien per Mail verschicken möchten, tun Sie das am besten von dem Ort aus, an dem diese zu finden sind. Eigene Fotos oder Videos versenden Sie also am besten direkt aus der Galerie:

❶ Öffnen Sie die Galerie und rufen Sie ein Bild auf, das Sie verschicken möchten. Tippen Sie auf das Bild, um die Aktionen einzublenden.

❷ Tippen Sie auf die Weitergeben-Taste und wählen Sie Google Mail aus der Liste.

❸ Eine neue Mail mit dem Foto als Anhang wird erstellt. Jetzt fehlen nur noch der Empfänger, ein Betreff und eine Nachricht.

❹ Um mehrere Bilder zu verschicken, öffnen Sie ein Album in der Galerie (hier ist es das Album Kamera, in dem alle neuen Bilder abgelegt werden). Tippen Sie dann lange auf ein Foto, bis es markiert ist.

❺ In der Aktionsleiste oben sehen Sie, wie viele Bilder gerade ausgewählt sind. Tippen Sie auf die Häkchentaste, um die Auswahl zurückzusetzen.

❻ Tippen Sie auch hier auf Weitergeben oder direkt auf das Gmail-Symbol. Denn das letzte Ziel finden Sie immer direkt in der Leiste.

Dateianhang zu groß? Nehmen Sie YouTube!

Selbst bei kurzen Videos sagt Ihr Android schnell mal »Dateianhang zu groß«. Kein Wunder: Schließlich nehmen aktuelle Tablets Videos in HD-Qualität auf. Da sind die 25 MByte, die Gmail für Anhänge zulässt, schnell überschritten. Mein Tipp: Schicken Sie diese Videos doch einfach zu YouTube und teilen Sie Ihren Freunden danach den Link mit. Wie das geht, erfahren Sie in Kapitel 5.

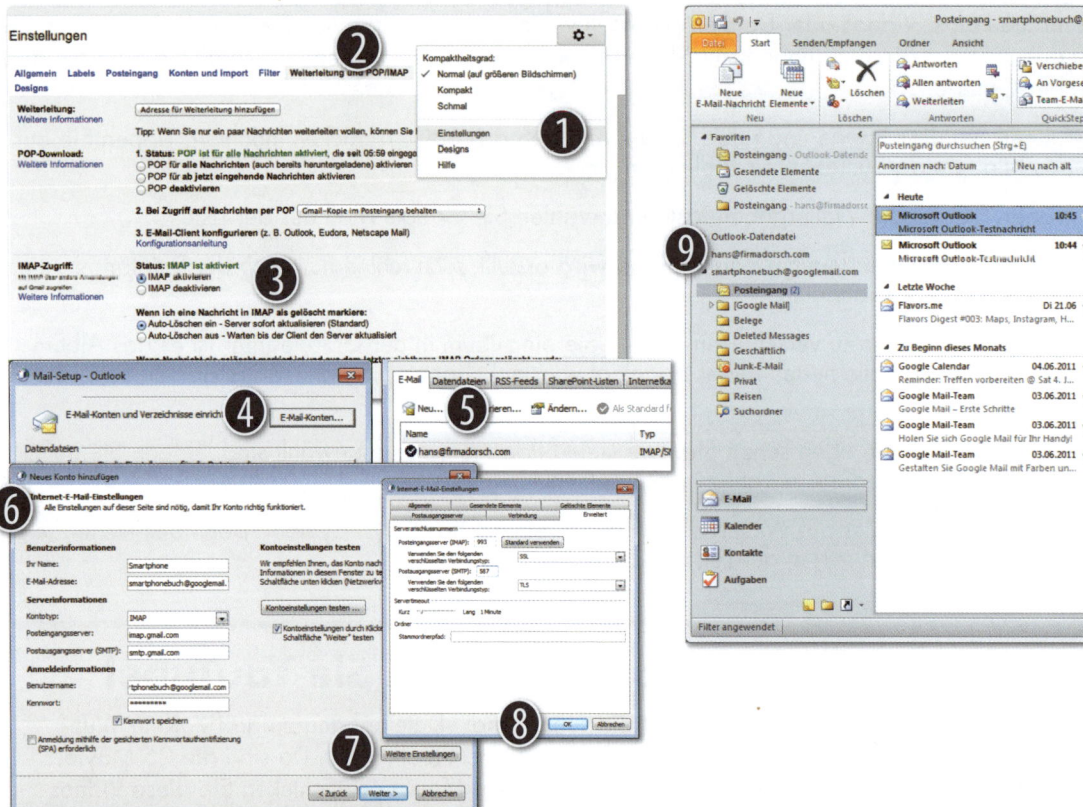

Gmail-Zugang für Outlook am PC einrichten mit IMAP

Gmail nutzt den IMAP-Standard und kann deshalb praktisch über jedes E-Mail-Programm abgefragt werden – natürlich auch über Outlook. So zeigen Sie Ihre Mails in Outlook an:

❶ Melden Sie sich im Web unter mail.google.com an. Wählen Sie oben rechts die E-Mail-Einstellungen.

❷ Gehen Sie zum Punkt Weiterleitung und POP/IMAP.

❸ Wählen Sie im Bereich IMAP-Zugriff den Punkt IMAP aktivieren. Wählen Sie Einstellungen sichern, wenn Sie fertig sind.

Jetzt legen Sie unter Windows ein E-Mail-Profil an:

❹ Beenden Sie Outlook und öffnen Sie Systemsteuerung → Benutzerkonten und Jugendschutz → E-Mail (in Windows 7). Klicken Sie dort auf E-Mail-Konten.

❺ Klicken Sie auf Neu und wählen Sie im nächsten Fenster E-Mail-Konto. Wählen Sie dort Servereinstellungen oder zusätzliche Servertypen manuell konfigurieren. Klicken Sie dann auf Weiter.

❻ Wählen Sie im nächsten Schritt Internet-E-Mail. Jetzt gelangen Sie zu dem Eingabefenster, das Sie benötigen. Geben Sie hier folgende Daten ein: Kontotyp: IMAP, Posteingangsserver: imap.gmail.com, Postausgangsserver: smtp.gmail.com. Geben Sie dann Ihre persönlichen Google-Kontodaten ein.

❼ Klicken Sie auf Weitere Einstellungen, um die Servereinstellungen festzulegen.

❽ Im Register Erweitert wählen Sie für den Posteingangsserver 993 mit SSL-Verschlüsselung, für den Postausgangsserver 587 mit TLS-Verschlüsselung.

Im Register Postausgangsserver: Der Postausgangsserver (SMTP) erfordert eine Authentifizierung. Verwenden Sie sonst die gleichen Einstellungen wie für den Posteingangsserver.

❾ Klicken Sie auf OK, um die Eingaben zu übernehmen, und dann auf Weiter. Schließen Sie die Einrichtung mit Fertig stellen ab. Ihr Gmail-Konto wird jetzt in Outlook angezeigt.

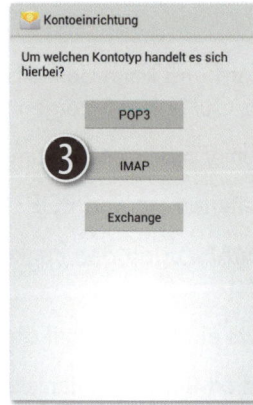

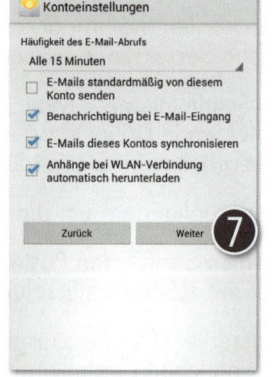

E-Mail: IMAP-Konto einrichten

Für alle E-Mail-Konten, die nicht von Google sind, ist die App E-Mail zuständig. Wenn Sie also E-Mail zum Beispiel von Ihrer eigenen Domain oder von Ihrem Arbeitgeber abrufen wollen, dann ist meist diese App zuständig. Das Verfahren der Wahl heißt IMAP.

1 Öffnen Sie die App E-Mail und wählen Sie Menü → Einstellungen. Tippen Sie dann auf Konto hinzufügen.

2 Geben Sie Ihre E-Mail-Adresse und Ihr Passwort ein und tippen Sie auf Weiter.

3 Wählen Sie als Kontotyp IMAP.

4 Geben Sie im nächsten Schritt die Daten für den E-Mail-Zugriff ein. Wenn Ihr Anbieter verschlüsselte E-Mail über SSL anbietet, sollten Sie diese nutzen. Dann können Ihre Nachrichten auch in unsicheren Netzwerken, zum Beispiel öffentlichen Hotspots, nicht mitgelesen werden. Alle Daten erfahren Sie bei Ihrem Anbieter oder beim Systemadministrator.

5 Bei vielen Konten müssen Sie hier noch ein Pfadpräfix für den Stammordner eingeben. Meist heißt dieses IMAP. Sichern Sie die Einstellungen mit Weiter.

6 Jetzt müssen Sie noch die Einstellungen für den Serverausgang festlegen. Auch hier geht es Weiter.

7 Tragen Sie noch ein, wie oft das Konto abgefragt werden soll. Schließen Sie das Prozedere mit Weiter ab.

8 Das Konto ist eingerichtet. Es taucht jetzt in der Liste Ihrer Konten bei E-Mail auf.

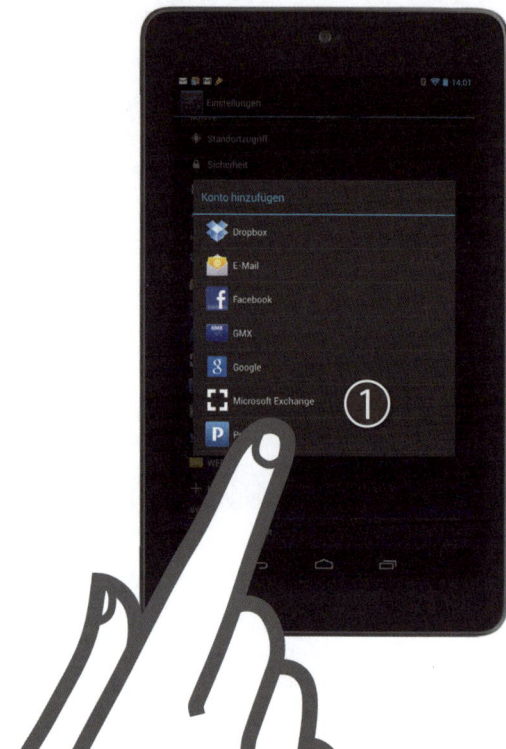

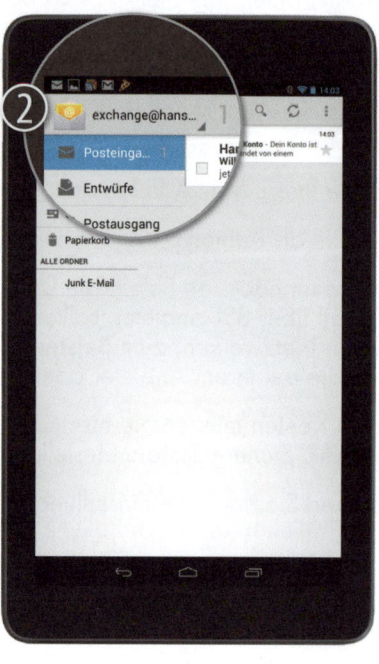

Push-E-Mail mit Exchange nutzen

Microsoft Exchange ist ein Dienst, der wie gemacht ist für das Leben mit mehreren Geräten in der Cloud (für mich ist es das beste Produkt aus Redmond): Sie können damit nicht nur E-Mails verwalten, sondern auch Kalender und Adressbücher unternehmensweit verfügbar machen. Und so können Sie Ihr Exchange-Konto einmal anlegen und in allen Anwendungen nutzen, die es unterstützen, zum Beispiel in E-Mail:

❶ Öffnen Sie die Einstellungen und tippen Sie unter Konten auf + Konto hinzufügen. Wählen Sie dann Microsoft Exchange. Geben Sie einfach die Zugangsdaten ein, die Sie von Ihrem Anbieter oder IT-Administrator erhalten haben.

❷ Ist Ihr Konto eingerichtet, öffnen Sie E-Mail, um es zu nutzen. Dank Push-Mail erhalten Sie Ihre Nachrichten sofort, nachdem sie verschickt wurden.

> ## Die Konten bei Android oder »Es gibt keinen Schritt 3«
>
> Android verwaltet Zugangskonten zentral in den Einstellungen (unter Konten). Apps, die sich mit einem Dienst verbinden, müssen die nötigen Zugangsdaten nicht separat speichern, sondern holen sie einfach aus dieser Zentrale. Ist der Zugang noch nicht eingerichtet, legen Apps ihn dort ab, so dass andere Apps wieder darauf zugreifen können. Warum machen das nicht alle so?

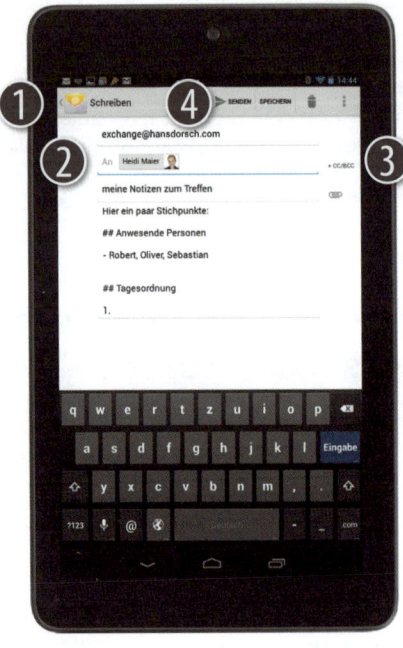

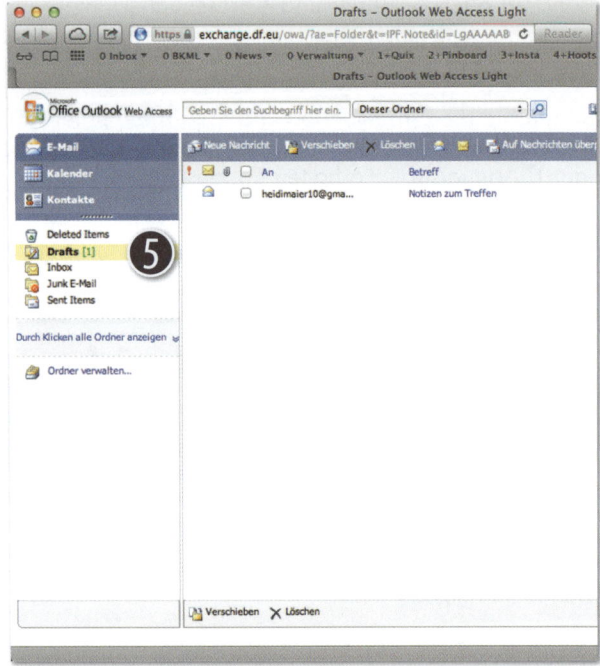

E-Mail: Nachrichten über das Exchange- oder IMAP-Konto senden

Android E-Mail ist für den Mailverkehr über alle Konten zuständig, die nicht von Google sind. Um eine Mail über Ihr Exchange- oder IMAP-Konto zu versenden, starten Sie also hier – und fahren an jedem beliebigen Gerät mit dem gleichen Mailzugang fort.

❶ Wechseln Sie in den Posteingang und tippen Sie auf die Taste Schreiben (Briefumschlag) in der Aktionsleiste. Wenn Sie im kombinierten Posteingang starten, wird Ihr Standardkonto verwendet. Die Adresse des verwendeten E-Mail-Kontos sehen Sie immer oben in der Nachricht. (Um ein anderes Absendekonto zu wählen, wechseln Sie den Posteingang und wählen dort Schreiben.)

❷ Tippen Sie den Namen des Empfängers in das Feld An. Android sucht in Ihren Kontakten und zeigt passende E-Mail-Adressen an. Tippen Sie auf den Eintrag in der Liste, um ihn einzusetzen.

❸ Tippen Sie auf + CC/BCC, um Adressen für Kopien (Cc) und Blindkopien (Bcc) hinzuzufügen. Über die kleine Büroklammer hängen Sie Dateien an.

❹ Überprüfen Sie die Mail und tippen Sie auf Senden (mit Papierflieger).

❺ Können Sie die Mail gerade noch nicht fertigstellen, tippen Sie auf Speichern. Die begonnene Nachricht wird im Ordner Entwürfe gespeichert, und zwar überall: Auf dem Tablet, in Outlook auf dem Computer und ggf., wie bei mir, im OWA (Outlook Web Access). Dort heißt er Drafts.

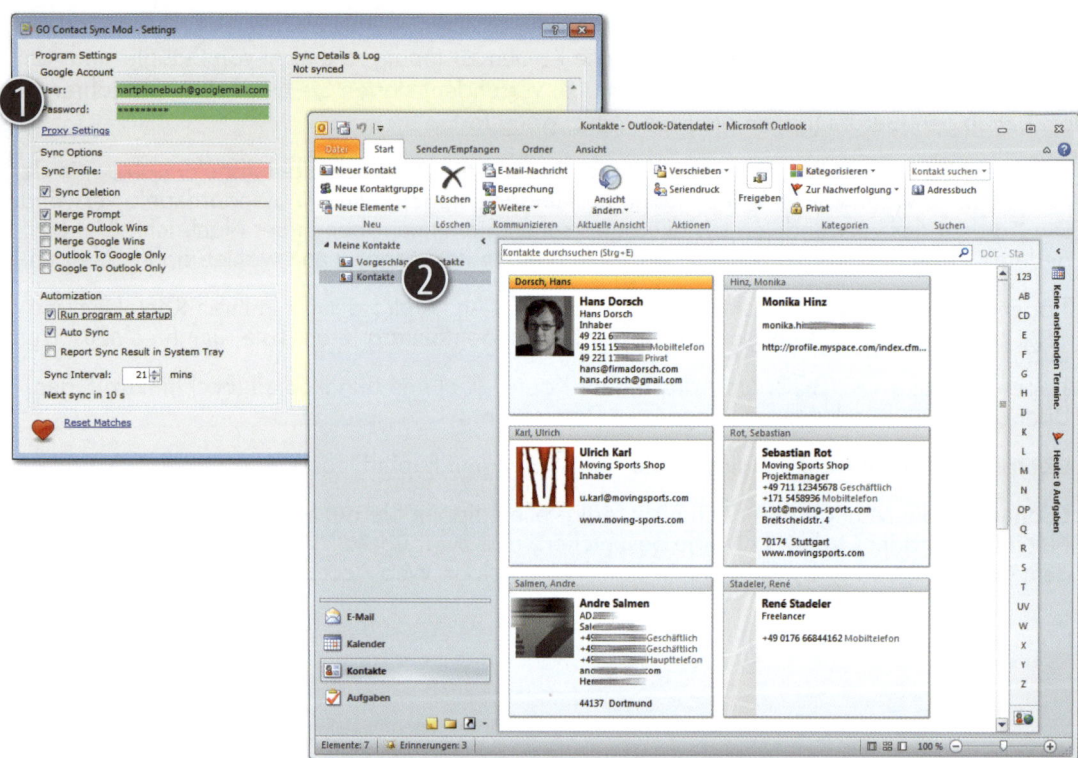

Google-Kontakte mit Outlook am PC abgleichen

Wenn Sie Outlook am PC nutzen, aber Ihre Kontakte auch mit Google verwalten möchten, sollten Sie diese am besten synchronisieren. Da Microsoft das nicht selbst anbietet, verwenden Sie eben eine eigene Anwendung dafür: Installieren Sie GO Contact Sync Mod. Die Anwendung startet automatisch. Sie erhalten sie unter www.googlesyncmod.sourceforge.net. Die Software ist Open Source und kostenlos.

❶ Starten Sie das Programm und geben Sie Ihre Google-Kontodaten ein. Die Voreinstellungen sind sehr praxisgerecht und müssen nicht verändert werden: Sync Deletion löscht Kontakte, die Sie auf Ihrem Tablet löschen, auch in Outlook, und Merge Prompt fragt nach, welche Version eines Eintrags Sie speichern möchten, wenn er bei Google und in Outlook geändert wurde. Setzen Sie dann noch unter Automization die Haken bei Run program at startup und Auto Sync, damit das Programm beim Computerstart geladen wird und automatisch in festgelegten Zeitabständen die Kontakte abgleicht.

❷ Ihre Kontakte in Gmail werden ab sofort mit dem Web und Ihrem Android-Phone abgeglichen.

Backup inklusive

Ist es Ihnen aufgefallen? – Ihre Daten sind jetzt an mindestens drei Orten abgelegt. Wenn Ihr Tablet verloren geht und zur gleichen Zeit auch noch Ihr PC Schwierigkeiten macht, sind alle Kontakte immer noch in Ihrem Google-Konto im Web zu finden. Sie finden sie in Gmail (mail.google.com) unter Kontakte. Und wenn ein Kontakt im Web und auf Ihren Geräten gelöscht ist, können Sie Ihre Kontaktliste auf einen beliebigen Zeitpunkt innerhalb der letzten 30 Tage zurücksetzen.

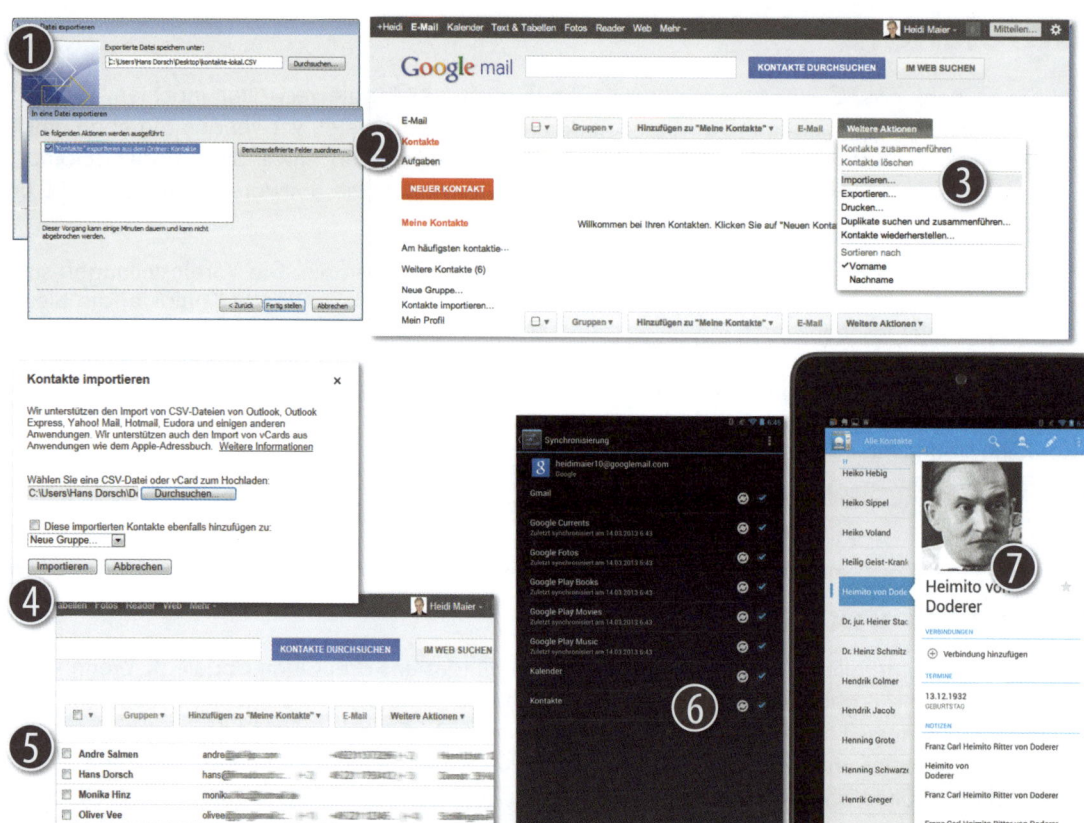

Kontakte in das Gmail-Konto importieren

Sie möchten Ihre Kontakte auf Ihr Tablet importieren oder von dort exportieren? Kein Problem, gehen Sie dazu einfach in das Gmail-Adressbuch. Wie so gut wie jedes Kontaktprogramm unterstützt Gmail zwei Formate: kommagetrennte Werte (CSV, Comma-Separated Values) und vCard (.vcf, vCard file). Wenn Sie Dateien in diesen Formaten ausgeben können, kriegen Sie sie auch in Android rein. Wenn Ihr Programm VCF-Dateien ausgeben kann, verwenden Sie diese. Dann werden auch Fotos übertragen, die Sie zu Ihren Kontakten gespeichert haben.

Der Export

❶ Exportieren Sie Ihre Adressdaten in eine Textdatei, in diesem Fall in die Datei kontakte-lokal.csv. (In Outlook gehen Sie dazu über Datei → Öffnen → Export/Import.)

Kontakte in Gmail importieren

❷ Öffnen Sie Gmail im Browser unter mail.google.com. Klicken Sie links in Kontakte (hier ist noch kein Kontakt eingetragen).

❸ Wählen Sie rechts aus dem Menü Weitere Aktionen den Punkt Importieren.

❹ Wählen Sie die exportierte Datei aus und klicken Sie auf Importieren. Nach Abschluss des Imports erhalten Sie eine Bestätigung. (Hier sind sieben Kontakte importiert worden.)

❺ Ihre Kontakte sind jetzt ordentlich sortiert online.

Kontakte auf dem Tablet anzeigen

❻ Öffnen Sie an Ihrem Tablet Einstellungen → Konten & Synchronisierung. Wählen Sie Ihr Google-Konto aus. Aktivieren Sie dort den Punkt Kontakte synchr. (Aktivieren Sie auch alle anderen Punkte, um Kalender und Mail abzugleichen.)

❼ Ihre Kontakte werden jetzt auf dem Tablet angezeigt.

E-Mail von GMX und Web.de nutzen

Nutzen Sie E-Mail von GMX oder Web.de? Dann laden Sie sich doch die entsprechende App aus Google Play. Die zwei beliebtesten Freemailer Deutschlands gehören zur selben Firma, united internet, und für beide bietet die Firma überraschend gute E-Mail-Apps an. Da beide Apps bis auf Name und Farbe praktisch gleich sind, beschreibe ich hier exemplarisch die von Web.de. Leider gibt es keine richtig angepasste Tablet-Version für die Apps, aber zum Abrufen von Mails reicht es.

❶ Installieren Sie die App Mail von Web.de über Google Play und starten Sie diese. Nachdem Sie Ihre Zugangsdaten eingegeben haben, landen Sie in der Ordnerliste Ihres Kontos (über Menü → Einstellungen können Sie weitere Konten anlegen). Die Liste zeigt alle Ordner mit der Anzahl ungelesener Nachrichten an. Das Mail-Symbol bringt Sie immer zur Übersicht, das kleine Raster führt zur Übersicht der Web.de-Dienste.

❷ Mit den Tasten in der Aktionsleiste schreiben Sie neue Nachrichten, starten die Suche oder rufen neue Nachrichten ab.

❸ Über das Menü können Sie neue Ordner anlegen und wirklich praktische Kontoeinstellungen vornehmen: Stellen Sie Ruhezeiten ein, in denen Sie keine Mails erhalten, und aktivieren Sie die automatische E-Mail-Abfrage (Push), um neue Mails sofort zu laden.

❹ Ach so: Tippen Sie auf Posteingang, um zur Liste Ihrer Nachrichten zu gelangen – und dann auf die Nachricht, die Sie lesen wollen.

❺ Mit den Tasten in der Aktionsleiste können Sie Nachrichten beantworten und zur nächsten Nachricht wechseln. Im Menü finden Sie weitere praktische Funktionen.

IMAP für Premium-Kunden auch ohne App

Möchten Sie Mails von Web.de oder GMX mit Androids E-Mail-App verwalten? Das geht auch, allerdings nur mit dem veralteten POP3-Protokoll. Oder Sie leisten sich ein Premium-Konto. Dann ist IMAP dabei.

Twittern mit der Twitter-App

Über kaum ein anderes Medium verbreiten sich Neuigkeiten heute schneller als über Twitter. Und natürlich auch allerhand Banales, Unterhaltsames und was den Menschen den lieben langen Tag sonst noch so einfällt. Ich möchte Twitter jedenfalls nicht mehr missen. Wenn es Ihnen auch so geht, sollten Sie natürlich auch auf Ihrem Tablet twittern, am besten mit der Twitter-App.

❶ Laden Sie Twitter von Google Play, starten Sie die App und geben Sie Ihre Zugangsdaten ein. Sollten Sie noch keinen Zugang haben, legen Sie ihn in der App an. Dabei will Twitter gar nicht viel wissen: Name und E-Mail-Adresse genügen. Den Benutzernamen und das Passwort suchen Sie sich selbst aus.

❷ Die Startseite (oder Timeline) zeigt die Nachrichten aller Personen, denen Sie folgen. Die weiteren Menüpunkte zeigen Tweets (so heißen die Kurznachrichten), in denen Sie erwähnt werden, und Direktnachrichten (Verbinde), aktuelle Trends, interessante Leute und Ihre Listen (Entdecke) sowie Ihr Profil (Ich).

❸ Die Timeline zeigt die vollständigen Nachrichten. Wollen Sie gleich antworten, retweeten (Weiterleiten) oder einen Anhang speichern, drücken Sie lange, um das Aktionsmenü aufzurufen.

❹ Tippen Sie kurz auf einen Eintrag, um Links oder Hashtags zu folgen – letztere sind durch Rauten gekennzeichnete Schlagwörter, anhand derer Tweets zum selben Thema zu identifizieren sind.

❺ Tippen Sie oben rechts, um eine Nachricht zu schreiben.

❻ Twitter vervollständigt automatisch die Benutzernamen von Leuten, denen Sie folgen. Tippen Sie einfach @ ein und schreiben Sie los. Mit den Tasten unter dem Textfeld hängen Sie ein Foto an und geben Ihre Ortsdaten frei (das Zielsymbol ist blau). Die blaue Tweet-Taste schickt Ihre Nachricht los.

Facebook – alle Freunde auf dem Tablet

Im Frühjahr 2013 hat man bei Facebook den Entwicklern den Zugang zur Website gesperrt. Man möchte, dass sie den Dienst nur in der Facebook-App nutzen. Mir ist das recht, denn ich nutze Facebook sehr gerne und fast ausschließlich auf Smartphone und Tablet. Bis das Ganze also demnächst völlig anders aussieht, hier eine vorläufige Anleitung:

❶ Installieren und starten Sie Facebook. Melden Sie sich dann mit Ihren Daten an. Die erste Ansicht führt Sie zur wichtigsten Seite: Ihren Neuigkeiten. Tippen Sie auf Menü, um in andere Bereiche zu wechseln.

❷ Praktisch, das Menü. Viel übersichtlicher als die Version am Computer. Die Suche ist praktisch, um schnell Freunde, Seiten und Gruppen zu finden.

❸ Die Kategorien der Favoriten können Sie nur am Computer festlegen, aber die Engen Freunde sind schon angelegt (Leute hinzufügen oder entfernen geht auch auf dem Tablet). Hier sind meine liebsten Personen drin. So habe ich deren Nachrichten schnell auf dem Schirm.

❹ Tippen Sie auf Status, um eine neue Nachricht zu erstellen. Ich zum Beispiel berichte gerne über neuen technischen Schnickschnack.

Mit den Tasten am unteren Rand fügen Sie Freunde hinzu, die bei Ihnen sind (ich bin allein), den Ort, an dem Sie sich befinden, und noch ein Foto vielleicht (ja, ich will mit meinem neuen Stift angeben). Mit dem Menü rechts wählen Sie aus, wer die Nachricht sehen soll. Ich wähle Öffentlich (ich hab' nichts zu verbergen).

❺ Noch viel lieber als selber zu posten, mag ich Liken (Gefällt mir) und Kommentieren – einfach tippen und Meinung abgeben.

❻ Die Aktionsleiste oben zeigt neue Freundschaftsanfragen, Direktnachrichten und Benachrichtigungen. Tippen Sie darauf, um alle in einem Fenster zu sehen.

❼ Und wenn Sie mal einen Freund direkt sprechen möchten: Ein Tipp oben rechts öffnet die Kontaktliste. Ein Tipp auf das Bild des Freundes startet den Chat. Voilà!

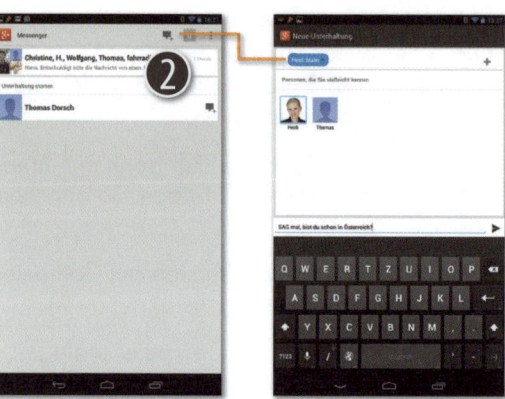

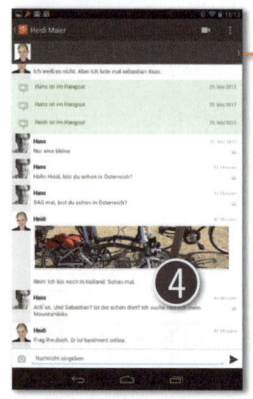

Unterhalten mit Google+

Mein Tablet ist mit dem Internet verbunden. Immer. Meine Kollegen und ich sind bei Google+ angemeldet. Auch so gut wie immer. So können wir immer in Kontakt bleiben, egal wo wir sind. Ähnlich wie bei Facebook, kann man mit Google+ auch direkt chatten. Zu zweit oder in Gruppen.

❶ Starten Sie Google+ auf Ihrem Tablet (installieren Sie es, wenn nötig, von Google Play). Wählen Sie beim ersten Start das Google-Konto aus, das Sie verwenden möchten. Der Stream zeigt alle Nachrichten in der Übersicht. Für eine direkte Unterhaltung tippen Sie auf das g+-Symbol oben links und wählen Sie aus der Liste den Messenger.

❷ Vorherige Chats sehen Sie in der Liste. Tippen Sie auf einen Chat, um ihn weiterzuführen oder tippen Sie auf die Sprechblase in der Aktionsleiste für eine Neue Unterhaltung. Wählen Sie dann einen Kontakt aus und legen Sie los.

❸ Ihr Kontakt (hier Heidi) sieht Ihre Anfrage sofort auf ihrem Smartphone (Google+-Messenger gibt es nur als App, aber auch für's iPhone).

❹ Ihr Gegenüber kann sofort antworten, auch mit Bildern.

❺ Was einer nicht weiß, wissen vielleicht zwei. Deshalb können Sie weitere Kontakte in den Chat holen: Tippen Sie auf den kleinen Pfeil oben rechts und wählen Sie eine Person oder eine ganze Gruppe aus. Damit starten Sie eine neue Unterhaltung. Ihre vorherige Unterhaltung bleibt aktiv.

❻ Nun chatten Sie zu dritt. Alle Teilnehmer sind in der Kopfzeile des Messenger zu sehen. Das macht manche Absprachen einfacher. (Noch persönlicher geht's aber mit Bild und Ton. Tippen Sie auf die Kamera, um einen Video-Hangout zu starten, mit dem wir uns gleich näher beschäftigen werden.)

Google+ statt Google Talk

Lange Zeit war Google Talk erste Wahl für den Nachrichtenaustausch. Aber Google+ ist viel praktischer – und verbindet Sie auch mit Ihren iPhone-Freunden.

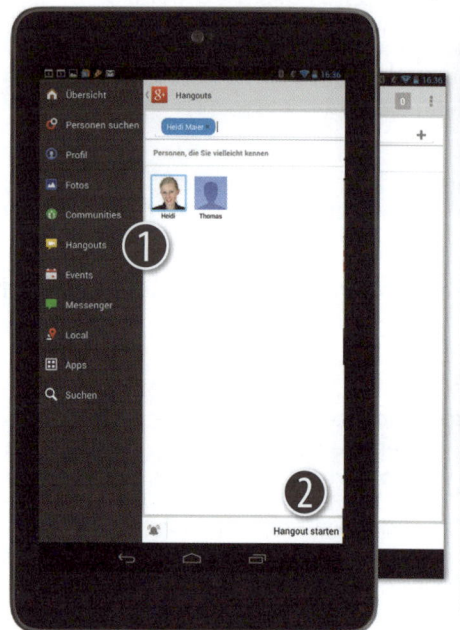

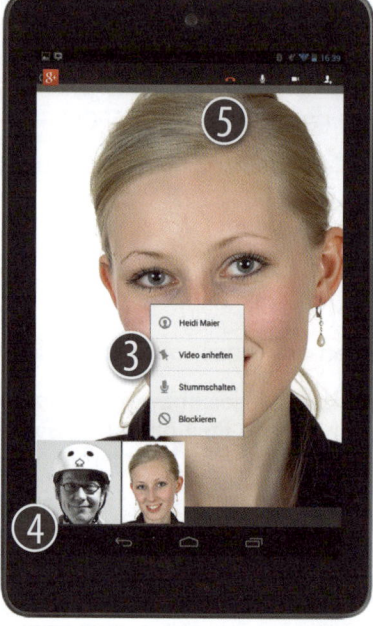

Videochat mit Google+ Hangout

Tippen und lesen ist ja gut und schön. Aber manche Fragen und Probleme lassen sich von Angesicht zu Angesicht einfach besser besprechen. Den genialen Google+ Hangout können Sie direkt starten oder aus einer Unterhaltung (siehe oben) aufrufen. Das funktioniert sogar über 3G (UMTS).

❶ Öffnen Sie Google+, tippen Sie auf das g+-Symbol oben links und wählen Sie aus der Liste den Hangout.

❷ Ihre Freunde erhalten eine Nachricht, »Einladung zum Hangout mit Hans«. Mit einem Tipp nehmen Sie an der Videounterhaltung teil.

❸ Sobald Ihre Kontakte dem Chat beigetreten sind, können Sie miteinander sprechen. Das geht ganz einfach. Mit einer Einschränkung. Im Hangout sehen Sie immer den Teilnehmer, der gerade spricht. Was bei zwei Teilnehmern ganz normal ist, kann bei mehreren nerven. Wenn es Ihnen mal zu zappelig wird, tippen Sie auf das Bild eines Teilnehmers und wählen Video anheften. Dann sehen Sie nur diesen.

❹ Ihr eigenes Bild sehen Sie immer klein am unteren Rand.

❺ Mit den Werkzeugen in der Aktionsleiste oben können Sie Ihren Ton abschalten (Räuspern), Ihr Bild (Frisur richten) oder die Kamera wechseln, um Ihre Umgebung zu zeigen. Mit dem roten Hörer beenden Sie die Videounterhaltung. Tippen Sie einmal auf das Display, um die Werkzeuge anzuzeigen.

❻ Den Hangout können Sie immer offen lassen. Ein Symbol in der Statusleiste und ein Eintrag im Benachrichtigungsfeld helfen Ihnen dabei, zur Unterhaltung zurückzufinden.

Hangout am Computer

Der Hangout funktioniert auch mit Teilnehmern am Computer. Diese können sich über den Browser einwählen. Sie sollten allerdings Lautsprecher und Mikro haben.

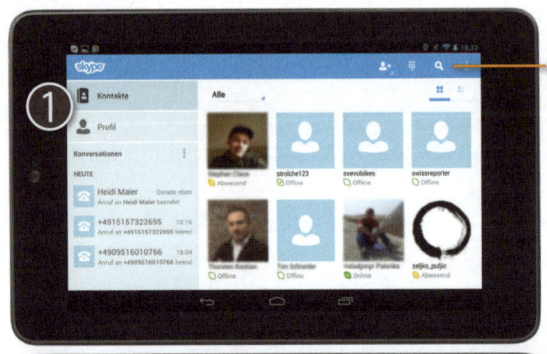

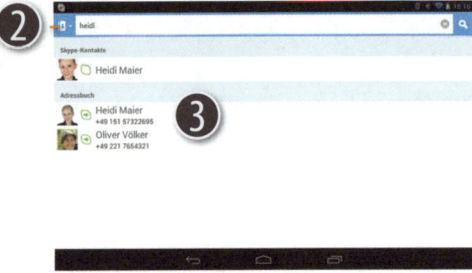

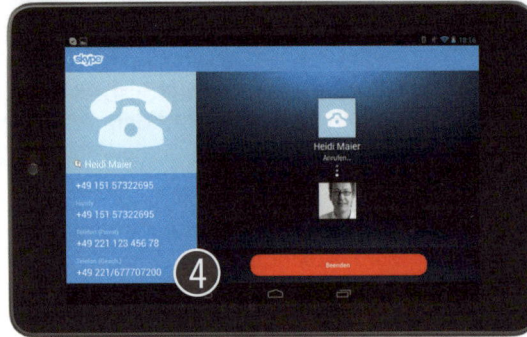

Mit Skype über WLAN günstig telefonieren

Mit Skype können Sie über den Computer telefonieren, das wissen Sie sicher schon. Mit dem Tablet geht das aber noch viel bequemer, denn seit Kurzem gibt es Skype mit speziellem Tablet-Layout. Mit anderen Skype-Nutzern sprechen Sie kostenlos, und über Skype-Guthaben auch mit »normalen« Telefonen, zum Beispiel aus dem Ausland oder ins Ausland. Mehr zu den Kosten auf der nächsten Seite.

❶ Starten Sie Skype und melden Sie sich mit Ihrem Skype-Namen an. Die Kontakt-Übersicht von Skype erscheint. Wählen Sie Profil auf der Startseite, um Ihren Status anzuzeigen oder zu ändern (online, abwesend, beschäftigt) und Ihr Guthaben zu überprüfen. Tippen Sie auf den Guthaben-Eintrag, um zusätzliche Gesprächsminuten zu kaufen.

❷ Ihre bestehenden Kontakte wählen Sie einfach per Tipp auf den Namen (tippen Sie lange, um eine Nummer auszuwählen). Ist der Anrufpartner in Ihren Android-Kontakten, finden Sie ihn über die Suche mit der Lupe oben rechts. Wählen Sie mit der Taste links vom Suchfeld Kontakte und geben Sie dann einen Namen ein.

❸ Tippen Sie auf den gefundenen Eintrag. Die Detailseite wird angezeigt.

❹ Tippen Sie dort auf die Telefonnummer, um den Skype-Anruf zu starten.

❺ Jetzt können Sie mit Heidi Maier (oder anderen Personen) telefonieren. Skype zeigt an, in welches Land Sie zu welchem Preis telefonieren.

❻ Mit Beenden legen Sie den virtuellen Hörer auf.

Am besten erst mal zu Hause testen

Ich habe mein Tablet im Ausland immer dabei. Deshalb habe ich meine Reiseliste um einen Punkt erweitert: VoIP überprüfen. Laden Sie Ihr Gesprächskonto auf, testen Sie die Skype-Verbindung – rufen Sie sich einfach mal selbst an – und richten Sie Ihren Verwandten vielleicht noch ein Skype-Konto auf dem Computer ein.

Von - Nach	T-Mobile D	Skype	
Schweden - Deutschland Festnetz/Mobil	29/29 Cent (plus einmalig 75 Cent pro Gespräch)	2,2/23,6 Cent	
Deutschland - USA Festnetz/Mobil	1,29 EUR/1,29 EUR	1,9/1,9 Cent	

Skype statt Telefon – weltweit günstig und sogar mit Bild

Ich kenne eine Menge Menschen, die dem regulären Telefon schon lange Adieu gesagt haben. Über Facebook und Skype sind Sie mit ihren Freunden ständig verbunden, und müssen Sie doch mal Gespräche zu »normalen« Telefonanschlüssen führen (in USA, Kanada, Hongkong und Singapur sind das auch Mobilfunkanschlüsse), kosten diese zur Zeit mal eben 2,2 Cent (inklusive MwSt.).

Und hier sind zwei Fälle, in denen sich Telefonieren mit Skype richtig lohnt:

1. Sie fahren im Sommer nach Schweden – und zwar gleich für vier Wochen. Gut, dass Sie bei der Auswahl der Unterkunft auf WLAN geachtet haben.

2. Sie bleiben in Deutschland, haben aber ein großes Projekt an Land gezogen, für das Sie häufig mit Partnern in den USA telefonieren müssen.

Schauen Sie mal auf die Tabelle auf der gegenüberliegenden Seite. Die Preisunterschiede sprechen vor allem bei den USA eindeutig für Skype. Weitere Informationen zu den Auslandstarifen finden Sie hier: http://www.skype.com/de/rates/.

Wie viel Datenverkehr verursacht ein Skype-Telefonat?

Insgesamt müssen Sie bei einem einstündigen Telefonat mit ca. 70 bis 80 MByte Datenverkehr rechnen. Während eines Gesprächs fallen durchschnittlich 100 kBit Datenvolumen pro Sekunde und Richtung (Up- und Downstream) an. Nutzen Sie also am besten WLAN.

Aufladen des Guthabens

Bei Skype können Sie Ihr Konto auf verschiedene Arten auffüllen: per Überweisung, Lastschrift, Giropay oder PayPal – und natürlich auch über die Kreditkarte, wenn Sie wollen. Das geht bei am bequemsten am Computer über den Browser.

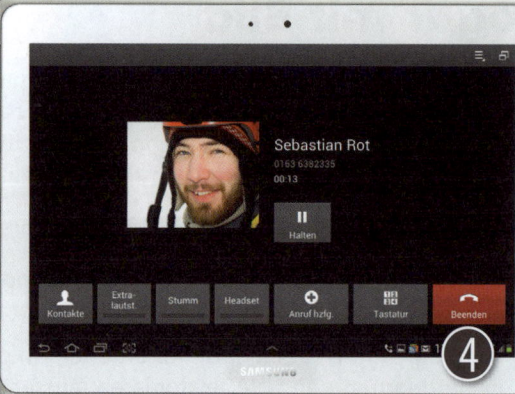

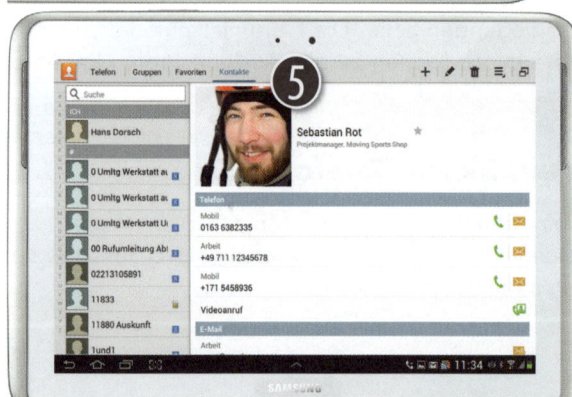

Telefonieren mit dem Tablet

Wenn ich am Schreibtisch sitze, telefoniere ich meistens mit Kopfhörer, denn dann habe ich beide Hände frei, um am Computer zu tippen oder am Tablet zu wischen. Und wo ich das Tablet schon vor mir habe, kann ich damit auch gleich telefonieren. Natürlich nur, wenn eine Telefonfunktion eingebaut ist, so wie beim Samsung Galaxy Note, hier in der 10.1-Variante.

❶ **Anrufen über das Tastenfeld**: Öffnen Sie die App Telefon. Sie startet normalerweise mit dem Tastenfeld. Tippen Sie die Nummer ein, die Sie anrufen möchten. Sie sehen sie im Nummernfeld. Befindet sich die Nummer schon in Ihren Kontakten, erscheint der Eintrag links in der Liste.

❷ Nummern lassen sich auch aus der Zwischenablage in das Nummernfeld kopieren, zum Beispiel aus Dokumenten oder Nachrichten. Oder Sie ordnen die neue Nummer gleich einem Kontakt zu, mit der Taste rechts oben.

❸ Tippen Sie zum Telefonieren auf die grüne Hörertaste.

❹ Der Anrufschirm zeigt diverse Möglichkeiten, die Sie haben: Anruf Halten, Tastatur einblenden, Stumm und natürlich eine große Beenden-Taste. Tippen Sie darauf, um Ihren Anruf zu beenden.

❺ **Mehr Möglichkeiten**: Ein Tipp auf Kontakte bringt Sie zur Kontakte-App. Dort können Sie in Ihren Kontakten suchen sowie neue anlegen und diese auch direkt anrufen. Ein Tipp auf Telefon bringt Sie wieder zum – genau: – Telefon.

Kapitel 7 | Organisieren und arbeiten – Dinge einfach geregelt kriegen

Die ganze Zeit an Aufgaben und Termine denken. Und dann kommen auch noch Ideen dazu, die man nicht vergessen möchte. Was da oft fehlt, ist ein klarer Kopf. In der japanischen Zen-Lehre heißt dieser erstrebenswerte Zustand:

»Mizu no kokoro.« – Geist wie ruhiges Wasser.

Wenn Sie einen Stein ins ruhige Wasser werfen, gibt es kurz Wellen, danach ist es wieder ruhig.

Diese Steine sind Ideen, Verabredungen, Aufgaben. Wenn mir zu Hause oder unterwegs etwas einfällt, z. B. ein Termin, eine Erledigung oder eine Idee, notiere ich es sofort – auf dem Tablet. Und regelmäßig nehme ich mir Zeit, die Einträge anzuschauen, zu bearbeiten und zu löschen.

Das Tablet und der damit verbundene Speicher im Internet sind ein sicherer Ort, auf den Sie sich verlassen können. Alles was Sie brauchen, sind ein Notizbuch, eine Aufgabenliste und ein Kalender.

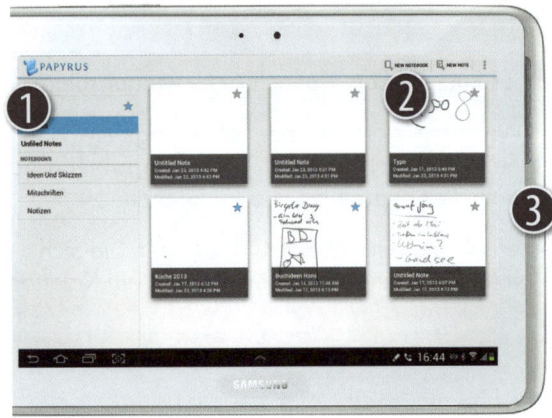
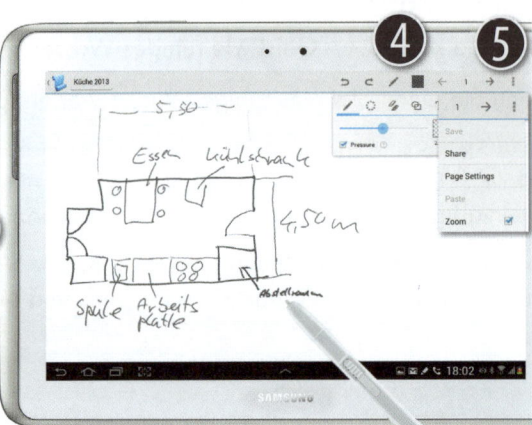

Papyrus – Notieren und zeichnen mit der Hand

So ein Tablet hat in etwa die Maße eines klassischen Notizbuchs. Wenn ich in einem Meeting bin und mir Notizen mache, dann tippe ich sie nicht mit der Tastatur, sondern schreibe und zeichne sie in meinen digitalen Notizblock. Mit dem Stift. Das ist genau wie auf Papier, nur noch ein klein wenig praktischer. Meinen Notizblock gibt's im Play Store. Er heißt Papyrus.

1 Starten Sie Papyrus und wählen Sie in der linken Spalte All Notes. In dieser Ansicht sehen Sie alle Notizen, die Sie bereits angelegt habe. Notizen, die Sie sich kurzfristig merken möchten, bekommen ein Sternchen (einfach darauf tippen), Sie tauchen dann unter Starred auf. Für zusätzliche Ordnung sorgen Notizbücher (Notizen, Ideen, etc.). Sie tauchen ebenfalls auf der linken Seite auf.

2 Ein neues Notizbuch erstellen Sie mit Taste New Notebook oben rechts, eine neue Notiz mit der Taste New Note direkt daneben.

3 Hier sehen Sie den Entwurf für meine neue Küche. Ich habe ihn einfach wie auf Papier gezeichnet. Druckempfindliche Stifte werden erkannt (hier beim Samsung Galaxy Note), aber auch mit Gummigriffeln lassen sich ordentliche Ergebnisse erzielen. Tippen Sie auf den Stift in der Aktionsleiste zum Ändern der Strichstärke oder um das Werkzeug zu wechseln (Radiergummi, Form und Text). Für mehr Farbe tippen Sie auf das Feld daneben.

5 Wollen Sie Ihre Skizze gleich weiterschicken? Tippen Sie auf das Menü und wählen Sie Share. Verschicken Sie Ihre Notiz als Grafik (JPEG, PNG) oder als PDF. Für Grafiker und Comiczeichner besonders interessant: Die PDFs speichern Pfade, die Sie später am Computer verändern können.

Aber ich hab' doch schon eine Notiz-App!

»Mein Tablet hat schon eine Notiz-App eingebaut«, rufen Sie jetzt vielleicht, »die sieht auch super aus!« Kein Problem, verwenden Sie die ruhig. Was mir an Papyrus gefällt ist, dass es sich an Android-Gestaltungsvorgaben hält und dadurch sehr einfach zu bedienen ist. Außerdem arbeitet es prima mit der Dropbox zusammen. Mehr dazu auch auf der nächsten Doppelseite.

PAPYRUS
Home
Starred
All Notes
Unfiled Notes
Ideen Und Skizzen
Mitschriften
Notizen
New Notebook
New Note
Settings
1
Papyrus Settings
Note Editor
Note Defaults
Cloud Services
Add Premium Features
Help and Support
About
Storage Providers
Device Name
Wi-Fi only
Backup Database
Backup Interval
Backup Now
Restore Database
Export PDFs
Export Interval
Export Now
2
Cloud Services
Dropbox
box
3
4
Küche 2013.pdf - Adobe Reader
Datei Bearbeiten Anzeige Fenster Hilfe
Werkzeuge Signieren Kommentar
Untitled Note - 17.01.2013 16.07.pdf - Adobe Reader
Notizen
Datei Start Freigeben Ansicht
PDFs › Notizen
Notizen durchsuchen
Bibliotheken
Bilder
Dokumente
Musik
Videos
Heimnetzgruppe
Hans Dorsch
Desktop
Downloads
Dropbox
02_lesen_dropbox
Android-exchange
Apps
Notes for Android
Papyrus App
asus Nexus 7
samsung GT-N8000 Note 10.1
Backup
PDFs
Ideen Und Skizzen
Notizen
Unfiled Notes
2 Elemente
Küche 2013.pdf
Untitled Note - 17.01.2013 16.07.pdf
5

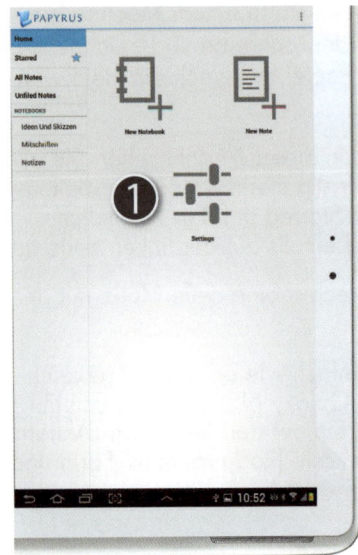

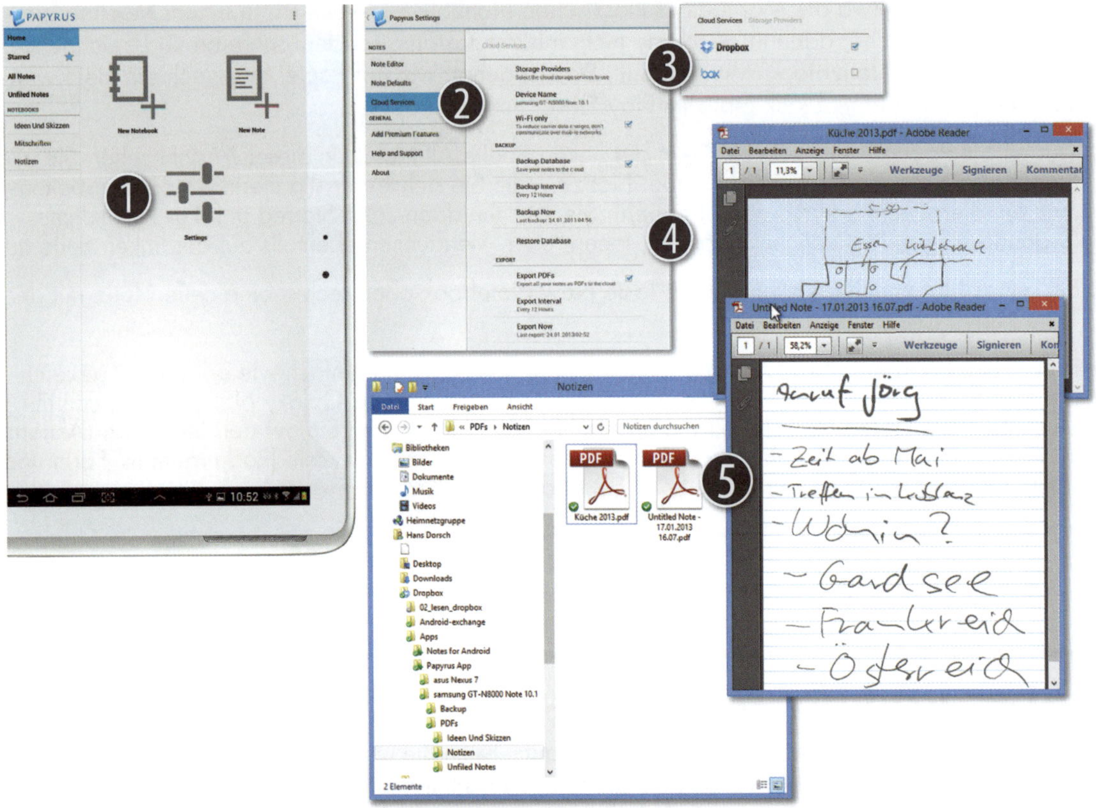

Papyrus und Dropbox – Notizen sichern und am Computer nutzen

Ich mag mein Tablet zum Zeichnen und Notieren. Ich will aber die Notizen auch am Computer haben. Und zwar ohne viel darüber nachzudenken. Gut, dass Papyrus mit der Dropbox zusammenarbeitet. So klappt's:

1 Öffnen Sie die Home-Ansicht in Papyrus und tippen Sie dort auf Settings.

2 Wählen Sie dort Cloud Services aus der linken Spalte. Diese Funktion müssen Sie als »Premium Feature« dazukaufen (für knapp 2 €). Das erledigen Sie direkt in der App.

3 Tippen Sie auf Storage Providers und wählen Sie aus der (überschaubaren) Liste Dropbox aus. Verbinden Sie jetzt Ihr Konto.

4 Setzen Sie die Häkchen unter Backup (sichert die Datenbank der App) und Export (speichert PDFs) für den automatischen Abgleich und tippen Sie auf Export Now, wenn Sie Ihre PDFs sofort in der Dropbox haben möchten.

5 Dropbox legt einen neuen Ordner an. Sie finden ihn am Computer unter Dropbox → Apps → Papyrus App. Darin finden Sie einen Ordner mit dem Namen Ihres Gerätes mit exportierten PDFs. Diese können Sie ansehen und bearbeiten, z.B. mit dem Adobe Reader.

Freemium: Mehr Funktionen nach und nach

Das ist eine feine Sache: Immer mehr Apps folgen dem Prinzip Free + Premium. Papyrus gehört zu dieser App-Generation. Die App ist kostenlos im Play Store erhältlich und kommt mit einer Grundausstattung an Funktionen. Damit können Sie sofort loslegen. Gefällt Ihnen die App und möchten Sie mehr Werkzeuge oder Funktionen nutzen, kaufen Sie diese ganz einfach in der App.

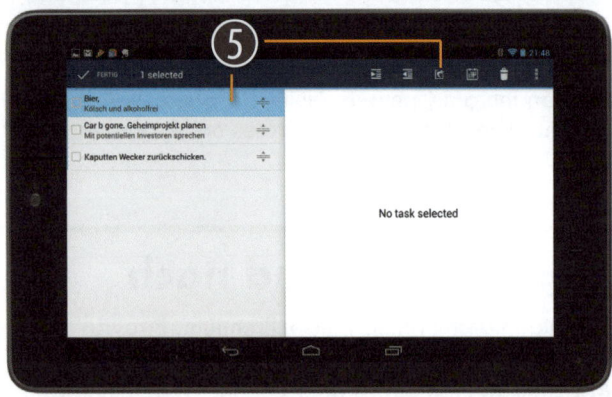

GTasks – Aufgaben mit System erledigen

Ein Leben ohne Aufgabenlisten kann ich mir nur schwer vorstellen. Aber ich muss auf diese Listen auch immer zugreifen können. Das geht mit der kostenlosen App GTasks. Sie verbindet sich nämlich mit der Aufgabenliste Ihres Google-Kalenders. So können Sie die Listen auch am Computer oder am Smartphone bearbeiten.

❶ Installieren Sie GTasks aus dem Google Play Store und starten Sie die App. Melden Sie sich gleich mit Ihrem Google-Konto an. Richten Sie dann Listen ein und füllen Sie diese mit Inhalten. Tippen Sie dazu oben links auf das Listensymbol.

❷ Erstellen Sie drei übergreifende Listen:

- **Eingang**: Sammeln Sie hier Aufgaben, die Ihnen zwischendurch einfallen, damit sie nicht verloren gehen.
- **Bearbeiten**: In diese Liste kommen Aufgaben, die Sie umgehend erledigen möchten.
- **Vielleicht/Später**: Diese Liste ist für Aufgaben oder Ideen, die Sie nicht vergessen möchten, die aber eigentlich nicht dringend sind.

❸ Erstellen Sie dann Listen für Ihre Projekte, beruflich oder privat. Hier sind es **Einkäufe**, die unterwegs erledigt werden können, und eine Liste zur Vorbereitung eines **Grillfests**. Legen Sie so viele Listen an, wie Sie möchten, und öffnen Sie dann eine davon.

❹ Erstellen Sie jetzt Ihre Aufgaben. Tippen Sie auf die +-Taste oben rechts. Tippen Sie auf den Haken, um erledigte Aufgaben zu markieren.

❺ Drücken Sie lang auf eine Aufgabe, um sie zu bearbeiten. Bearbeiten Sie den Eintrag oder verschieben Sie ihn in eine andere Liste. Tippen Sie auf Menü → In Liste verschieben. Ich wähle die Liste Bearbeiten.

❻ Ach so: Alle Einträge finden Sie auch im Google-Kalender im Web rechts neben dem Kalender.

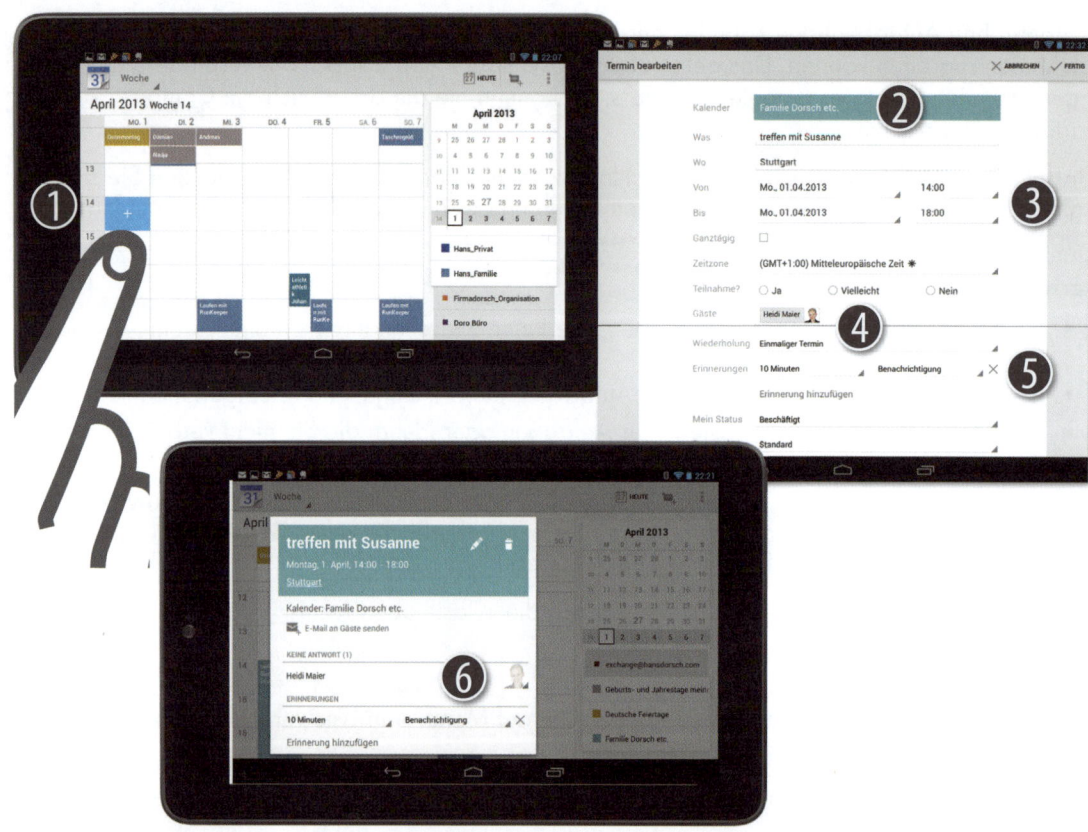

Kalendereinträge erstellen

In meinem Kalender auf dem Tablet stehen viele Dinge drin. Alle beruflichen und privaten Angelegenheiten trage ich immer sofort ein, weil ich so vergesslich bin.

❶ Öffnen Sie den Kalender, zum Beispiel in der Wochenansicht (Pop-up-Menü → Woche). Suchen Sie Tag und Zeit und tippen Sie darauf. Tippen Sie noch einmal darauf, um den Termin einzutragen.

❷ Wählen Sie dann, in welchem Kalender der Termin gespeichert werden soll. Hier ist es ein privater Termin, den alle Familienmitglieder sehen sollen.

❸ Geben Sie die Details für den Termin ein. Titel und Zeit genügen, das Datum haben Sie ja schon gewählt.

Die Zeit lässt sich schnell über die Pfeiltasten einstellen, aber auch über die Tastatur. Diese öffnet sich, wenn Sie in die Zeitanzeige tippen.

❹ Laden Sie noch mehr Freunde zum Termin ein (Susanne freut sich bestimmt). Die Gäste erhalten die Einladung per E-Mail oder direkt im Kalender.

❺ Lassen Sie sich an den Termin erinnern. Ändern Sie die Standardzeit oder fügen Sie weitere Erinnerungen hinzu, zum Beispiel am Tag vorher. Tippen Sie oben am Display auf Fertig, um den Termin einzutragen.

❻ So sieht Ihr Termin im Detail aus. Hier sehen Sie auch, wer zugesagt hat und wer nicht.

Schöner planen mit Kalenderansichten

Größer ist besser. Das gilt jedenfalls für die Übersicht im Kalender. Weil Sie aber den Wandkalender nicht immer mitnehmen können, empfehle ich das Tablet. Hier ist die dargestellte Fläche schon recht groß, und zudem in alle Richtungen unendlich erweiterbar.

❶ Öffnen Sie den Kalender. Die Wochenansicht ist wunderbar, um die aktuelle Auslastung zu sehen. Die Farben helfen dabei, zu sehen, ob Sie etwas tun müssen (Arbeit) oder dürfen (Familie). Die Kalenderwoche aktivieren Sie unter Menü → Einstellungen → Allgemeine Einstellungen. Über das Pop-up-Menü am Datum wechseln Sie zwischen den Ansichten.

❷ Auch in der Tagesansicht sind ganztägige Ereignisse am oberen Rand immer sichtbar. Streichen Sie nach oben und unten, um alle Termine des Tages anzuzeigen. Streichen Sie nach rechts oder links, um zum nächsten oder vorherigen Tag zu wechseln.

❸ In der Monatsansicht sehen Sie, an welchen Tagen Termine eingetragen sind. Das ist gut für die längerfristige Planung.

❹ Mir gefällt am besten die Terminübersicht, eine Liste aller Tage mit meinen Terminen. Streichen Sie nach oben und unten, um schnell die nächsten Ereignisse zu sehen. Auch hier sind die Kalendereinträge farblich markiert.

❺ Android kann den Kalender auch auf dem Startbildschirm darstellen, und zwar mit unterschiedlichen Widgets. So sehen Sie Ihre Tagesplanung, wenn Sie Ihr Smartphone starten. Wie Sie Widgets für den Kalender und andere Apps einstellen, lesen Sie in Kapitel 7.

Neuer Termin, schnell erstellt

In allen Ansichten lassen sich neue Termine erstellen – entweder durch langes Drücken auf einen Tag oder eine Zeitspanne oder über Menü → Neuer Termin. Das Datum richtet sich dabei nach der gerade angezeigten Zeitspanne.

Kalender nach Bedarf ein- und ausblenden

Für mich sind alle Termine gleich wichtig. Die Renovierung der Küche behandle ich genauso als Projekt wie ein neues Buch oder die Sportveranstaltungen der Kinder. Und alle diese Projekte und Kalender will ich auf meinem Smartphone sehen. Gut, dass Android alle Kalender anzeigen kann, die im Google-Kalender angelegt sind.

❶ Öffnen Sie den Kalender auf Ihrem Smartphone und wählen Sie Menü → Einstellungen.

❷ Sie sehen alle Konten, deren Kalender mit Ihrem Smartphone verbunden sind. Hier sind es ein Exchange-, ein iCloud (ja, das geht!) und ein Google-Konto, die mit dem Gerät verbunden sind. Tippen Sie auf die Einträge, um die Inhalte anzuzeigen.

❸ Schalten Sie beliebig viele Kalender ein und aus. Auch Kalender, die Sie im Google-Kalender abonniert haben, zeigt Android an. Mehr dazu auf der nächsten Seite.

❹ In der Tages- und Wochenansicht können Sie Kalender auch temporär ein- und ausblenden. So können Sie nach beruflich, privat und Projekten filtern. Einfach, auf die Schnelle.
Bei Google-Kalendern übernimmt Android übrigens die Farben, die Sie im Browser eingestellt haben. So können Sie an der Farbe sehen, zu welchem Kalender welcher Eintrag gehört.

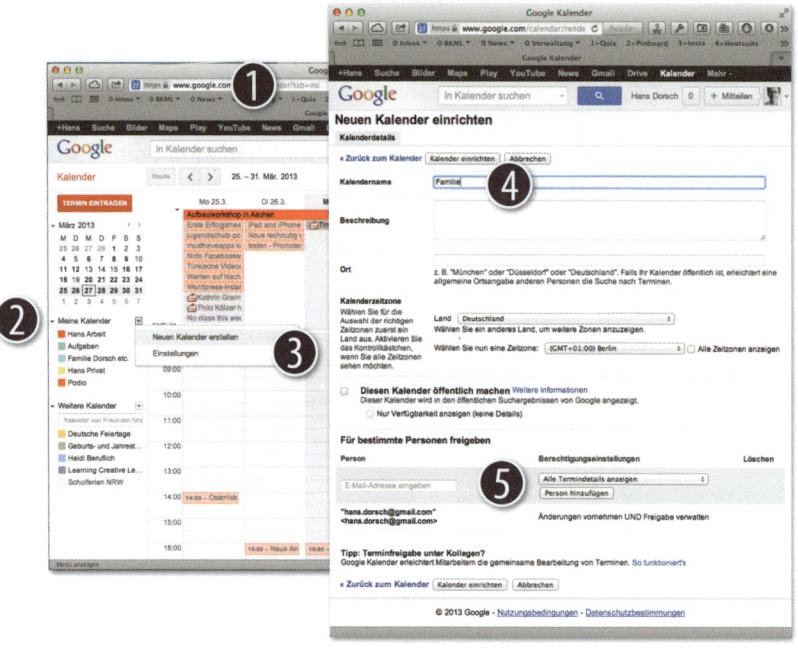

Google-Kalender online verwalten

Was Sie auf dem Tablet eintragen, finden Sie Sekunden später auf dem Computer und umgekehrt – weil der Standard-Kalender mit Ihrem Google-Konto vernetzt ist. Sie können darauf zugreifen, wo und wie Sie wollen – und andere auch, wenn Sie es erlauben. Richten Sie am besten mehrere Kalender ein, so können Sie Berufliches, Privates und Öffentliches ganz einfach trennen und teilen. Das erledigen Sie am Computer im Webbrowser, am Tablet klappt das nämlich nicht.

❶ Rufen Sie den Google-Kalender im Web unter www.google.com/calendar auf. Melden Sie sich mit Ihrem Google-Konto an.

❷ In der linken Spalte sehen Sie den Abschnitt Meine Kalender. Ich habe drei Kalender angelegt:

- **Hans Arbeit**: Diesen Kalender können meine Mitarbeiter und meine Frau sehen und bearbeiten. Dazu habe ich ihn für sie freigegeben. Dieser erste Kalender ist der Hauptkalender. Er kann nicht gelöscht werden. Wenn Sie sich neu anmelden, trägt er Ihren Namen; meiner hieß also Hans Dorsch.

- **Familie Dorsch etc.**: Hier kommen Termine für die ganze Familie hinein. Alle Familienmitglieder können Termine sehen, eintragen und bearbeiten.

- **Hans Privat**: Dieser Kalender ist ganz allein für mich da. Er ist nicht freigegeben, und nur ich kann sehen, was darin steht. Man muss schließlich auch einen Ort für Geheimnisse haben.

❸ Klicken Sie auf den Link Hinzufügen unter den Kalendern, um einen neuen Kalender zu erstellen.

❹ Geben Sie einen Namen für den Kalender und vielleicht auch noch eine Beschreibung ein.

❺ Stellen Sie hier ein, ob Ihr Kalender öffentlich einsehbar sein soll und ob bestimmte Personen ihn sehen oder auch bearbeiten können. Geben Sie dazu deren E-Mail-Adresse(n) ein. (Ihr eigener Name ist immer freigegeben.) Klicken Sie auf Kalender einrichten, wenn Sie fertig sind.

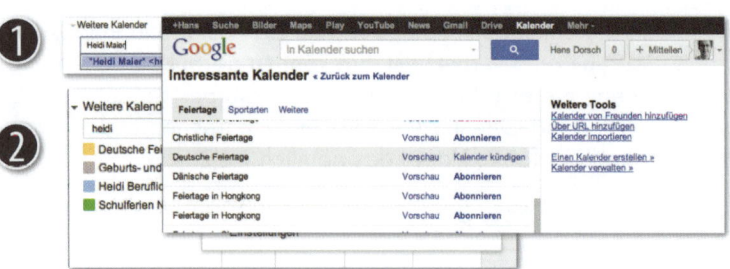

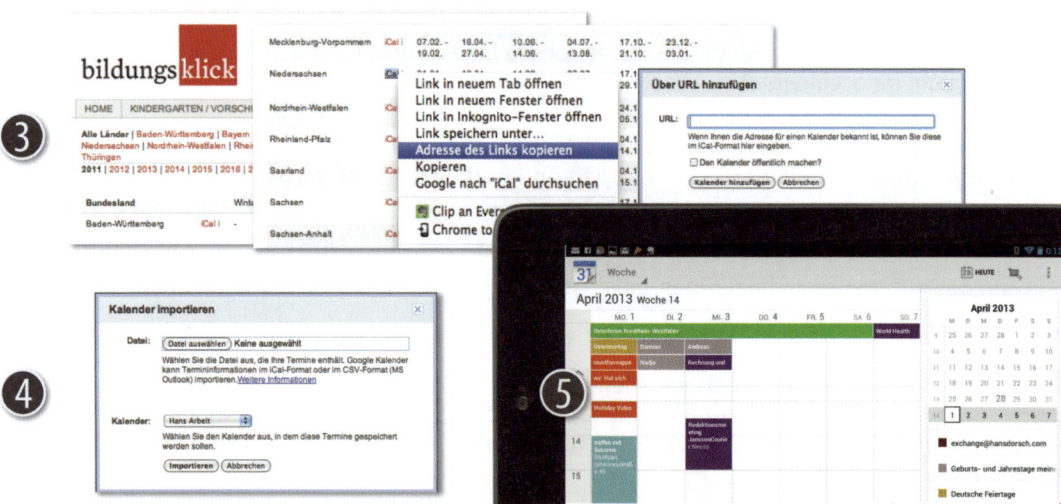

Informationszentrale Google-Kalender

Es gibt vier Möglichkeiten, Kalender hinzuzufügen. So kommen nicht nur Wochennummern, sondern ungleich mehr hinzu, wenn Sie wollen. Diese Möglichkeiten finden Sie, wenn Sie den Kalender im Browser am Computer aufrufen:

❶ **Kalender von Freunden hinzufügen**: Geben Sie die E-Mail-Adresse eines Freundes oder Mitarbeiters in das Eingabefeld ein. Hat er einen Kalender für Sie freigegeben, erscheint dieser in Ihrer Liste. Heidi hat ihren Kalender Beruflich für mich freigegeben. Er taucht automatisch in der Liste auf.

❷ **Interessante Kalender durchsuchen**: Google stellt eine große Sammlung praktischer Kalendererweiterungen bereit. Die folgenden drei sollten in keinem Kalender fehlen:

- Deutsche Feiertage
- Geburts- und Jahrestage (aus den Google-Kontakten bei Google Mail oder Google Kontakte)
- Wochennummern

❸ **Über URL hinzufügen**: Sie können beliebige Kalender aus dem Netz über deren Adresse (URL) in Ihren eigenen Kalender einfügen. Neue Termine werden dann automatisch hinzugefügt. Suchen Sie nach Kalendern im iCal-Format (.ics). Kopieren Sie die URL und fügen Sie sie ein.

- Schulferien für Deutschland finden Sie bei www.bildungsklick.de/schulferien. Suchen Sie im Netz nach weiteren Angeboten.
- Onlinekalender zu bestimmten Themen. Eine Menge Schulen und Unis bieten Kalender zum Abonnieren öffentlich an. Viele davon werden mit dem Google-Kalender erstellt. (Suchen Sie mal nach der Carl-Orff-Realschule.)

❹ **Kalender importieren**: Fügen Sie Ereignisse im iCal- oder CSV-Format (z. B. von Outlook) in Ihren Kalender ein. Wählen Sie dazu eine Datei von Ihrem Computer aus.

Alle eigenen und weiteren Kalender können Sie auf Ihrem Android anzeigen und (wenn freigegeben) bearbeiten (❺).

Alles im Blick mit Widgets

Das Armaturenbrett im Auto ist dem Startbildschirm Ihres Tablets nicht unähnlich: Die wichtigsten Anzeigen und Instrumente müssen dort immer sichtbar und ohne Umwege erreichbar sein, denn während der Fahrt kann man nicht lange suchen. Bis auf die Hupe habe ich alle digitalen Hilfsmittel auf meinem Startbildschirm, die ich zur täglichen Fahrt durchs Leben brauche. Widgets heißen bei Android kleine Programme oder Steuerelemente, die Ihren Startbildschirm zum Cockpit machen. Ein Kalender-Widget zum Beispiel hält Sie immer über Ihre Termine auf dem neuesten Stand. Ich benutze den eingebauten Kalender von Google.

❶ Öffnen Sie das Anwendungsmenü. Wählen Sie dann Widgets. Hier finden Sie eine Vorschau aller verfügbaren Programme für den Startbildschirm.

❷ Suchen Sie im nächsten Schritt in der Liste nach dem Kalender. Tippen Sie darauf und halten Sie den Eintrag, bis das Anwendungsmenü verschwindet.

❸ Der aktuelle Startbildschirm erscheint samt einer Vorschau des Widgets. Bewegen Sie es an einen freien Platz und lassen Sie es los. Kein Platz? Ziehen Sie nach links oder rechts, um es auf einem anderen Startbildschirm abzulegen.

❹ Ihre aktuellen und kommenden Termine werden jetzt auf dem Startbildschirm angezeigt. Tippen Sie auf das Widget, um den Kalender zu öffnen, und drücken Sie lange, um die Größe anzupassen.

Kann anders aussehen

Viele Apps bieten Widgets. Schauen Sie unbedingt ab und zu mal im Anwendungsmenü nach. Meine Lieblings-Wetter-App etwa zeigt mir immer die richtigen Temperaturen zum Termin an. Heute lohnt es sich, das Haus zu verlassen.

Ordner für alles, was zusammengehört

Eines der wichtigsten Organisationselemente der Neuzeit ist der Ordner, egal ob aus Pappe im Aktenschrank oder digital auf dem Computer. Zum Glück gibt es ihn auch auf dem Tablet, und anders als bei der Urform sind Sie dabei nicht auf flache Papierblätter beschränkt.

❶ Ordner erstellen Sie mit einer Geste: Drücken Sie auf eine Verknüpfung, bis sie aktiviert ist. Ziehen Sie diese dann auf eine andere.

❷ Beide Verknüpfungen liegen jetzt in einem Ordner auf Ihrem Startbildschirm. Tippen Sie darauf, um ihn zu öffnen.

❸ Tippen Sie unten in das Ordnerfenster und geben Sie einen Namen ein. Das ist zwar nicht nötig, hilft aber bei der Übersicht.

❹ Füllen Sie Ihren Ordner mit weiteren Verknüpfungen. Erstellen Sie zuerst die Verknüpfung auf dem Startbildschirm und ziehen Sie sie dann auf den Ordner. Ich lege einen Ordner für einen Vortrag an. Dazu gehören mein Projektordner in der Dropbox (s. weiter unten), eine Direktwahltaste für einen Projektkontakt, eine Notiz in Evernote sowie das Lesezeichen einer interessanten Website.

❺ Gruppieren Sie Apps und Verknüpfungen nach Aufgaben. Auf meinem ersten Startbildschirm liegen Lesen Nachrichten (Weblinks und Nachrichten-Apps) sowie Arbeiten (Dropbox-Ordner, aktuelle Notizen, Aufgaben). Auf anderen Bildschirmen habe ich mir Ordner zum Hören Musik Radio, Sehen TV Video und Spielen angelegt.

❻ Zwei Ordner, die ich wirklich ständig nutze, habe ich mir sogar in die Favoritenleiste gelegt: Dienstprogramme (mit Einstellungen und Werkzeugen) und Teilen (E-Mail, SMS, Twitter etc.).

Eine Verknüpfung, mehrere Orte

Sie können Verknüpfungen so oft verwenden, wie Sie wollen, denn es sind ja nur Verweise auf das Original. Legen Sie deshalb ruhig Ihre Mail-App in die Ordner Teilen und Arbeit.

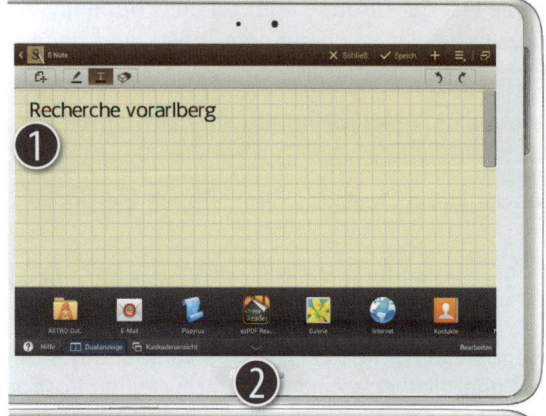

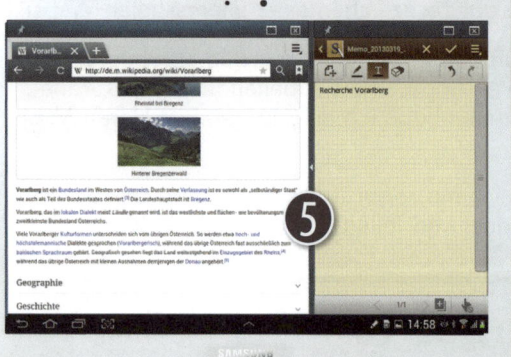

Fenster nebeneinander nutzen bei Samsung

Ich bin Mac-User. Das haben Sie vielleicht schon gemerkt. Zwischendurch habe ich auch am PC gearbeitet, aber was ich nie genutzt habe, war der Vollbildmodus. Ich will immer sehen, was auf dem Schreibtisch los ist, und vor allem will ich mehrere Fenster nebeneinander sehen. Wozu habe ich denn einen riesigen Monitor? Am Tablet bin ich dagegen froh, dass sich die Apps den Raum nehmen und das ganze Drumherum ausblenden. Wer trotzdem mehrere Fenster gleichzeitig sehen will, bitteschön: mit Samsung-Geräten geht's – wenn auch nicht mit allen Apps.

❶ Wenn Sie Reiseinfos zu Vorarlberg zusammentragen möchten, öffnen Sie die App S Note von Samsung und erstellen ein neues Memo.

❷ Tippen Sie jetzt auf den kleinen Pfeil in der Navigationsleiste. Die Multi Window-Leiste erscheint. Hier sehen Sie automatisch alle Apps, die diese Technik unterstützen.

❸ Tippen Sie auf Internet, den Browser von Samsung. Er öffnet sich in einem kleinen Fenster, das die Hälfte des Bildschirms einnimmt.

❹ Tippen Sie oben rechts auf Maximierungstaste, um Fenster automatisch nebeneinander zu positionieren (Dualanzeige). In der Kaskadenansicht können Fenster überlappen wie am PC, aber ganz ehrlich: Übersichtlich ist das nicht.

❺ Besser ist es, wenn Sie in der Dualanzeige die Fensterbreite anpassen. Ich habe mir den Browser breiter gezogen, das Notizfenster wird automatisch angepasst.

❻ Möchten Sie die Notizen immer sehen? Tippen Sie auf die Stecknadel. Dann bleibt das Fenster immer im Vordergrund, auch wenn Sie in andere Apps wechseln. Das finde ich wirklich praktisch.

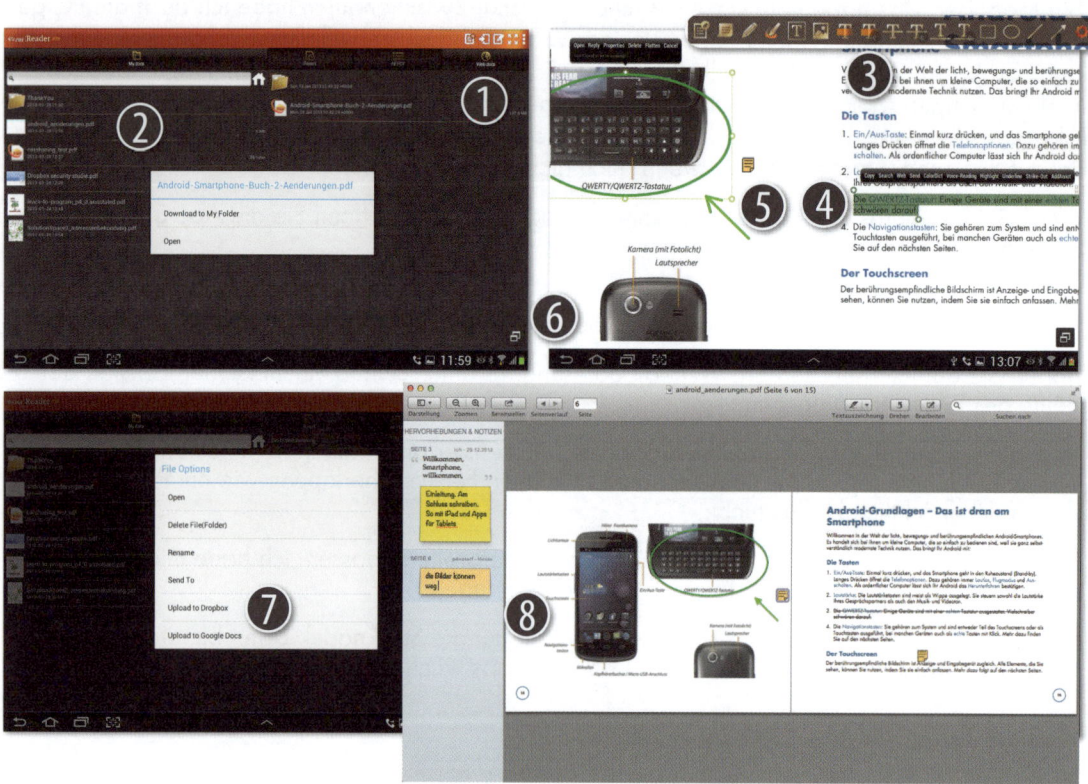

PDF-Dateien anzeigen und kommentieren mit ezPDF Reader

PDFs gehören zu meiner täglichen Arbeit. Ich lade Artikel und lese sie, wenn ich Zeit habe. Ich sammle Bedienungsanleitungen. Im letzten Urlaub habe ich die Korrekturen für ein Buch auf dem Tablet erledigt. Mit der Dropbox und dem ezPDF Reader. Der ist nicht besonders schön, kann aber als einziger Doppelseiten nebeneinander anzeigen:

❶ Laden Sie den ezPDF Reader auf Ihr Tablet und starten sie ihn. Tippen Sie in der oberen Leiste auf Web docs und melden Sie sich bei Ihrer Dropbox an. Wählen Sie ein Dokument aus und tippen Sie. Das kann bei großen Dateien ein wenig dauern.

❷ Das Dokument landet in der Spalte My docs. Tippen Sie hier darauf, um es zu bearbeiten.

❸ Am oberen Fensterrand finden Sie (sehr klein) die Werkzeugleiste. Wählen Sie zum Beispiel das Werkzeug zum Durchstreichen aus.

❹ Fahren Sie über den Text, den Sie markieren möchten. Er wird hervorgehoben, während Sie ziehen. Tippen Sie auf die Auswahl, um Optionen zu bearbeiten.

❺ Verwenden Sie die Zeichenwerkzeuge, um Bereiche zu markieren oder Pfeile einzuzeichnen. Ich schreibe gerne Notizen zu meinen Änderungen. Mit dem Notizenwerkzeug aus der Leiste funktioniert auch das.

❻ Tippen Sie die Zurück-Taste an, um das Dokument zu speichern.

❼ Laden Sie das Dokument wieder in die Dropbox, um es zum Beispiel anderen Personen zugänglich zu machen.

❽ Am Mac können Sie alle Änderungen und Notizen im PDF sehen. Sehr praktisch.

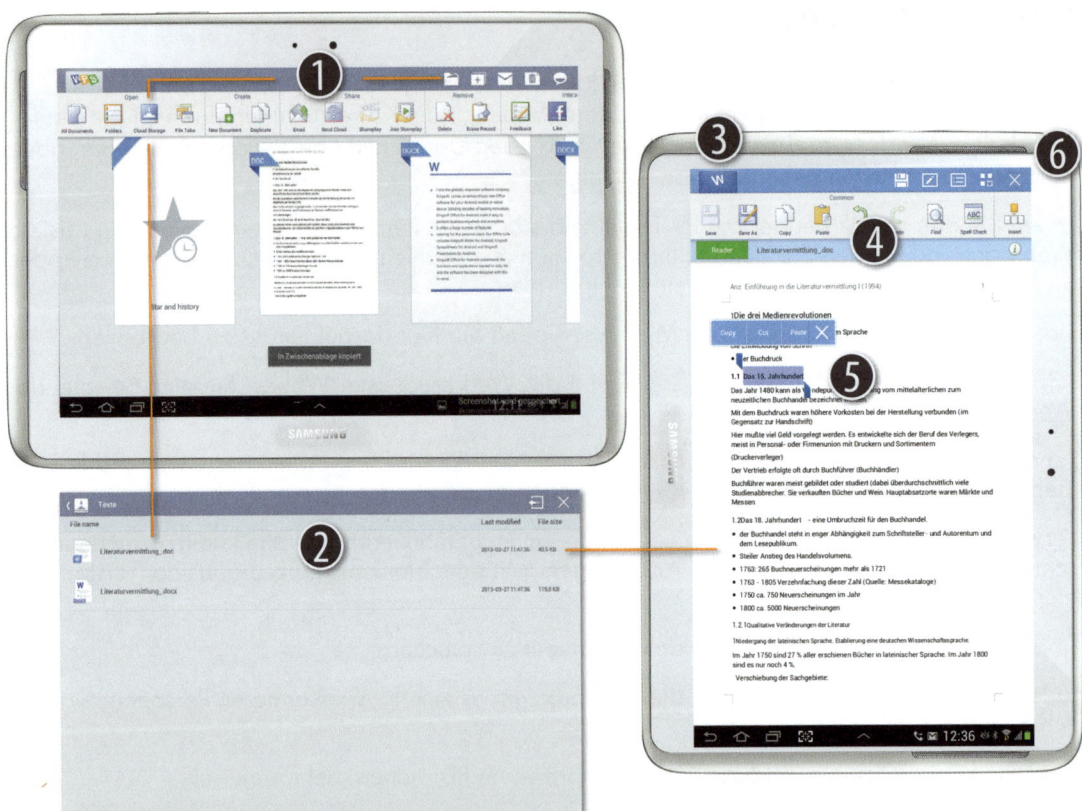

Kingsoft Office – Office-Dokumente erstellen und bearbeiten

Ich kenne Leute, die für Ihre Arbeit keinen klassischen Computer mehr nutzen: Darunter sind Autoren, Manager und Berater. In vielen Fällen genügen für die Arbeit tatsächlich ein Tablet und ein Office-Programm. Denn die Hoffnung auf den Untergang der MS-Office-Diktatur habe ich aufgegeben. Das Kingsoft Office arbeitet mit den bekannten Office-Formaten, sieht gut aus und kostet nichts.

❶ Die **Dokumentenübersicht**: Sehr übersichtlich. Die zuletzt geöffneten Dokumente sind in der Vorschau zu sehen. Ein Tipp öffnet sie. Ein Tipp auf den kleinen Ordner öffnet das Menüband mit den Optionen. Ich wähle Cloud Storage, um auf meine Dropbox zuzugreifen.

❷ Dokumente in der Dropbox lassen sich über die Ordner schnell finden und öffnen. Sie können auch auf Dateien bei Google Drive oder BOX.NET zugreifen – und natürlich auf solche, die direkt auf dem Gerät liegen.

❸ So sieht ein Dokument aus (hier Word). Ein Tipp auf die Lasche öffnet das Menüband mit den Werkzeugen, die Sie von den Office-Produkten kennen. Inklusive Diskettensymbol zum Speichern.

❹ Streichen Sie nach links und rechts, um mehr zu sehen. In der Word-Variante: Öffnen Sie den Reader, um Dokumente im Vollbildmodus zu lesen.

❺ Kopieren und Einfügen funktioniert wie in allen Android-Apps. (Ich verkneife mir sämtliche Plagiatswitze.)

❻ Das X schließt das Dokument und speichert die Änderungen. (Sie werden vorher gefragt.)

Nur auf Englisch

Das Office-Paket gibt es auch in einer deutschsprachigen Version. Die hinkt jedoch eine große Versionsnummer hinterher. Das ist schade. Aber die meisten Funktionen erkennt man auch ohne große Englischkenntnisse.

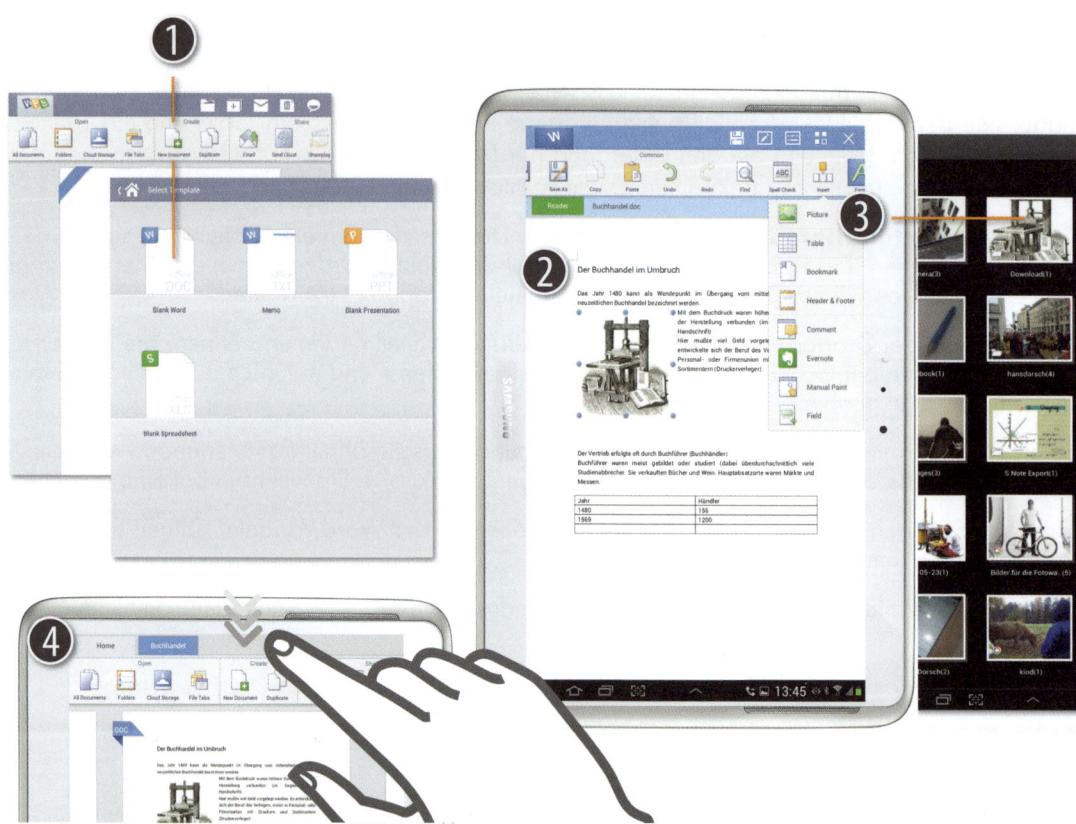

Office – Word-Dokumente bearbeiten

Das Textverarbeitungsprogramm heißt **Writer** und lässt sich sehr gut mit den Fingern bedienen. Ich verwende zum Schreiben das Tablet immer in der vertikalen Position. Denn so kann ich viel Text sehen, auch wenn die Tastatur eingeblendet ist.

❶ **Neues Dokument** erstellen: Tippen Sie im Menüband auf New Document und wählen Sie anschließend eine Vorlage. Ich wähle Blank Word. Ein neues Dokument wird erstellt.

❷ Schreiben Sie Texte und bearbeiten Sie Textgrößen und -Schnitte mit den Werkzeugen im Band.

❸ Fügen Sie Tabellen ein (wichtig), Evernote-Inhalte (cool) oder Bilder (Pictures) direkt aus der Galerie. So lässt sich arbeiten. Bei allem, was Sie tun, vergessen Sie nicht zu sichern.

❹ Streichen Sie mit dem Finger von oben ins Display.

- Tippen Sie auf Home, um ein weiteres Dokument zu erstellen oder zu öffnen.
- Ihr aktuelles Dokument bleibt geöffnet, bis Sie es – ebenfalls mit einem Wisch nach unten – schließen.

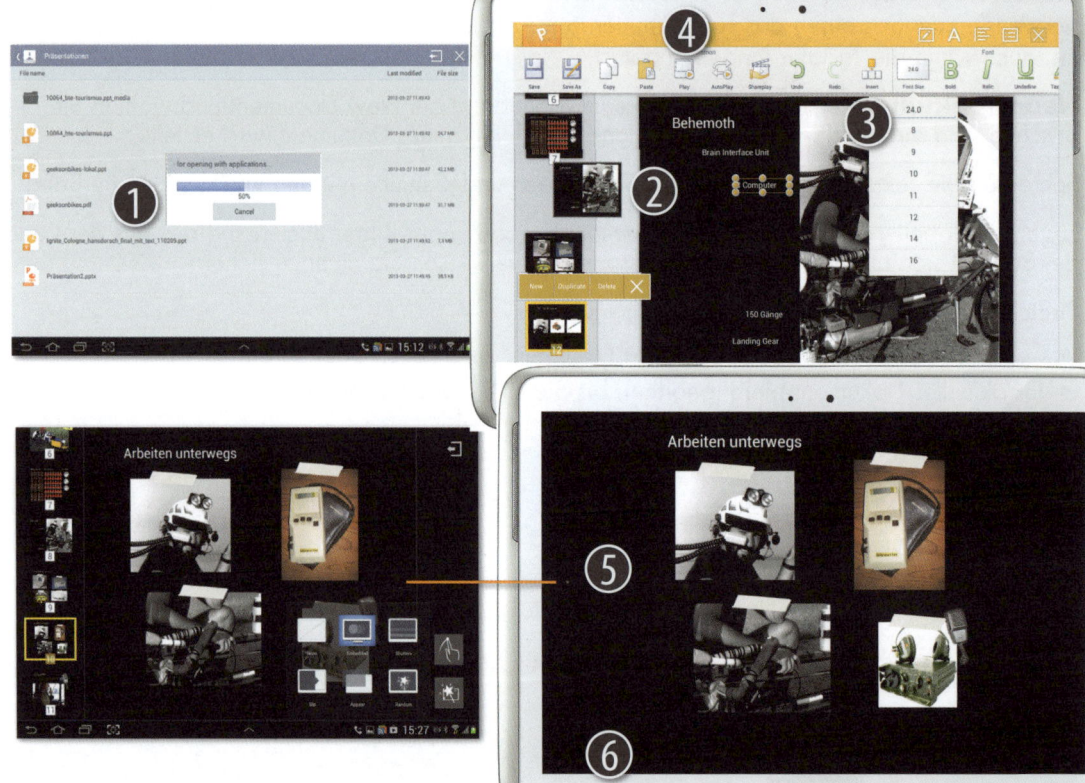

Office – Präsentationen bearbeiten und vorführen

Ganz ehrlich: Präsentationen bearbeite ich meistens noch mit dem Computer. Ist das Gröbste erledigt, wechsle ich zum Tablet. Zum Präsentieren sowieso.

❶ Dokument aus der Dropbox öffnen: Tippen Sie im Menüband auf Cloud Storage und navigieren Sie zu Ihrer Präsentation. Meine hat natürlich mit Fahrrädern zu tun und ist mit 44 MByte relativ groß. Deshalb dauern Laden und Öffnen ein wenig.

❷ Verschieben Sie Folien innerhalb der Präsentation (ziehen Sie mit dem Finger) oder duplizieren Sie Folien, um neue Inhalte einzufügen.

❸ Bearbeiten Sie die Folien. Fügen Sie Text ein und bearbeiten Sie die Größe (Minimum 20 pt).

❹ Präsentation abspielen: Tippen Sie auf Play, um die Präsentation abzuspielen.

❺ Mit einem Tipp erscheint die nächste Folie. Ein Tipp links (Sie sehen einen kleinen hellen Punkt) öffnet die Optionen. Hier stellen Sie die Übergänge ein, aktivieren den Laserpointer und wechseln zu einer bestimmten Folie.

❻ Tippen Sie unten an den Rand, um die Navigationsleiste einzublenden. Zurück beendet die Präsentation.

Bild zum Beamer

Am besten klappt die Verbindung über HDMI. Moderne Beamer bringen diesen TV-Anschluss mit, die meisten Tablets unterstützen den Standard über Adapter ebenfalls. Das Samsung Galaxy mit dem 30-Pin-Anschluss gehört dazu. Alternativ hilft das TV-Out-Kabel. In beiden Fällen geht der Sound am besten über die Kopfhörerbuchse.

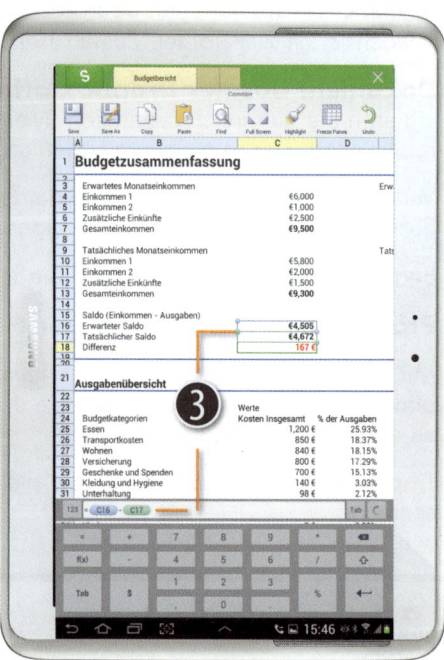

Office – Organisieren und rechnen in Tabellen

Tabellen sind praktisch. Ich verwalte zum Beispiel das Inhaltsverzeichnis dieses Buches in einer Excel-Tabelle. Ich verwende sie einfach zum Sammeln und Sortieren. Aber auch rechnen können Sie mit dem Tabellenprogramm **Spreadsheet**, zum Beispiel in einem Haushaltsbuch.

❶ Filtern und finden: Wählen Sie eine oder mehrere Spalten aus, die Sie als Filterkriterien nutzen möchten. Tippen Sie im Menüband auf die Taste Filtern.

❷ Wählen Sie die Kriterien: Hinter den kleinen Dreiecken verbirgt sich die Auswahl der Kriterien. Alle vorhandenen Einträge werden angezeigt, mehrfach vorhandene tauchen nur einmal in der Liste auf. Ich wähle in Spalte A Kapitelnummer die 6 und in Spalte G Status den Wert Offen. Jetzt schnurrt meine große Liste auf nur noch sieben Einträge zusammen. Gar nicht mehr viel zu tun, oder?

❸ Berechnen Sie Ihr Budget: Dieser Budgetrechner basiert auf einer Vorlage, die ich schon am Computer verwendet habe. Geben Sie Ihre geplanten Einnahmen und Ausgaben für die kommenden Monate ein. Geben Sie dann monatlich die tatsächlichen Werte ein. Auf der Auswertungsseite, die hier zu sehen ist, können Sie die Differenz sehen. Genau wie am Computer können Sie mit einfachen Operatoren und Zellen rechnen. Hier ist der Wert in Zelle C18 die Differenz von C16 – C17. (Sie können auch schwierigere Formeln und Verknüpfungen erstellen.) Spreadsheet beherrscht auch bedingte Formatierung, so dass ein negativer Wert (hier –167 €) in der Warnfarbe Rot dargestellt wird.

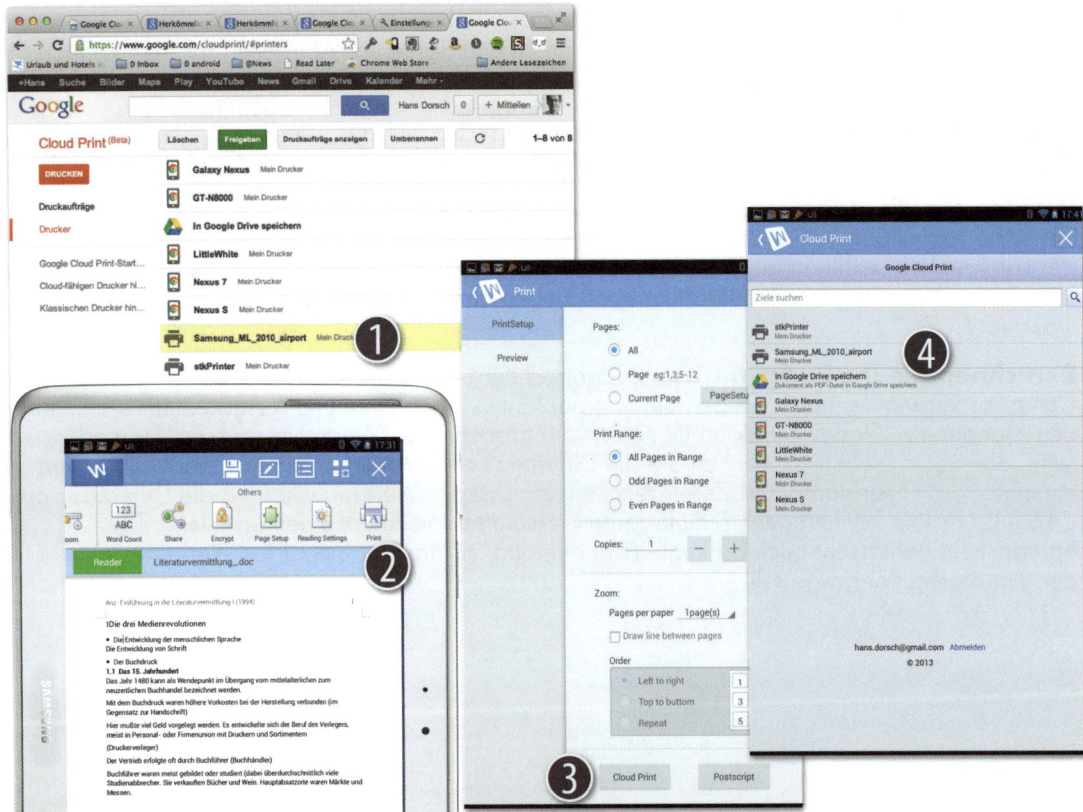

Office – Dokumente ausdrucken mit Google Cloud Print

Tablets haben keinen USB-Anschluss und Druckertreiber gehören auch nicht zum System. Dennoch können Sie mit Kingsoft Office Ihre Texte ausdrucken. Und zwar drahtlos, theoretisch auf jedem Drucker dieser Welt. Mit Cloud Print von Google. Alles, was Sie dazu brauchen, sind ein Google-Konto und ein Drucker.

❶ **Geben Sie Ihren Drucker frei**: Cloud-Print-fähige Drucker sind bereits im Handel erhältlich, z. B. von HP und Samsung. Sie können aber auch einen herkömmlichen Drucker Cloud-Print-tauglich machen: Verbinden Sie ihn mit Ihrem Computer (kann auch drahtlos sein) und verbinden Sie ihn über Google Chrome (funktioniert nur mit diesem Browser) mit Ihrem Konto. Ist er eingerichtet, taucht er als Drucker in der Liste auf.

❷ **Drucken Sie in die Cloud:** Öffnen Sie ein Dokument in King Office. Tippen Sie auf Print.

❸ Wählen Sie unter Page Setup (Seite einrichten) Ihre Ausgabeoptionen und tippen Sie dann auf Cloud Print. Melden Sie sich im Anschluss mit dem Google-Konto an, das Sie für die Freigabe am Computer verwendet haben.

❹ Tippen Sie auf den freigegebenen Drucker. Hier ein kleiner Laserdrucker von Samsung. Schon nach kurzer Zeit kommt Ihr Werk aus dem Drucker.

Was ist Cloud Print?

Fast alle neuen Drucker verfügen heute über einen WLAN-Anschluss. Da liegt es doch nahe, sie nicht nur mit dem lokalen Netz, sondern auch mit dem Internet zu verbinden.

Google Cloud Print erledigt das: Sie senden ein Dokument (verschlüsselt) an den Cloud-Print-Dienst und dieser schickt es weiter an Ihren angemeldeten Drucker. Mehr Informationen finden Sie unter www.google.com/cloudprint.

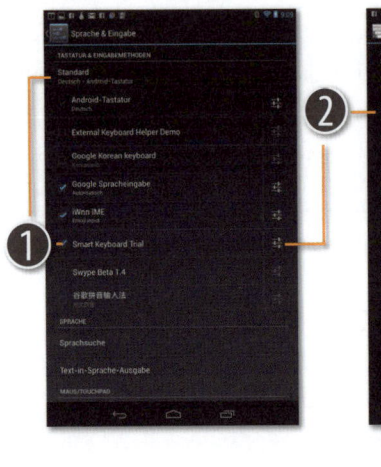

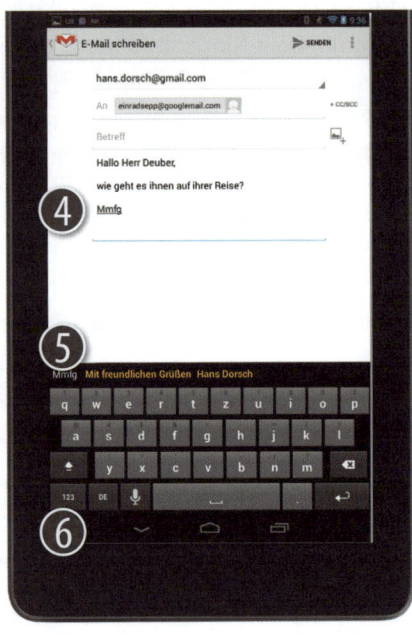

Smart schreiben mit alternativer Tastatur und Textbausteinen

Möchten Sie, statt immer wieder Mit freundlichen Grüßen zu tippen, einfach mmfg schreiben? Mit einer alternativen Tastatur und ein paar Voreinstellungen ist es auf Ihrem Android Tablet möglich, solche Kürzel vervollständigen zu lassen:

❶ Laden Sie die App Smart Keyboard bei Google Play (die Probierversion ist kostenlos, erinnert nur ab und zu an den Kauf der Pro-Version für 1,99 Euro). Wechseln Sie zu Einstellungen → Sprache & Eingabe. Aktivieren Sie dort das Smart Keyboard mit einem Haken und tippen Sie dann auf die Taste rechts für die Einstellungen. Tippen Sie auf Standard, um die neue Tastatur auszuwählen.

❷ Öffnen Sie die Smart-Keyboard-Einstellungen, wählen Sie im nächsten Schritt die Einstellungen Textvervollständigung und dann Benutzerdefinierte Texte.

❸ Tippen Sie auf Benutzerdef. Text hinzufügen. Geben Sie in der ersten Zeile ein Kürzel ein. Ich gebe hier »mmfg« ein. In die zweite Zeile schreiben Sie den Text, der eingesetzt werden soll, in diesem Fall eine bestimmte Grußformel. Bestätigen Sie mit OK.

❹ Geben Sie jetzt an einer beliebigen Stelle (hier ist es das Facebook-Anmeldeformular) Ihr neues Kürzel ein. Auch Zeilenumbrüche sind möglich.

❺ Ihr Textbaustein erscheint in der Autokorrekturzeile. Tippen Sie ein Leerzeichen, um ihn automatisch einzusetzen.

❻ Smart Keyboard ersetzt die Originaltastatur durch eine eigene – das Layout können Sie anpassen. Tippen Sie lange auf die 123-Taste, um die Einstellungsmöglichkeiten zu erforschen.

Doppelt zu einzigartigen Abkürzungen

Kürzel sollten leicht zu merken und gleichzeitig eindeutig sein. Ich nutze deshalb häufig doppelte Anfangsbuchstaben: ssig = Signatur, hhd = Hans Dorsch, mmob = meine Mobilnummer.

Evernote – notieren am Tablet, bearbeiten am Computer, lesen am Smartphone

… oder umgekehrt. Organisiert zu sein, ist manchmal gar nicht so einfach. Was man auf jeden Fall braucht, ist ein gutes Notizbuch. Und zwar keines aus Papier, sondern ein digitales, das alles aufnehmen kann, was Ihnen einfällt, egal, ob Text, Ton oder Bild. Bei mir hat sich Evernote bewährt. Ein Notizbuch für's 21. Jahrhundert. Und so organisiere ich den Karnevalsumzug:

❶ Installieren Sie Evernote auf Ihrem Tablet (aus Google Play) und auf Ihrem Computer (Mac oder Windows bei www.evernote.com/downloads). Richten Sie sich dann ein kostenloses Konto ein.

❷ Beim Treffen der Karnevals-AG schreibe ich auf dem Tablet mit. Mit großem Display und Tastatur notiere ich mir die wichtigsten Dinge. Das funktioniert auch offline, ohne Netz.

❸ Zu Hause am Computer (ein Mac) öffne ich Evernote. Der Dienst gleicht die Notizen alle fünf Minuten mit dem Server ab (und sofort, wenn Sie auf die Taste Synchronisieren klicken). Meine Notizen sind schon da, weil mein Tablet in der Zwischenzeit auch abgeglichen wurde. Ich mache noch ein paar Änderungen. Außerdem kopiere ich mir ein paar Bilder ins Notizbuch, die ich den Leuten am nächsten Tag zeigen möchte.

❹ Zum Karnevalszug bleibt das Tablet zu Hause. Ich habe aber mein iPhone dabei – mit der Evernote-App drauf. Jetzt kann ich meine am Computer aktualisierte Liste lesen.

Wozu ich Evernote nicht nutze

Obwohl es theoretisch geht, nutze ich Evernote nicht, um meinen Tagesablauf zu organisieren. Das ist zwar möglich, aber ich halte echte Kalender und Aufgabenlisten dafür für wesentlich besser geeignet.

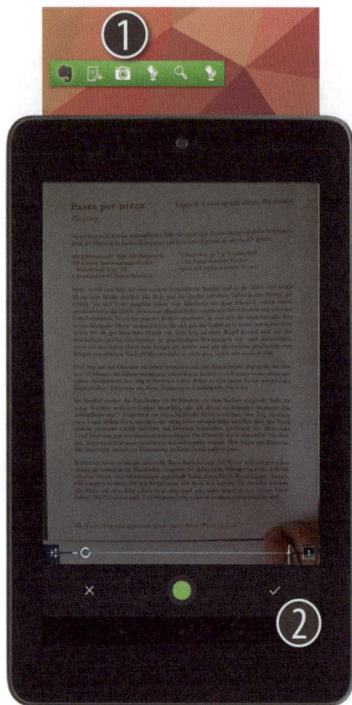

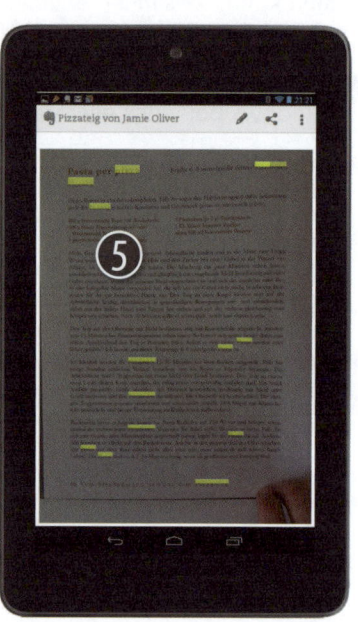

Mit Evernote Informationen sichern und suchen

»Der beste Pizzateig ist der von Jamie Oliver!« Ehrlich. Das sage ich jedem. Ich habe ihn aus einem Kochbuch, das bei uns in der Küche steht. Gut, so ein Teig ist nicht besonders aufwendig, aber ich kann ihn mir weder merken, noch habe ich ihn aufgeschrieben. Aber ich hab' ihn in Evernote. Abfotografiert, zum Wiederfinden. Das können Sie auch, wenn Sie wollen.

1 Installieren Sie das Evernote-Widget auf Ihrem Startbildschirm. Tippen Sie auf die Kamera.

2 Evernote öffnet die Kamera. Fotografieren Sie die Buchseite mit dem Rezept. Bestätigen Sie mit dem Häkchen und schließen Sie die erstellte Notiz. Die App schickt jetzt Ihre Bildnotiz an den Server, wo das Foto automatisch von der Texterkennung analysiert und durchsuchbar gemacht wird.

Wenn Sie jetzt nach dem »besten Pizzateig« gefragt werden, finden Sie ihn praktisch sofort:

3 Suchen Sie das Evernote-Widget auf Ihrem Startbildschirm und tippen Sie auf die Lupe. Ein Suchfeld öffnet sich. Geben Sie »Pizza« ein und tippen Sie auf die Lupe.

4 Das fotografierte Rezept taucht in der Liste auf. Tippen Sie darauf.

5 Die Notiz mit Bild wird in Evernote geöffnet. Die Fundstellen für das Wort »Pizza« sind gelb hervorgehoben.

Zur Sicherheit

Alle Daten werden bei Evernote auf dem Server gespeichert. Dort sind sie streng gesichert. Die Anmeldung und der Datentransport geschehen über gesicherte Verbindungen. Sichern Sie dennoch Ihr Telefon ab und beachten Sie die Sicherheitstipps aus Kapitel 9.

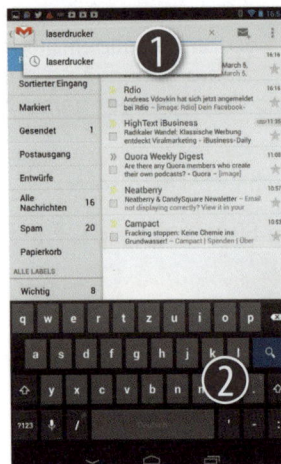

Mails durchsuchen und andere Kleinigkeiten

Ich bin Mitglied einer E-Mail-Liste für selbstständige Webarbeiter. Weil dort ziemlich viel los ist, lasse ich alle Nachrichten automatisch mit einem Label versehen und aus dem Posteingang verschwinden (das können Sie über die Weboberfläche einstellen). Wenn ich aber eine Frage zu einem bestimmten Thema habe, suche ich dort – und in allen meinen anderen Mails – mit der Lupe.

❶ Tippen Sie auf die Suche-Taste in der Aktionsleiste (oder wählen Sie Menü → Suche). Geben Sie Ihren Suchbegriff ein oder tippen Sie auf einen der Begriffe im Suchverlauf.

❷ Tippen Sie auf die Lupe (oder Enter), um die Suche zu starten.

❸ Google Mail sucht in allen Ordnern – auf dem Gerät und online. Das Ergebnis sehen Sie in der Liste. Der aktuelle Suchbegriff steht ganz oben links.

❹ Tippen Sie auf eine Nachricht, um sie zu lesen. Ist sie noch nicht auf dem Gerät, wird sie jetzt geladen.

❺ Möchten Sie die Bezeichnung gleich herauskopieren? Tippen Sie lange auf ein Wort (oder eine kryptische Zeichenkombination) im Text. Das Wort wird ausgewählt. Ziehen Sie dann an den Anfassern, um den gewünschten Text auszuwählen. Ein Tipp auf die Taste Kopieren befördert ihn in die Zwischenablage.

Timer, Uhr und anderes nützliches Zubehör

Es gibt die kleinen Dinge, die braucht man einfach. Ich kann es ja jetzt sagen: Bei mir auf dem Schreibtisch liegt noch ein echter Taschenrechner herum. Das hat aber eher nostalgische Gründe. Denn ich benutze ihn eigentlich nicht mehr. Genauso wenig wie einen Küchenwecker. Mein Tablet kann das nämlich alles auch:

❶ Die **Uhr**: Zeigt die lokale Zeit an. Tippen Sie auf die Ortsmarke, um weitere hinzuzufügen. Ich habe San Francisco und New York hinzugefügt.

❷ Den **Wecker** stellen Sie unten links: Sie können so viele einstellen, wie Sie wollen. Tippen Sie die Uhrzeit an, um sie einzustellen, und setzen Sie die Haken, an den Tagen, an denen der Wecker klingeln soll. Ich habe einen für Arbeitstage und einen für's Wochenende gestellt.

❸ Um den **Timer** einzurichten, wischen Sie nach links. Geben Sie die Zeit ein (die Anzeige füllt sich von rechts nach links) und tippen Sie auf Start. So einfach ist das. Tippen Sie auf das Etikett, um dem Timer einen Namen zu geben. Dieser Timer ist für meine Waschmaschine. Für das Nudelwasser habe ich den Spaghetti-Timer verwendet.

❹ Und auch, wenn Sie sie nur ein Mal im Jahr beim Sackhüpfwettbewerb der Kinder brauchen – eine **Stoppuhr** sollte in keinem Haushalt fehlen.

❺ Den **Rechner** sollten Sie auch einfach mal in der Nähe haben. Ich rechne mir immer die Mehrwertsteuer aus den Preisen raus, damit sie sich niedriger anfühlen.

Kapitel 8 | Suchen, finden, nutzen – Infos und Wissen aus dem Netz

Ob auf dem Sofa, am Schreibtisch oder unterwegs, Ihr Tablet ist Ihr Informationswerkzeug und persönlicher Assistent – und mit ihm der Internetanschluss und der ganze Wissens- und Neuigkeitenschatz der Internetdienste. Mit den richtigen Werkzeugen rufen Sie Informationen ab, wann immer Sie Zeit, Lust und/oder Bedarf haben.

- Mit Flipboard Ihr persönliches Nachrichtenmagazin erstellen
- Mit Podcasts Ihr persönliches Radioprogramm zu jeder Zeit
- Mit Instapaper interessanten Lesestoff sammeln
- Mit Maps am Tablet verreisen
- Mit Google Now immer die passenden Informationen auf dem Schirm

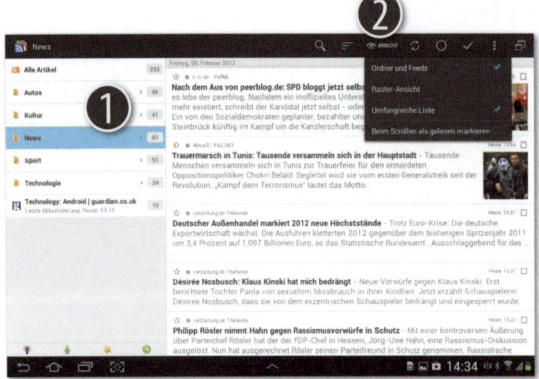

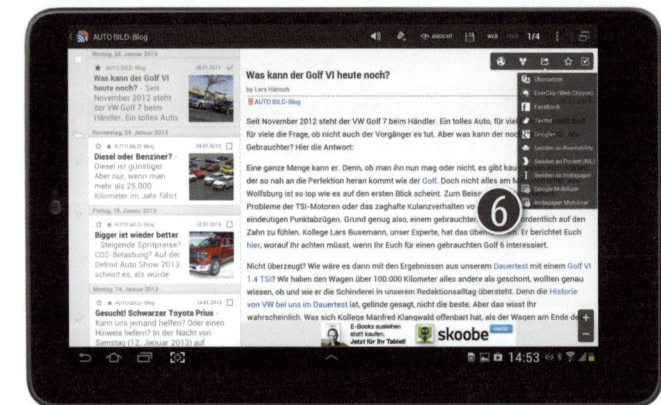

Flipboard – Nachrichten aus allen Kanälen

Seien Sie Ihr eigener Chefredakteur – und lassen Sie sich von der großen Redaktion Internet helfen. Apps wie Flipboard kombinieren Ihre Vorlieben mit ultraschlauer Computertechnik (Algorithmen) und machen daraus Ihr ganz persönliches Magazin.

❶ Laden Sie die kostenlose App Flipboard aus dem Play Store. Rechts steht FLIP. Streichen Sie nach links, um umzublättern.

❷ Flipboard ist praktisch schon fertig zur Benutzung. Tippen Sie auf die Titelstories, um die aktuellsten und beliebtesten Inhalte zu lesen und zu sehen. Die zwei Rubriken Nachrichten und Technologie sind schon von Deutschlands größten Online-Anbietern besetzt. Aber Sie müssen sich mit diesen Vorgaben nicht zufrieden geben.

❸ Tippen Sie auf Twitter und Facebook, um Ihre Konten mit Flipboard zu verbinden. Ab jetzt lesen Sie die Nachrichten aller Leute, denen Sie dort folgen, in Flipboard.

❹ Tippen Sie auf Mehr, um noch mehr Inhalte angezeigt zu bekommen. Fügen Sie noch mehr Konten und Inhalte hinzu. Ich könnte stundenlang in der Auswahl blättern.

❺ Flipboard bringt die Nachrichten, die Sie interessieren, in Form – und mischt Tweets, Blogposts und Online-Artikel zu Ihrer persönlichen Übersicht dazu.

❻ Den Artikel aus der Zeit können Sie gleich lesen und mit den Werkzeugen Ihrer Wahl weiterleiten oder bearbeiten. Ich habe ihn unten als Favorit bei Twitter markiert.

Die Zukunft der Zeitung

So sieht sie aus: Flipboard – oder besser, die Programmierlogik der App – schaut sich an, was Sie wichtig finden, was Ihre Freunde lesen und teilen und was gerade aktuell in den sozialen Medien nach oben trudelt. So bekommen Sie immer die neuesten, für Sie interessantesten Artikel. Ich mag die Zukunft.

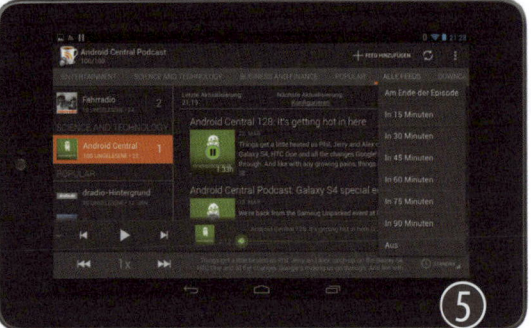

Radio, wann und von wem Sie wollen

Radio abseits vom Dudelfunk mit Themen, die Sie wirklich interessieren, und zwar dann, wenn Sie Zeit haben. Klingt das interessant? Dann habe ich etwas für Sie: Podcasts (Details unten) aus dem Internet auf Ihrem Android. Zur Unterhaltung, Zerstreuung oder Weiterbildung, wann immer Sie Lust darauf haben. Mit der mächtigen und dennoch verständlichen App BeyondPod.

❶ Installieren und starten Sie BeyondPod. Ich habe schon ein paar Podcasts abonniert. Sie sind leidlich nach Themen sortiert. Dennoch wähle ich immer in der Themenleiste oben Alle Feeds uns scrolle dann in der linken Spalte zu den Sendungen, die mir gefallen.

❷ Tippen Sie +Feed Hinzufügen oben rechts, um nach einem Thema oder einer Sendung zu suchen.

❸ Ich suche das Thema Android, um mich unterwegs auf den neuesten Stand zu bringen. Die Ergebnisliste ist ziemlich lang. Tippen Sie auf eine Sendung in der Liste. Ich wähle den Android Central Podcast und sortiere ihn ein unter Science and Technology.

❹ Die Sendung wird jetzt in der linken Spalte der Startseite angezeigt. Alle Sendungen sehen Sie rechts. Tippen Sie auf den Abspielknopf, um die Folge zu starten (als Stream), tippen Sie auf den Text, um die Shownotes anzuzeigen (Informationen und Links zur Sendung), und tippen Sie auf die Stecknadel, um die Sendung herunterzuladen.

❺ Erkunden Sie die App, probieren Sie aus, was geht: Der Timer verbirgt sich beispielsweise unten rechts, aber nur, wenn Sie vorher unten links den kleinen Pfeil angetippt haben.

Woher kommen Podcasts?

Das Wort Podcast ist eine Zusammensetzung aus iPod (dem MP3-Spieler von Apple) und Broadcast (Rundfunk). Podcasts erstellen kann jeder, das ist fast so einfach wie bloggen. Die Auswahl ist deshalb riesig, denn neben engagierten Kleinpublizisten nutzen auch immer mehr Radiosender diesen Kanal. Der ehemalige MTV-Moderator Adam Curry ist auch immer noch aktiv. Zusammen mit dem Technikjournalisten John C. Dvorak veröffentlicht er den Podcast No Agenda, den ich Ihnen hiermit sehr ans Herz lege.

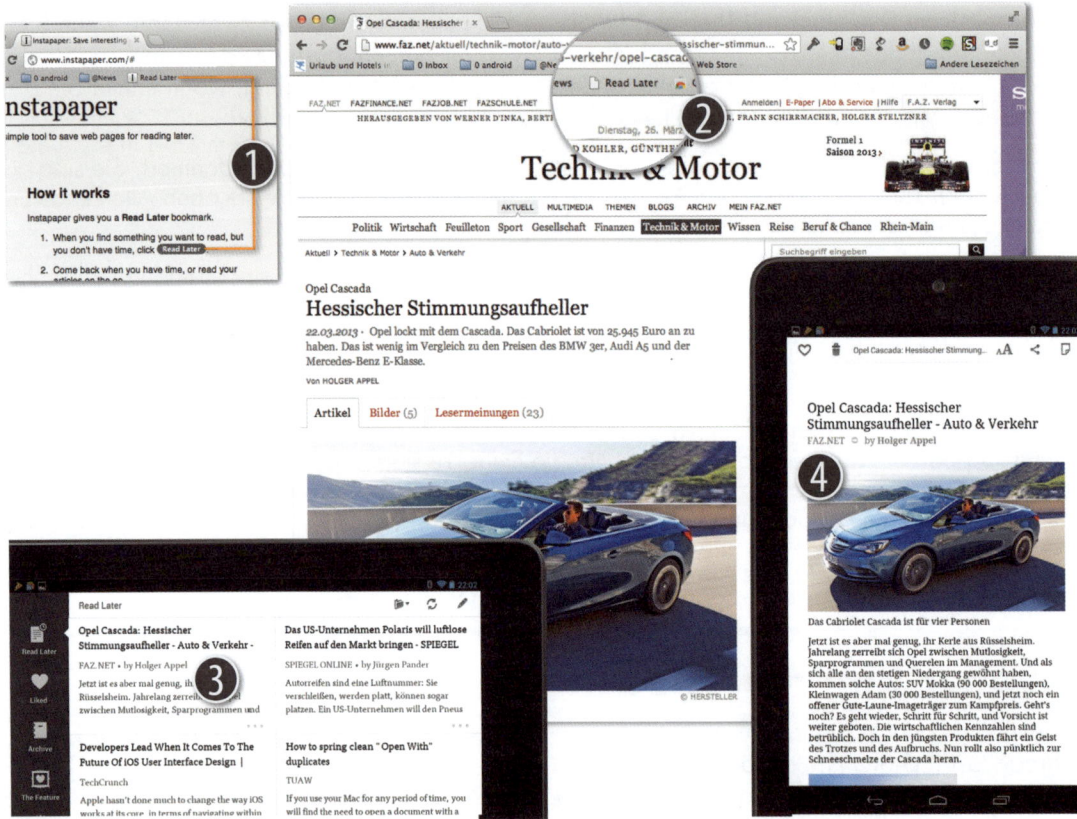

Instapaper – Webseiten lesen, wann und wo Sie wollen

Ach, Abschweifung, dein Name sei Bildschirmarbeiter! Den ganzen Tag könnte ich mich von Website zu Blog zu Nachrichtenportal hangeln, aber ich muss ja auch ein wenig produktiv arbeiten. Deshalb schicke ich mir den Lesestoff aufs Tablet. Dann kann ich abends auf dem Sofa in Ruhe mein Lesepensum aufholen und die interessantesten Artikel des Tages durchlesen. Mit Instapaper und der Instapaper-App klappt das nahtlos.

❶ Gehen Sie zu www.instapaper.com und installieren Sie das Bookmarklet in der Lesezeichenleiste Ihres Browsers (hier ist es Chrome auf dem Mac). Die Anmeldung ist kostenlos und gut beschrieben.

❷ Surfen Sie im Web am Computer: Haben Sie einen Artikel gefunden, der Sie interessiert, klicken Sie auf das Bookmarklet im Browser. Eine (ziemlich große) Einblendung bestätigt, dass der Artikel gespeichert wird (Saving). Dabei speichert Instapaper übrigens nicht nur die aktuelle, sondern (ziemlich häufig) alle Seiten des Artikels. Cool!

❸ Öffnen Sie auf dem Tablet die App Instapaper. (Sie kostet knapp 2,50 Euro.) Geben Sie beim ersten Start Ihre Instapaper-Nutzerdaten ein. Wählen Sie dann aus der Read Later-Liste einen Artikel aus.

❹ Instapaper zeigt die aufbereiteten Seiten ohne Werbung und Navigationselemente lesefreundlich an. Schauen Sie mal, wie viel da auf eine Seite passt. Und das sind nur 7 Zoll.

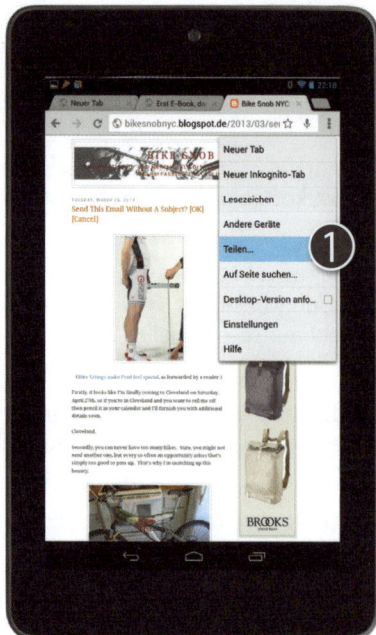

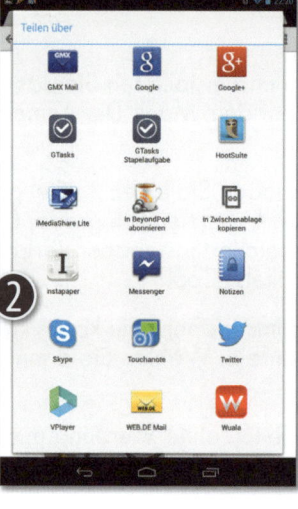

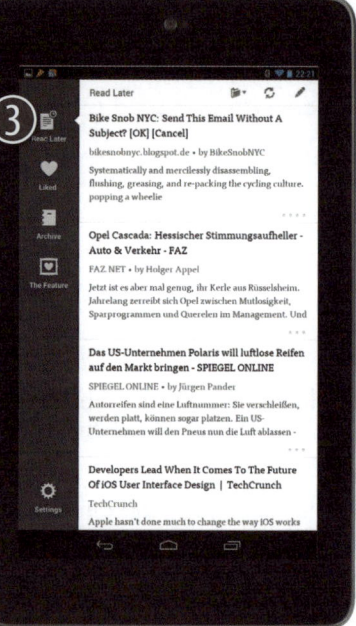

Instapaper – Seiten vom Browser sichern auf dem Tablet

Mit Instapaper können Sie nicht nur Seiten lesen, die Sie am Computer markiert haben. Dank den Android-Diensten können Sie auch Seiten direkt aus dem Browser am Gerät speichern. Wo Sie diesen Dienst finden? Im Teilen-Menü natürlich (mehr dazu finden Sie in Kapitel 9). So speichern Sie eine Seite aus dem Browser, um sie später zu lesen:

❶ Öffnen Sie eine Seite im Browser. (Der Bikesnob aus New York schreibt immer so lange Artikel). Tippen Sie dann auf Menü → Teilen…

❷ Wählen Sie aus dem nächsten Menü Instapaper. Das war's: Instapaper importiert jetzt die Seite.

❸ Wechseln Sie zur Instapaper-App. Diesen und alle anderen neuen Artikel finden Sie wieder unter Read Later.

Instapaper oder Pocket?

Instapaper ist seit Langem mein persönlicher Favorit. Ein ähnlicher Dienst ist Pocket, der vorher Readitlater hieß. Die Pocket-App ist kostenlos, aber irgendwann wird der Entwickler wohl auch anfangen, für Funktionen Geld zu verlangen. Probieren Sie einfach aus, welcher Dienst Ihnen besser gefällt.

Maps – kleine und große Reisen planen ohne Papier

Ich glaube, das Thema Landkarten aus Papier können wir abhaken. Denn am Computer finden Sie mit Google Maps weltweit jeden Ort und jeden Weg. Mit dem Tablet haben Sie alle Karten in der Hand – genau wie früher, nur nicht mehr so kompliziert zu falten und zudem mit Google-Power.

1 Maps zeigt Ihren aktuellen Standort auf der Straßenkarte. Die Darstellung wird genauer, je mehr Sensoren die App für die Ortung nutzen kann. (Die meisten 7-Zöller haben GPS drin.)

2 Tippen Sie auf den Kompass in der Aktionsleiste, um in die perspektivische Darstellung zu wechseln. Hier dreht sich zudem die Bildschirmdarstellung mit Ihrem Blickwinkel. Maps zeigt auch interessante Punkte wie Restaurants und U-Bahn-Haltestellen als kleine Symbole an. Tippen Sie auf ein Symbol, um sich Details anzeigen zu lassen.

3 Tippen Sie in das Suchfeld, um einen Ort zu suchen. Suchen Sie einen Namen aus Ihren Kontakten, einen Firmen- oder Branchennamen oder eine Adresse.

4 Meine Suche nach Alpenverein zeigt die Geschäftsstelle in Köln auf der Karte. Tippen Sie auf die Ortsmarke (die kleinen Stecknadeln) und dann auf das Menü, um Informationen aufzurufen.

5 Die Informationen zu diesem Ort liefert Google Places. Deshalb finden Sie auf dieser Detailseite auch Kontaktinformationen mit Telefonnummern. Street View liefert Bilder des Ortes. Tippen Sie auf Route, um den Weg dorthin zu planen – es spricht nichts dagegen, ein Tablet im Auto zu montieren.

6 Tippen Sie auf das Vorschaubild, um Street View zu starten. Ich habe gesehen, dass eine U-Bahn-Haltestelle ganz in der Nähe ist. Schauen Sie sich einfach um.

7 Bewegen Sie sich durch wischen auf der Karte. Ziehen Sie den Pegman (so heißt das kleine Männchen) unten links an eine andere Stelle der Karte (z. B. zur nächsten Kreuzung). So können Sie perfekt die Umgebung erkunden.

8 Ein Tipp auf die Adresse (mit Männchen oben links) bringt Sie zurück zur Karte.

Maps – mehr über die Umgebung erfahren, auch offline

Die Welt ist voller Daten. Unsichtbare Schichten digitaler Informationen liegen über Straßen und Feldern. Schauen wir uns doch mal um – rund um den Ebertplatz in Köln.

❶ **Verkehrslage** und **Satellitenbild**: Tippen Sie auf das Ebenen-Symbol in der Aktionsleiste unten. Mit den Ebenen können Sie die Karte mit Informationen und Funktionen anreichern. Hier ist die Kölner Innenstadt in der Satellitenansicht mit den aktuellen Staus (rot) und freien Abschnitten (grün) der Hauptverkehrsstraßen zu sehen.

❷ Blättern Sie im Menü, um weitere Daten einzublenden, von Buslinien über Wikipedia-Artikel bis hin zu interessanten Punkten. Wenn Ihnen das zu bunt wird, tippen Sie auf Karte leeren.

❸ Ein Tipp auf die Ortsmarke in der Aktionsleiste bringt Sie zu Google Local, einer Sammlung interessanter Orte. Noch interessanter wird's, wenn Sie bei Google+ angemeldet sind. Dann sehen Sie nämlich auch die Tipps Ihrer Freunde. Und was die gut finden …

Ortsinformationen sind natürlich besonders in fremden Städten interessant, so wie hier in Salzburg. Aber das Laden über das Internet kann im Ausland schnell ins Geld gehen. Gehen Sie am Abend vor dem Ausflug über WLAN ins Netz und laden Sie die Karten auf Ihr Tablet.

❹ **Offline speichern**: Suchen Sie einen interessanten Ort, den Sie besuchen möchten. Tippen Sie auf Menü und dann auf Offline speichern.

❺ Wählen Sie den Kartenausschnitt und tippen Sie dann oben rechts auf Fertig. Die Karte wird heruntergeladen.

❻ Die Karte können Sie ab jetzt unter Menü → Meine Orte aufrufen (oben rechts in der Aktionsleiste). Sie finden sie im Tab Offline. Tippen Sie auf den Eintrag, um sie zu öffnen. Die schwarze Linie zeigt den Kartenbereich an, der ohne Internet verfügbar ist.

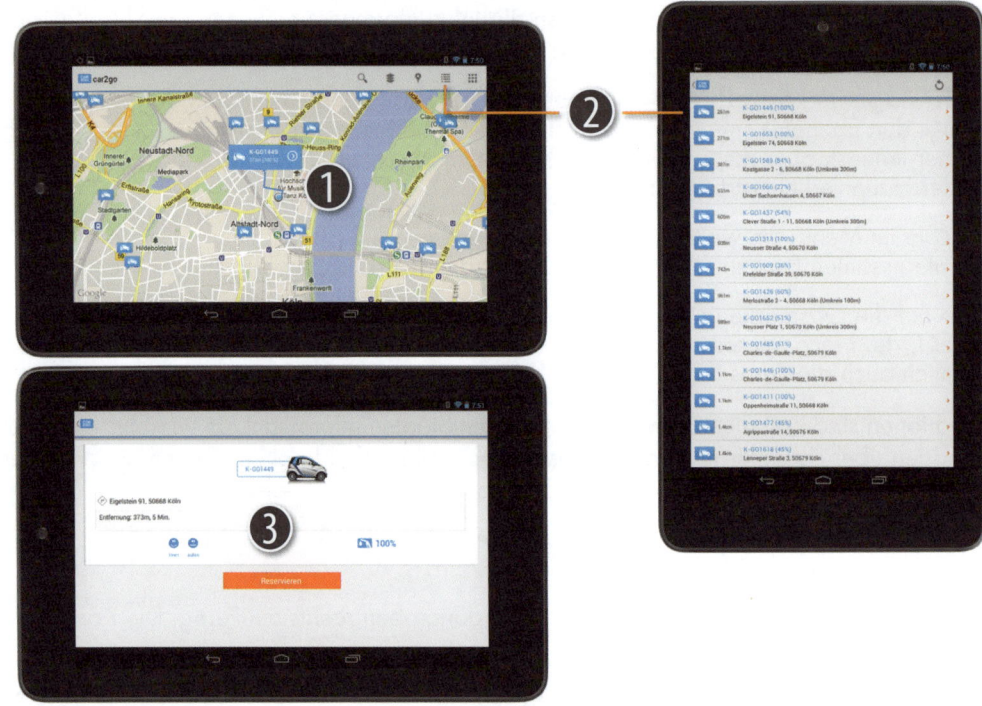

Car-Sharing – Auto finden und buchen

Ihr Tablet mussten Sie wahrscheinlich kaufen. Für ein sehr persönliches Gerät, das Sie auch noch ständig nutzen, ist das wahrscheinlich die beste Nutzungsform. Beim Auto sieht das mittlerweile anders aus. Gerade in der Großstadt ist ein eigenes Auto eher lästig. Vor allem, wo doch sogar die Autohersteller Autos zum schnellen Ausleihen in der Stadt verteilt bereitstellen. Bei car2go lässt sich ein Auto einfach im Vorbeigehen mieten. Oder vorher schon am Tablet reservieren.

❶ Starten Sie die App car2go (kostenlos bei Google Play). Sie sehen alle Autos in Ihrer Umgebung. Ein Tipp auf ein Fahrzeug zeigt die Entfernung und die Tankfüllung.

❷ Statt der Kartenansicht können Sie die Autos einblenden (bei car2go immer Smarts). Suchen Sie sich eines aus.

❸ Wollen Sie sicher gehen, dass das Auto noch am Platz steht? Dann tippen Sie auf das Auto. Die Details zum Fahrzeug werden angezeigt. Tippen Sie auf Reservieren, um das Fahrzeug für zehn Minuten zu reservieren. (Dazu müssen Sie sich mit Ihren Benutzerdaten einloggen.)

Registrieren – online und mit Führerschein vor Ort

Bevor Sie Carsharing nutzen, müssen Sie sich registrieren. Das geht online. Bevor Sie Ihre Karte zum Öffnen der Autotüren erhalten, möchten alle Anbieter Sie aber zumindest einmal persönlich in einer Registrierungsstelle sehen. Hin kommen Sie zu Fuß oder mit der Bahn. Siehe auch die nächste Doppelseite.

Bahnverbindungen mit dem DB Navigator finden

Am liebsten fahre ich mit der Bahn. Und meine Fahrten plane ich am Tablet – mit dem DB Navigator und der DB Tickets App. Mit dieser App finden Sie Zug- und Busverbindungen in ganz Europa und auch innerhalb Ihrer Stadt: Vom ICE bis zum Stadtbus sind alle Linien drin. Sie glauben gar nicht, wo man überall ohne Auto hinkommen kann. Die App ist noch nicht so richtig an Tablets angepasst, funktioniert aber besser als die Suche im Browser.

❶ Wählen Sie Fahrplan in der Aktionsleiste unten. Geben Sie Start- und Zielort ein: Bahnhof, Haltestelle, Adresse, Name aus Ihren Kontakten – oder lassen Sie sich vom Gerät orten. Ich möchte vom Kölner Hauptbahnhof nach Stuttgart Hbf.

❷ Wenn Sie nicht sofort losfahren wollen (die aktuelle Zeit ist voreingestellt), geben Sie noch an, wann Sie fahren möchten. Tippen Sie dann auf Suchen.

❸ Wählen Sie eine Verbindung aus der Ergebnisliste, um sich die Details anzusehen. Ich nehme die schnellste Verbindung mit den wenigsten Umstiegen.

❹ Die Detailseite enthält alle Infos, die Sie vor und während der Reise brauchen. Sie zeigt sogar live die aktuellen Verspätungen an.

❺ Die ganzen Zeiten müssen Sie sich übrigens nicht merken. Tippen Sie im Menü auf Speichern in Kalender, und die Daten zu Ihrer Fahrt werden im Kalender eingetragen.

❻ Tippen Sie auf Preise und Buchen, um Ihre Reise festzumachen. Sie wechseln zur DB Tickets App.

❼ Wählen Sie jetzt aus, welches Ticket Sie kaufen möchten. Tippen Sie vorher auf den (sehr kleinen) Link Reiseprofil ändern, wenn Sie eine Bahncard besitzen und/oder mehrere Karten kaufen möchten. Mit einem Tipp auf Ticket/Reservierung schließen Sie den Kauf ab. Die Karte wird als QR-Code auf Ihrem Gerät gespeichert, den der Zugbegleiter nur noch abscannen muss.

WeatherPro – Wettervorhersagen ganz genau

Da müssen Sie mir jetzt vertrauen: Auch wenn Sie schon ein Wetter-Widget oder eine Wetter-App auf Ihrem Telefon haben – WeatherPro kann alles besser. Diese App bietet die genausten Wetterdaten von mehr als zwei Millionen Orten weltweit. Und allein das Regenradar ist schon 2,99 Euro wert.

❶ Öffnen Sie die App. WeatherPro zeigt automatisch das Wetter an dem Ort, an dem Sie sich befinden. Sie sehen die Vorausschau der nächsten zehn Tage.

❷ Tippen Sie rechts auf einen Tag (oben ist der aktuelle), um die Wettervorhersage in 3-Stunden-Abschnitten zu sehen.

❸ Die Stundenanzeige ist für mich die wichtigste. Hier sehen Sie, wie sich das Wetter über den Tag verändert. Zu jedem Eintrag finden Sie die Details per Tipp.

❹ Tippen Sie auf die Lupe, um einen anderen Ort zu suchen und dort das Wetter zu beobachten. Ihre Lieblingsorte können Sie hier als Favoriten speichern.

❺ Das Radar (die Weltkugel) zeigt den Regenverlauf der letzten zwei Stunden. So können Sie genau sehen, wann Regen auf Sie zukommt bzw. wann er wieder weg ist. Bleiben Sie dann einfach noch eine halbe Stunde im Büro, bis der Regen weg ist, oder fahren Sie eine halbe Stunde früher, um vor den Wolken zu Hause zu sein. Das klappt wirklich.

Wandern nach Stundenplan

Zu unserer letzten Wanderung in die Eifel wollten wir eigentlich um 10 Uhr starten. Weil WeatherPro für 14 Uhr heftigen Regen voraussagte, haben wir den Start einfach vorverlegt. Der Effekt: Wir hatten eine super Wanderung bei bestem Wetter und sind pünktlich um 14:00 Uhr im Ausflugslokal angekommen. Fünf Minuten später ging das Gewitter los – bei Kaffee und Kuchen durchaus angenehm.

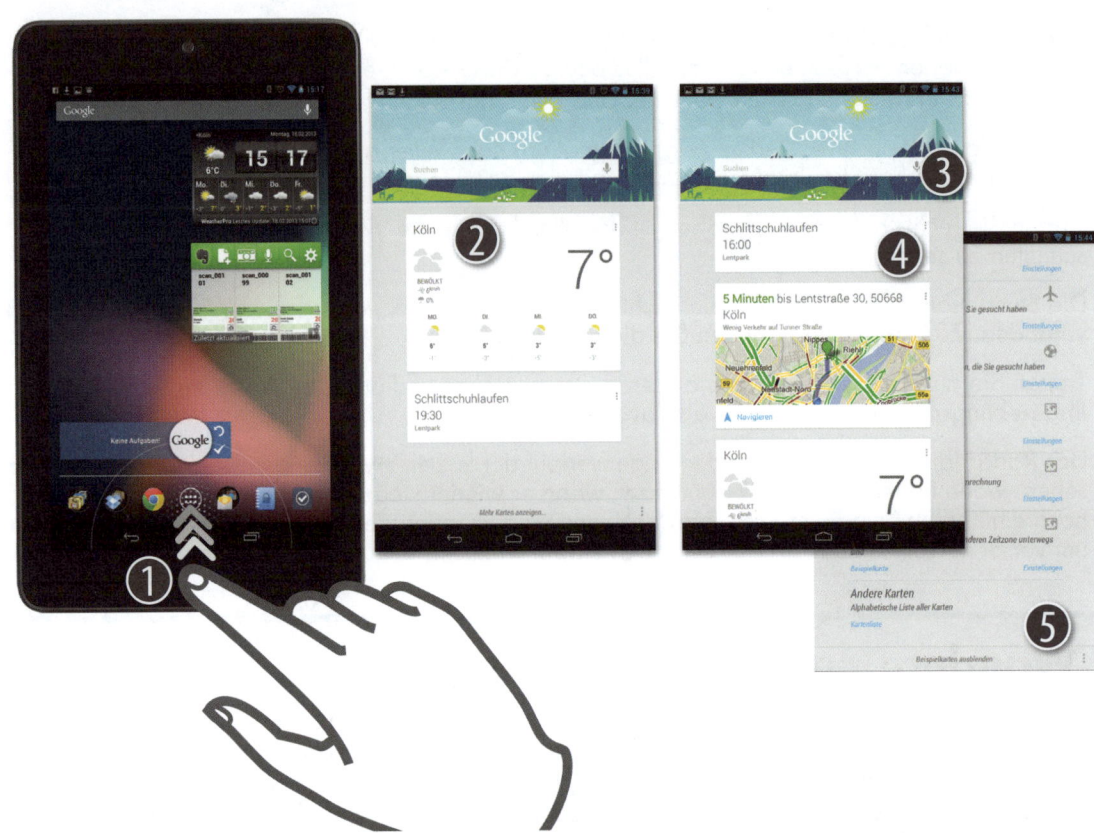

Google Now – weiß vorher schon, was Sie jetzt interessiert

So soll ein Assistent sein: Zur Stelle, wenn man ihn braucht, bestens organisiert mit allen Informationen, die ich jetzt gerade brauche. Google Now ist so ein Assistent. Diese Funktion zeigt automatisch die Informationen an, die Sie gerade interessieren. Wenn ich es nicht besser wüsste, würde ich sagen, das ist androide Zauberei. Dabei ist es doch nur die Google-Suche im Zusammenspiel mit Ihren Nutzungsgewohnheiten und Umgebungsdaten. (Also doch Zauberei?)

❶ Wischen Sie mit dem Finger von unten (unterhalb der Navigationstasten) nach oben, bis der Google-Kreis erscheint. Lassen Sie los, wenn Sie über dem Kreis sind. Das funktioniert auf dem Home-Bildschirm und in jeder App.

❷ Der Bildschirm Google Now erscheint mit Informationen, die zur aktuellen Zeit und zum aktuellen Ort passen. Hier steht das Wetter ganz oben. Ach, und weiter unten ist auch ein Termin.

❸ Möchten Sie etwas anderes wissen, sagen Sie einfach »Google« und dann Ihren Wunsch (Tippen geht auch).

❹ Rückt der Termin näher, wird er weiter oben angezeigt, und, falls er woanders stattfindet, die Karte mit den Verkehrsdaten gleich mit. Tippen Sie, um sich von Google Maps leiten zu lassen.

❺ Je mehr Sie mit Ihrem Tablet unterwegs sind, desto mehr kann Google Now Sie unterstützen. Es sucht im Hintergrund nach weiteren Informationen. Unterwegs: Interessante Orte in der Nähe; im Ausland: Übersetzer für die Landessprache und Währungsrechner. Tippen Sie auf das Menü (drei Punkte) unten, um die Einstellungen im Detail festzulegen.

Google Now mit Jelly Bean

Google Now kommt mit der Android-Version 4.1 (Jelly Bean) auf Ihr Smartphone. Wenn Ihr Smartphone jetzt mit Version 4.x läuft, möglicherweise schon sehr bald. Da haben Sie also schon etwas, worauf Sie sich freuen können.

Kapitel 9 | Verbinden, vernetzen, erweitern – sicher und schlau zum persönlichen Tablet

Das Tablet ist wie eine Zaubertafel, die Sie mit der Magie von Android und Apps Dinge tun lässt, die noch vor wenigen Jahren ins Reich der Science Fiction gehörten. Wie Sie selbst zum Magier werden und Ihr persönliches Android anpassen und mit welchen schlauen Abkürzungen und Tricks Sie es virtuos nutzen können, lesen Sie auf den nächsten Seiten.

- Teilen Sie Ihr Tablet mit Freunden und der Familie.
- Verbinden Sie sich mit Gmail-Kontakten und E-Mail.
- Passen Sie Ihr Gerät Ihren persönlichen Vorstellungen an.

Das Tablet mit anderen Benutzern teilen

Okay, Tablets sind nicht so teuer, wie sie mal waren. Das ist aber noch lange kein Grund, für jedes Familienmitglied ein eigenes anzuschaffen, nur weil man gerne ein wenig Privatsphäre auf dem Gerät hätte. Gut, dass es seit Android 4.2.2 möglich ist, mehrere Benutzer auf einem Gerät anzulegen, zum Beispiel für Mann, Frau und Kind. Ich richte einen universellen Gastzugang ein:

❶ Öffnen Sie Einstellungen → Nutzer. Tippen Sie auf Nutzer hinzufügen.

❷ Bestätigen Sie die Abfrage. Der neue Benutzer wird eingerichtet. Öffnen Sie das Schloss.

❸ Überspringen Sie die Einstellungen. Richten Sie noch kein Google-Konto ein. Einen Namen können Sie schon vergeben. Ich nenne ihn Gast.

❹ Falls das Google-Play-Widget möchte, dass Sie sich authentifizieren, löschen Sie es einfach. Sie können sich später jederzeit mit einem Google-Konto anmelden.

❺ Möchten Sie Apps aus Google Play nutzen, müssen Sie diese installieren, auch wenn sie beim Hauptbenutzer schon installiert sind (das Programm wird dabei nicht wirklich mehrfach installiert, aber vom Gerät wie eine eigene Installation behandelt). Melden Sie sich dazu mit einem beliebigen Google-Konto an. Löschen Sie das Konto danach wieder, falls Sie das Gerät in fremde Hände geben wollen.

❻ So geht's zurück: Öffnen Sie die Benachrichtigungsleiste rechts und tippen Sie auf den Benutzer. Oder drücken Sie die Ein/Aus-Taste.

Ein Benutzer wie alle anderen

Meine Frau hat ein vollständiges Benutzerkonto auf dem Tablet eingerichtet. Mit E-Mail, Chat und allem, was sie braucht. Dazu hat sie sich einfach mit ihren Kontodaten angemeldet. Ihr Zugang ist mit einer PIN geschützt, genau wie meiner.

Kids Place – das Tablet kindersicher machen

Lange Auto- oder Zugfahrten werden irgendwann langweilig. Wenn Kühe suchen oder Nummernschilder erraten (auch für Kennzeichen gibt es eine App) langweilig wird, müssen Spiele her. Davon gibt es für Android so viele, dass eine eigene Spielkonsole überflüssig ist. Gleichzeitig sollen die Kleinen aber auch nicht die geschäftlichen E-Mails lesen, Schmuddelkram im Internet suchen oder aus Versehen im Play Store einkaufen. Schaffen Sie einen eigenen Ort für Ihre Kinder – den Kids Place:

❶ Installieren die kostenlose App Kids Place auf Ihrem Tablet. Starten Sie die App und geben Sie eine vierstellige PIN ein. Im Anschluss können Sie eine E-Mail-Adresse angeben, über die Sie die PIN wiederherstellen können. Sie können aber auch ohne fortfahren

❷ Sperren Sie die Home-Taste. Damit machen Sie Kids Place kurzfristig zum Standard-Launcher, und Ihr Kind landet beim Tipp darauf im Kids Place (auch die Zurück- und Letzte Apps-Tasten werden gesperrt – so soll es sein!

❸ Wählen Sie dann die Anwendungen für Ihre Kinder aus. Das kann auch eine Kamera-App sein oder ein Browser für Kinder (siehe nächste Seite). Bestätigen Sie Ihre Auswahl mit Zurück.

❹ So sieht der Kids Place aus. Schön, oder? Ihr Kind kann jetzt nach Herzenslust spielen, Musik hören und virtuelle Tiere füttern.

❺ Mit Beenden verlassen Sie die Kinderumgebung – wenn Sie die PIN wissen.

Meine Startseite – der Webbrowser für Kinder

Das Web ist so weit, da möchte man seine Kinder nicht unbedingt alleine reinlassen. Das hat sich auch die Bundesregierung gedacht und etwas erfunden: Einen Webbrowser, bei dem alle Internetaufrufe über einen eigenen Kinderserver geleitet werden. Dieser lässt nur solche Seiten durch, die von den Verantwortlichen als kindersicher eingestuft worden sind (Whitelist). Zumindest für kleine Kinder ist das eine wirklich tolle Sache. Ich habe ihn installiert.

❶ Installieren Sie die App Meine Startseite auf Ihrem Tablet. Legen Sie ein 6-stelliges Passwort fest. Ohne geht's leider nicht. Ich wähle »123456«, denn mein Kind startet den Browser aus dem sicheren Kids Place (siehe oben). Da braucht es keine zusätzliche Sicherung.

❷ So sieht die Startseite aus: Mit Eingabefeld für Webadressen, Klicktipps und Suchfeldern für kinderfreundliche Suchmaschinen wie Blinde Kuh und Frag Finn.

❸ Will man eine nicht jugendfreie Seite aufrufen, wird man vom Kinderserver abgefangen – und erhält gleich die Möglichkeit, in den Kindersuchmaschinen weiterzuforschen.

❹ Die freigegebenen Suchmaschinen finden tatsächlich zu vielen Themen kindgerechte Seiten im von Hand erstellten Index.

❺ Mein Liebling ist die Seite Ohrka. Dort gibt es hervorragende Hörspiele, gelesen von bekannten Sprechern. Klasse.

❻ Raus aus dem Browser geht's nur mit dem Passwort. Das habe ich ja schon unter 1 beschrieben.

Mehr Sicherheit für Ihr Tablet

Haben Sie schon einmal Ihr Portemonnaie verloren – samt Geld, Ausweisen, Karten, Fotos und so weiter? Kaum etwas ist so beunruhigend, nicht nur wegen des finanziellen Verlustes, sondern auch, weil so viel Persönliches in fremde Hände gerät. Wenn das Tablet verloren geht, ist das ganz ähnlich, denn auch hier ist die Gefahr groß, dass Ihre Kontakte, E-Mails, Bilder und vieles mehr von Unbefugten eingesehen und schlimmstenfalls missbraucht werden. Grund genug, über eine vernünftige Sicherung Ihrer Daten nachzudenken. Wie das geht, lesen Sie auf der nächsten Seite.

Remote Wipe: Daten aus der Ferne sichern und löschen

Auch das kann bei einem Verlust helfen: Einige Hersteller bieten eigene Dienste zum Fernsteuern Ihres Telefons an. Auch die App lookout (siehe Kapitel 1) bietet das Löschen aller Inhalte aus der Ferne als Dienst an. Dieser sogenannte Remote Wipe ist eine der Grundfunktionen von Microsoft Exchange. Haben Sie so ein Konto auf Ihrem Android eingerichtet, können Sie oder der Administrator das Gerät aus der Ferne in den Werkszustand zurücksetzen.

Und wenn es kaputt ist?

Wenn Ihr Tablet kaputt ist, ist das schade. Bei Wasserschäden wirkt manchmal Reis Wunder (Batterie raus und das Gerät ein paar Tage in eine Schale mit trockenem Reis legen), meistens werden Sie sich aber wohl ein neues Gerät kaufen müssen. Einen Trost habe ich aber für Sie: Ihre Daten können Sie leicht zurückbekommen – aus der Cloud. Dazu finden Sie mehr in Kapitel 10.

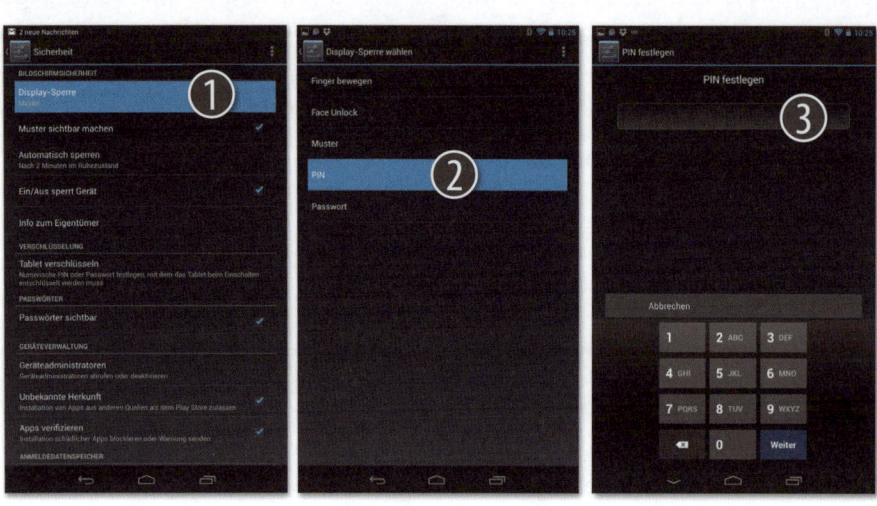

Display-Sperre mit PIN oder Passwort

Das Display Ihres Tablets lässt sich mit einem Code sperren. Für diesen Code definieren Sie vier Zeichen oder auf Wunsch auch mehr, falls es Ihnen leicht fällt, sich Zahlenketten zu merken. Ich nehme gerne eine Kombination aus Zahlen, zu denen ich mir Eselsbrücken bauen kann, zum Beispiel 96 für den Fußballverein Hannover 96 und 70 für das Geburtsjahr eines guten Freundes.

❶ Öffnen Sie Einstellungen → Sicherheit und tippen Sie auf Bildschirmsperre.

❷ Wählen Sie PIN in der Auswahl.

❸ Geben Sie eine Zahlenkombination mit mindestens vier Stellen ein (nicht 1234!) und tippen Sie auf Weiter. Geben Sie im nächsten Schritt die Kombination noch einmal ein (Android will sichergehen, dass Sie sich nicht vertippt haben). Der Tipp auf OK schaltet die Sperre scharf.

❹ Beim nächsten Aufwecken aus dem Standby ist Ihr Telefon geschützt.

Wählen Sie statt PIN die Option Passwort aus der Auswahl, können Sie beliebig lange und beliebig komplizierte Sicherheitsabfragen einrichten. Denken Sie aber daran, dass Sie dieses Wort jedes Mal eingeben müssen, wenn Sie Ihr Telefon entsperren!

Sollten Sie Ihren PIN-Code einmal vergessen, müssen Sie Ihr Android auf die Werkseinstellungen zurücksetzen. Welche Tasten Sie dazu drücken müssen, erfahren Sie in Kapitel 10.

Verzögerte Sperre für weniger Tippen

Damit Sie Ihr Android nicht jedes Mal entsperren müssen, wenn Sie es für ein paar Sekunden zur Seite legen, empfehle ich, das Display-Timeout (unter Einstellungen → Display) ein wenig hochzusetzen, zum Beispiel auf 2 Minuten. Wenn Sie Ihr Telefon sofort schützen wollen, drücken Sie die Einschalttaste.

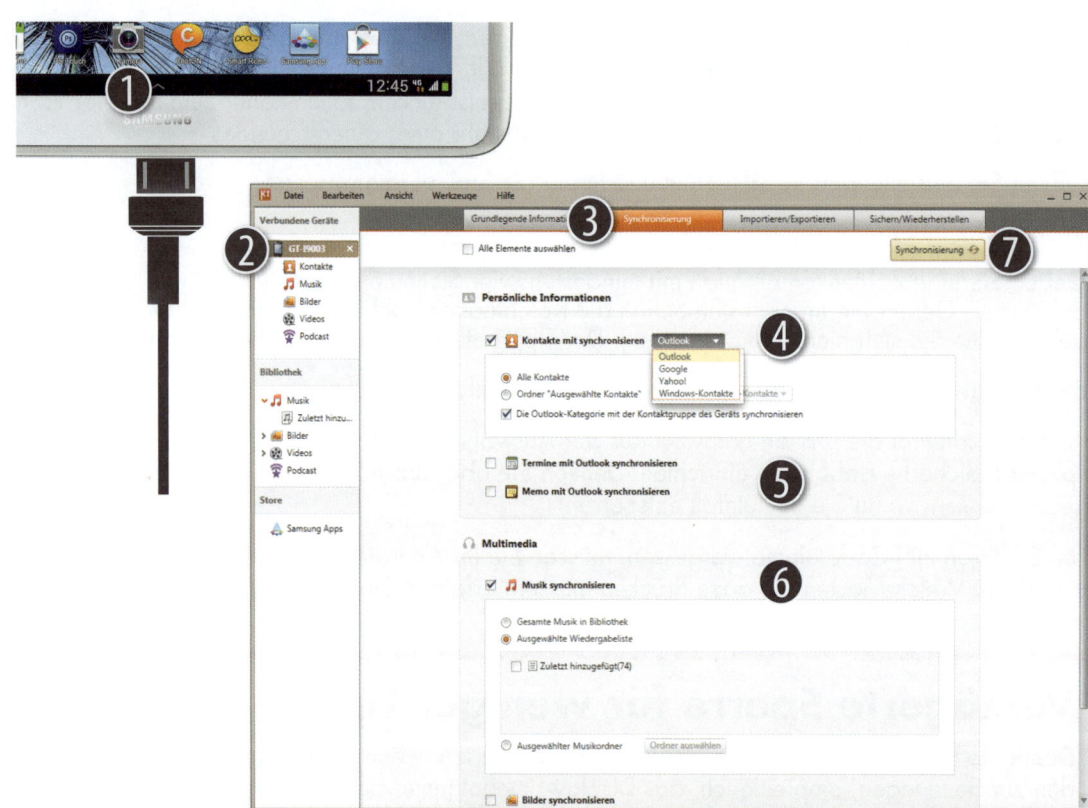

Ein Samsung-Tablet mit Kies synchronisieren

Wenn Sie Ihre Kontaktdaten und Kalender nicht über das Internet synchronisieren möchten, geht es auch ganz klassisch über Kabel. Nutzen Sie ein Tablet von Samsung, können Sie zum Abgleich die Software Kies einsetzen. So benutzen Sie Kies am PC:

❶ Schließen Sie Ihr Samsung-Tablet als Mediengerät über das USB-Kabel an. Wählen Sie bei der Frage nach der Verbindungsoption Kies.

❷ Ihr Tablet taucht jetzt in der linken Leiste unter verbundene Geräte auf. Hier ist es das Modell GT-I9003. Klicken Sie darauf.

❸ Wählen Sie das Register Synchronisierung. Hier können Sie auswählen, welche Daten mit dem Computer abgeglichen werden sollen.

❹ Kontakte können Sie mit Microsoft Outlook oder den Windows-Kontakten abgleichen. Sind Ihre Daten schon online, sollten Sie diese auch online abgleichen: Google-Kontakte mit Android, für Yahoo-Adressen gibt es Yahoo! Mail.

❺ Termine können Sie über Kies nur mit Outlook abgleichen, genau wie die Samsung-App Memo. Setzen Sie den Haken und stellen Sie Details ein, wenn nötig.

❻ Auch Musik, Bilder und Videos können Sie über Kies abgleichen. Kies durchforstet dazu Ihren Computer nach passenden Dateien und zeigt diese an. Wiedergabelisten aus iTunes oder dem Windows Media Player lassen sich importieren und zum Synchronisieren nutzen.

❼ Starten Sie den Abgleich mit der Taste Synchronisieren oben rechts. (Damit Kies Ihr Gerät automatisch synchronisiert, wenn Sie es anstecken, setzen Sie im Register Grundlegende Informationen den Haken bei Automatisch synchronisieren.)

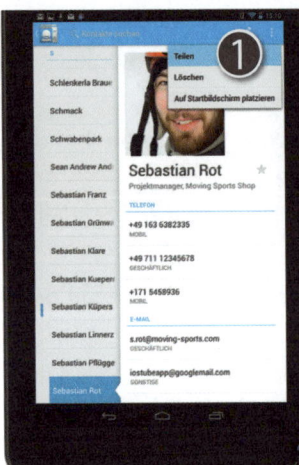

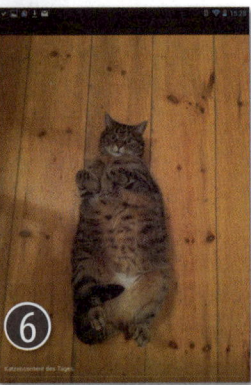

Weitergeben – Inhalte mit anderen teilen

So gut wie alles, was Sie auf Ihrem Tablet sehen, hören oder lesen, können Sie auch weitergeben – entweder um es selbst woanders zu nutzen oder um anderen eine Freude zu machen.

❶ **Kontaktdaten weitergeben**: Rufen Sie einen Kontakt auf, den Sie weitergeben möchten. Tippen Sie dann auf Menü → Teilen. Das Menü öffnet sich (und verdeckt leider das Gesicht Ihres Kontakts).

❷ Wählen Sie Gmail aus der Liste. Sie nutzen Mail als Kanal oder Medium zum Teilen.

❸ Die Kontaktdaten werden als VCF-Datei an die Mail angehängt. Dieses Format verstehen so gut wie alle aktuellen Adressbücher in Windows, Mac, Android und iPhone.

Och, wie süß, kann ich das Bild haben? Geben Sie Ihre Katzenbilder einfach über ganz verschiedene Kanäle weiter. Sie müssen das Blättern in Ihren Fotos nur ganz kurz unterbrechen.

❹ **Foto an Facebook schicken**: Öffnen Sie ein Foto in der Galerie. Tippen Sie auf das Bild, bis die Taste Weitergeben erscheint. Wählen Sie Facebook aus dem Menü. (Wenn Sie Facebook nicht installiert haben, können Sie auch die klassische E-Mail verwenden.)

❺ Die Facebook-App mit Ihrem Bild erscheint. Kommentieren Sie es und tippen Sie dann auf Posten.

❻ Nach kurzer Zeit ist Ihr Foto in der Facebook-App zu sehen. Dort können Sie oder Ihre Freunde es schon wieder teilen.

Zu viele Optionen im Menü?

Viele Anwendungen bieten sich als Partner für die Weitergabe an. Das ist praktisch. Tauchen in Ihrem Teilen-Menü aber zu viele Optionen von Apps auf, die Sie gar nicht nutzen, sollten Sie die entsprechenden Apps einfach löschen. Wie das geht, erfahren Sie in Kapitel 3.

Android Beam: Teilen per Touch

Früher raschelten regelmäßig die Zeitungen an deutschen Frühstückstischen. Zwischen Brötchen und Croissant wurden Wirtschaftsteil und Feuilleton getauscht, und man wies sich gegenseitig auf interessante Artikel hin. Ähnliches spielt sich auch heute noch ab, immer häufiger allerdings komplett papierlos und ohne jedes Rascheln. Denn wer die Artikel auf dem Tablet liest, kann sie einfach per Link weitergeben – mit Android Beam.

❶ Mit Android Beam können Sie fast alles, was Sie auf dem Bildschirm sehen, teilen: Google Maps, Kontakte, YouTube-Videos und Inhalte im Browser. Rufen Sie eine Webseite auf.

❷ Halten Sie jetzt beide Tablets mit den Rückseiten aneinander, bis ein Ton erklingt.

❸ Ihr Smartphone zeigt Zum Beamen berühren an. Tun Sie das. Tippen Sie auf den verkleinerten Bildschirminhalt.

❹ Der Browser des zweiten Smartphones öffnet sich, und die gebeamte Website wird angezeigt. Genial.

NFC-Chip ist Voraussetzung

Für Android Beam benötigen Sie einen NFC-Chip (Near Field Communication oder Nahfeldkommunikation) und Android 4. Ziemlich viele aktuelle Smartphones haben so einen Chip integriert, dazu gehören Googles Galaxy Nexus, das Samsung Galaxy S III, Sonys Experia P und S und die Modelle One X, One XL und Desire C. Schauen Sie mal in Menü → Suche → Einstellungen → Drahtlos & Netzwerke. Ist die Option NFC vorhanden, können Sie Android Beam verwenden.

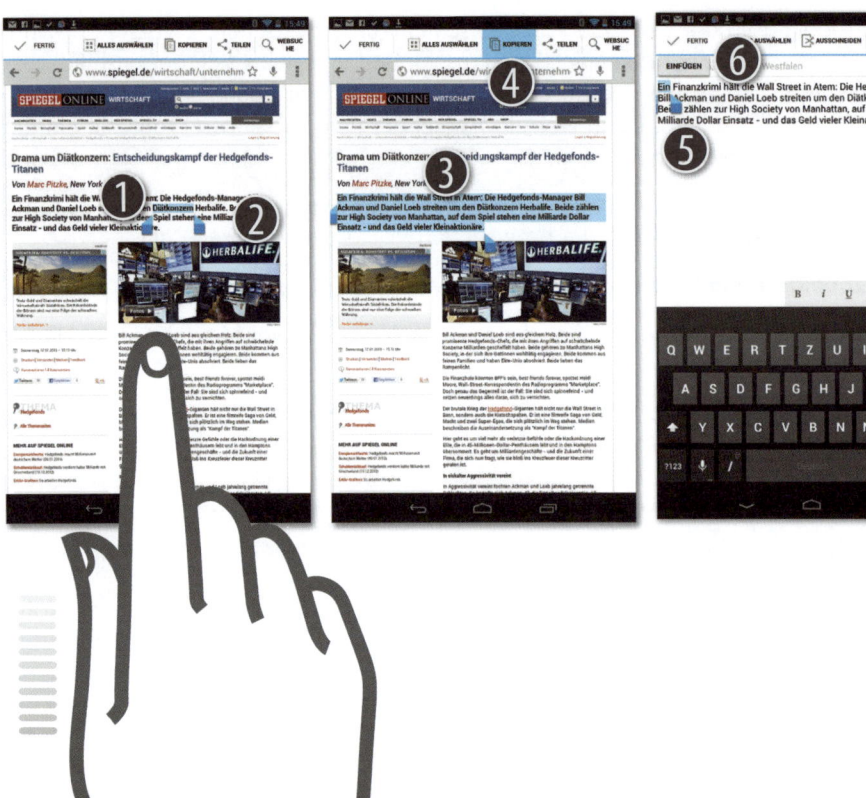

Text kopieren und einsetzen

Ohne Copy-and-Paste geht heute (fast) nichts mehr – und das gilt bei Weitem nicht nur für die zu Guttenbergs dieser Welt. Im Android-System finden Sie diese Funktion fast überall, zum Beispiel im Browser. Jetzt erfahren Sie, wie Sie Ihren Text um Zitate bereichern.

Text aus dem Browser kopieren

❶ Drücken Sie so lange auf die Stelle im Text, die Sie kopieren möchten, bis die Textauswahlmarken unter Ihrem Finger erscheinen. Am oberen Bildschirmrand erscheint die Aktionsleiste.

❷ Das ausgewählte Wort wird automatisch hervorgehoben. Ziehen Sie jetzt die Auswahlmarken in beide Richtungen, bis der gewünschte Text vollständig ausgewählt ist.

❸ Streichen Sie nach oben oder unten, um Text zu markieren, der sich ober- oder unterhalb des sichtbaren Displays befindet.

❹ Tippen Sie in der Aktionsleiste auf Kopieren (Symbol oder Menüeintrag), um den Text in die Zwischenablage zu kopieren.

Text im Notizblock einfügen

❺ Öffnen Sie eine Notiz im Notizblock (ich verwende Evernote) und wählen Sie die Stelle aus, an der Ihr Text erscheinen soll. Drücken Sie so lange auf eine freie Stelle, bis der Cursor und die Taste Einfügen erscheinen.

❻ Tippen Sie auf Einfügen. Der Text wird in Ihre Notiz eingefügt.

Die Einfüge- und Auswahlmarken sehen übrigens bei jedem Hersteller anders aus. Sie funktionieren jedoch alle auf ähnliche Weise.

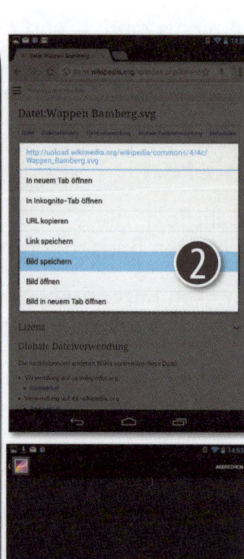

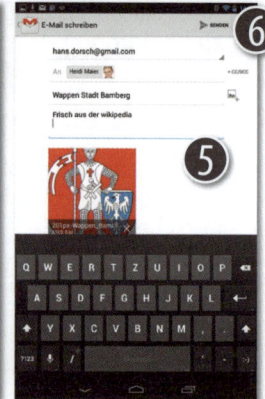

Bilder von einer App in die andere kopieren

Anders als Text können Sie ein Bild nicht mit Kopieren und Einsetzen von einer Anwendung in die andere transportieren. Der kleine Umweg führt über den Speicher des Tablets:

1 Tippen Sie auf das Bild, das Sie kopieren möchten, und halten Sie es. Hier möchte ich das Wappen der Stadt Bamberg kopieren.

2 Wählen Sie im Aktionsmenü Bild speichern. Das Bild wird im Bilderordner auf Ihrem Gerät gespeichert.

3 Wechseln Sie in eine andere App, hier G-Mail, und erstellen Sie eine neue Nachricht.

4 Wählen Sie neben dem Empfänger den Reiter Datei anhängen und öffnen Sie die Galerie.

5 Wählen Sie das Bild aus, das Sie eben kopiert haben. Sie finden es im Ordner Download. Tippen Sie darauf, um es auszuwählen.

6 Das Bild ist jetzt als Anhang gesichert. Die Senden-Taste schickt es an den Empfänger.

Andere Dateitypen downloaden

Sie können nicht nur Bilder downloaden, sondern auch alle anderen Dateiformate (PDF, Word etc.). Sogar ganze Webseiten lassen sich als HTML-Dateien speichern. Alle werden auf Ihrer SD-Karte oder im USB-Speicher Ihres Geräts abgelegt. Eine übersichtliche Liste finden Sie im Browser unter Menü → Mehr → Downloads.

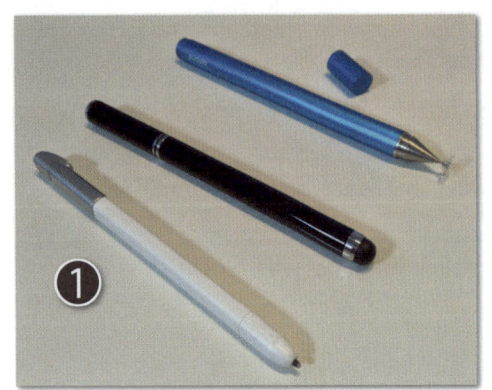

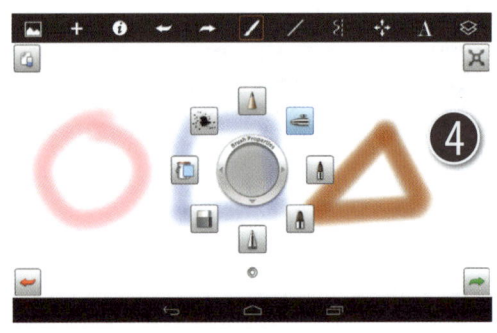

Unterschiedliche Stifte am Tablet nutzen

So ein Tablet ruft förmlich danach, als Malblock genutzt zu werden. Dazu brauchen Sie aber nicht unbedingt ein Tablet mit integriertem Spezialstift. Für Notizen und einfache Skizzen genügen leitfähige Stifte, die Sie mittlerweile schon im Schreibwarenhandel kaufen können. Mit den entsprechenden Apps erzielen Sie Ergebnisse, die sich sehen lassen können.

❶ Drei unterschiedliche Stifte: Der erste Stift links steckt im Samsung Galaxy Note 10.1. Er arbeitet nur mit den passenden Displays zusammen. Dann ist er druckempfindlich und bei Apps, die ihn unterstützen, sehr genau. Der zweite heißt Tinxi und kostet im 5er-Pack bei Amazon 8 Euro und bringt sogar noch einen Kugelschreiber mit. Ich habe meine fünf Stifte auf verschiedene Taschen verteilt. Der Adonit Jot Classic ist der Liebling der iPad-Nutzer – und das zu Recht: Die Kunststoffscheibe am Kugelgelenk gleitet sehr gut übers Display und lässt sich sehr präzise nutzen. Dazu sieht er auch noch sehr gut aus. Er kostet ohne Kugelschreiber knapp 17 Euro, was auch nicht zu teuer ist.

❷ So sehen die Striche der drei Stifte auf der linken Seite in der App Papyrus aus (mehr zur App erfahren Sie in Kapitel 7). Der Samsung-Stift zeigt ganz klar mehr Stiftcharakter, da sich bei ihm die Strichstärke ändert, wenn man fester drückt.

❸ Mit anderen Apps sieht das Ergebnis anders aus: Zen Brush simuliert Pinsel in der Software. Hier kommen unterschiedliche Strichstärken auch durch die Geschwindigkeit der Bewegung zustande.

❹ Sketchbook von Autodesk möchte ich als Zeichen- und Mal-App empfehlen. Wenn Sie erst einmal die vielen Werkzeuge kennengelernt haben, erreichen Sie damit hervorragende Ergebnisse. Und anders als auf Papier haben Sie eine Rückgängig-Taste.

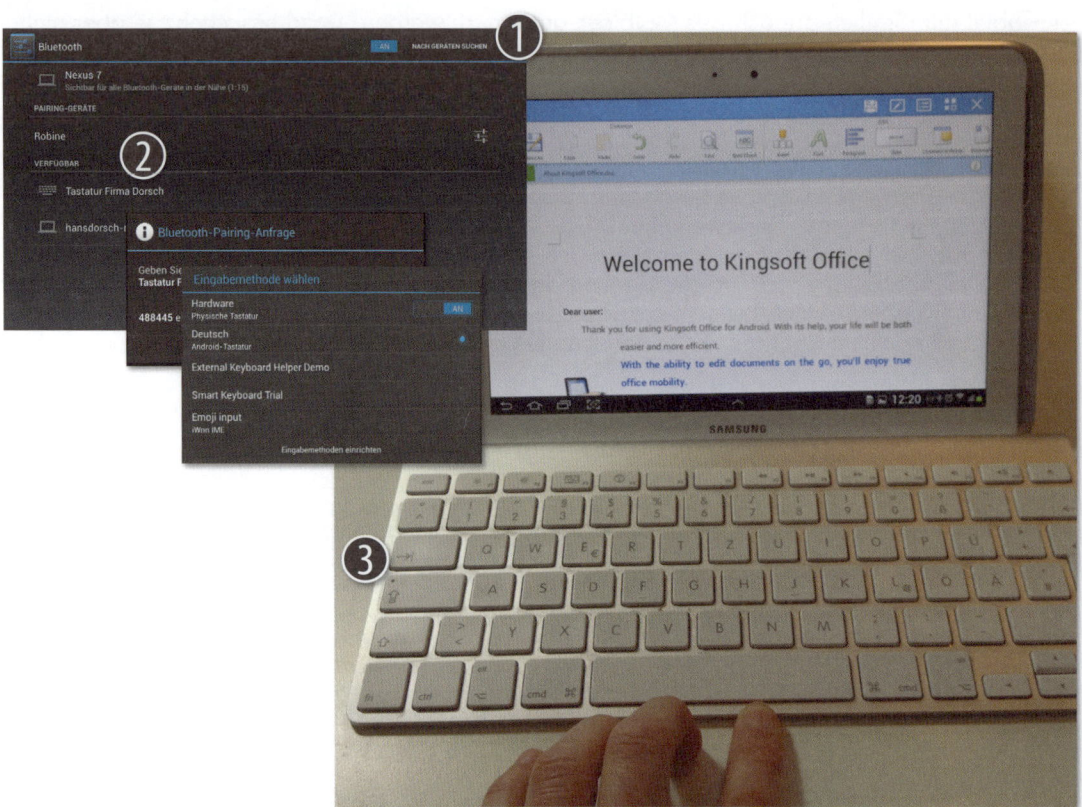

Eine drahtlose Tastatur mit dem Tablet nutzen

Ich mach's kurz: Wer häufiger größere Mengen Text schreiben muss, braucht eine Tastatur – und zwar eine echte. Punkt. Nur auf einer Tastatur mit echten Tasten können Sie mit zehn Fingern blind schreiben. Meine Lieblingstastatur, das Apple Wireless Keyboard, wird von Samsung-Tablets sofort erkannt. Auf dem Nexus 7 klappt's mit einer Zusatz-App:

❶ Öffnen Sie die Einstellungen → Bluetooth. Schalten Sie Bluetooth ein und tippen Sie auf Suchen Sie nach Geräten. Schalten Sie Ihre Tastatur ein.

❷ Die Tastatur wird nach kurzer Zeit erkannt. Hier heißt sie »Firma Dorsch«. Bestätigen Sie die Pairing-Anfrage und wählen Sie dann aus dem Menü die Art der Tastatur, die Sie verwenden. Wird Ihre Tastatur nicht erkannt, installieren Sie die App External Keyboard Helper aus dem Play Store. Die verbindet selbst exotische Keyboards mit Android-Geräten.

❸ Das war's. Sie können jetzt tippen. Und Sie können über die Tastatureinstellungen jederzeit zwischen der externen und der eingebauten Tastatur wechseln.

Tastenbefehle für Vielschreiber

Esc entspricht der Zurück-Taste. Und Cmd-Tab (Mac) oder Strg-Tab (PC) schaltet zwischen Apps um. Mit den Pfeiltasten bewegen Sie den Cursor im Text nach links und rechts sowie nach oben und unten. Und natürlich wählen Sie mit gedrückter Hochstelltaste Text aus. Auch die Laut-leise- und Start-Stopp-Tasten funktionieren. Und Kopieren und Einfügen klappt über die Tastatur. Mehr Produktivität geht fast gar nicht.

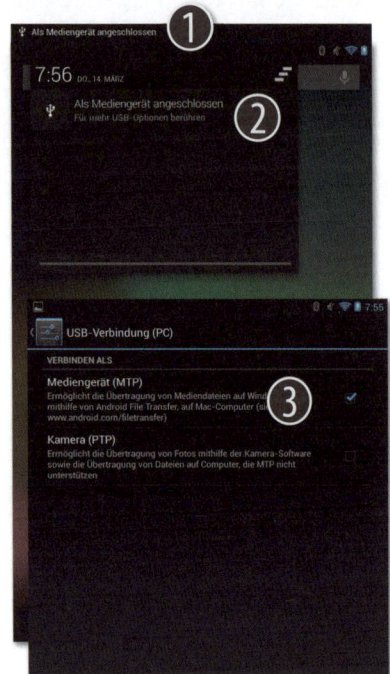

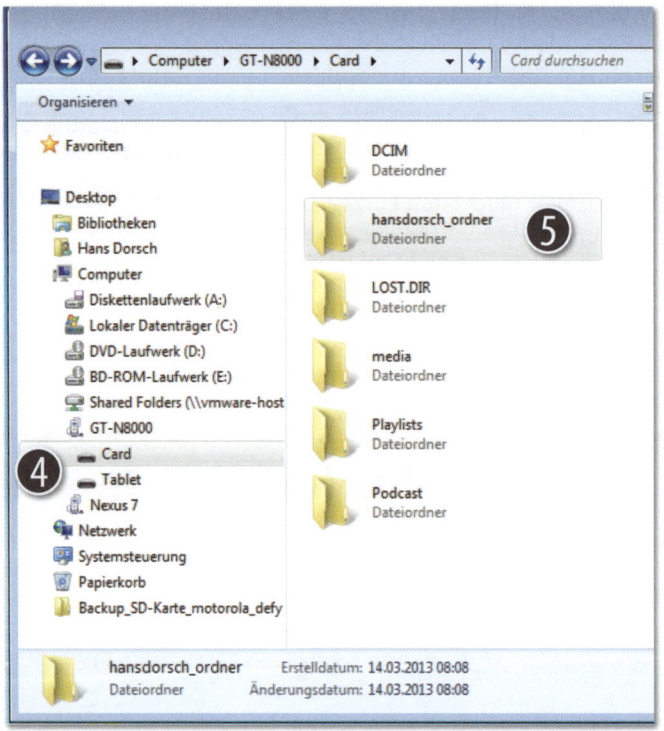

Das Tablet mit dem Computer verbinden

Das Schöne am Tablet ist, dass es mobil ist und Sie es überall einsetzen können, ob im Café, am Küchentisch oder im Kurzurlaub. Doch es kann gute Gründe geben, es per USB-Kabel an Ihren Computer anzubinden, zum Beispiel wenn Sie größere Datenmengen laden möchten wie Ihre Musiksammlung oder Videos für die nächste Zugfahrt. Am Mac funktioniert das ohne zusätzliche Software, unter Windows benötigen Sie möglicherweise spezielle Gerätetreiber.

❶ Verbinden Sie Ihr Tablet über ein USB-Kabel mit dem Computer (hier einem PC). In der Statuszeile erscheint kurzfristig der Hinweis Als Mediengerät angeschlossen.

❷ Ziehen Sie den Finger nach unten, um das Benachrichtigungsfeld zu öffnen. Mit einem Tipp öffnen Sie die USB-Optionen in den Einstellungen.

❸ Wählen Sie Mediengerät in den Einstellungen, falls die Option noch nicht ausgewählt ist. Wählen Sie Kamera, um Ihr Gerät mit Foto-Apps zu verbinden. Die Speicherkarte, bzw. der interne Speicher Ihres Geräts wird jetzt am Computer angezeigt.

❹ SD-Karten und internen Speicher können Sie wie einen USB-Stick oder eine externe Festplatte benutzen. Android und Apps speichern darauf Daten, die Sie nicht löschen sollten. Den Ordner DCIM kennen Sie vielleicht von Ihrer Digitalkamera.

❺ Legen Sie auf der Karte am besten einen Ordner an, den Sie zum Austausch verwenden – bei mir heißt er hansdorsch_ordner. Kopieren Sie alles hinein, was Sie unterwegs dabeihaben möchten: Auf dem Tablet legen Sie auch Daten in diesen Ordner, die Sie austauschen möchten. Haben Sie alle Daten ausgetauscht, ziehen Sie einfach das Kabel vom Computer ab. Das war's.

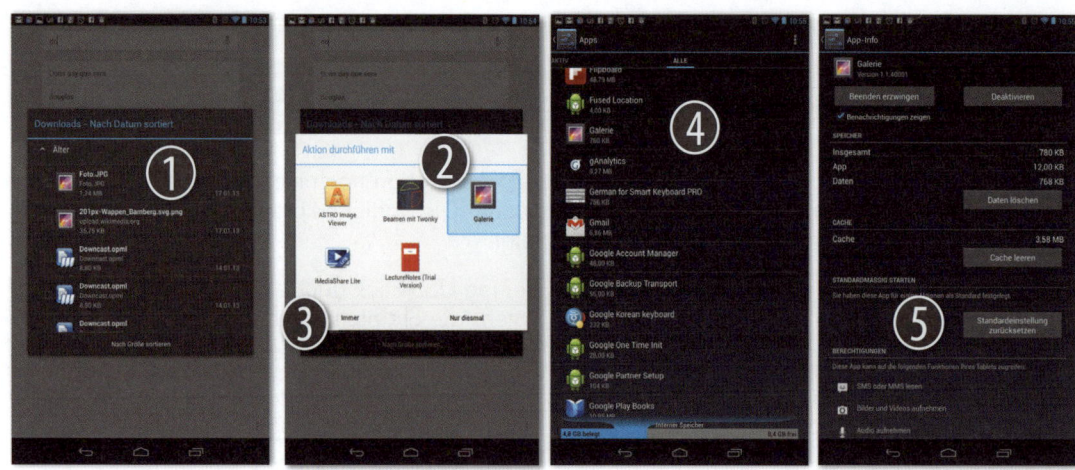

Standardanwendungen festlegen

Wenn auf Ihrem Tablet mehrere Apps installiert sind, die Fotos anzeigen oder bearbeiten können, fragt Android nach, welche App Sie benutzen möchten. Das ist praktisch. Wenn Sie aber Ihre Lieblings-App gefunden haben, können Sie Android bitten, Sie nicht mehr zu fragen. Das ist noch besser.

❶ Öffnen Sie eine Bilddatei, zum Beispiel in der Downloads-App. Ich habe hier einen Bildschirmhintergrund im JPG-Format geladen. Tippen Sie auf die Datei.

❷ Android öffnet ein Menü und fragt, welche App verwendet werden soll. Tippen Sie auf die App, die in Zukunft alle JPG-Dateien öffnen soll. Ich wähle die Galerie.

❸ Wählen Sie nun den Punkt Immer, um in Zukunft alle JPG-Dateien mit der Galerie zu öffnen.

❹ Möchten Sie die Einstellung wieder ändern, öffnen Sie Einstellungen → Apps. Suchen Sie dort nach der App und tippen Sie darauf.

❺ Suchen Sie auf der Detailseite nach dem Punkt Standardmäßig starten und tippen Sie auf die Taste Standardeinstellung zurücksetzen. Beim nächsten Öffnen einer JPG-Datei wird Android wieder nachfragen.

Warum tauchen die Apps eigentlich auf?

Kann eine App mit bestimmten Dateiformaten oder Protokollen umgehen, teilt sie das Android bei der Installation mit. Android speichert diese Informationen in einer unsichtbaren Tabelle und hat sie so immer parat. So kann das System Bildformate zuordnen, so wie hier, oder Office-Dateien und PDFs. Haben Sie einen alternativen Browser installiert (davon gibt es eine große Menge), wird Android diesen anbieten, wenn Sie auf einen Weblink klicken.

Apps schnell über Verknüpfungen aufrufen

Welche App verwenden Sie am meisten – den Fahrplan der Bahn, die »WhatsApp« zum Chatten oder das Englisch-Deutsch-Wörterbuch? Um Ihre Lieblings-Apps schnell aufrufen zu können, ist es nützlich, Verknüpfungen auf dem Startbildschirm zu erstellen. Für mich muss zuerst die Kamera auf den Startbildschirm:

❶ Öffnen Sie das Anwendungsmenü mit den installierten Apps. Tippen Sie dazu auf das Symbol in der Favoritenleiste.

❷ Suchen Sie die Kamera-App. Drücken Sie dann so lange auf das Symbol, bis der Startbildschirm wieder sichtbar wird.

❸ Das Symbol der App schwebt jetzt unter Ihrem Finger über den Startbildschirm. Ziehen Sie es an die Stelle, an der Sie es haben möchten. Lassen Sie es dann los.

❹ Das Symbol liegt nun auf dem Startbildschirm, bereit zur Verwendung.

Genauso einfach wie das Erstellen ist auch das Verschieben oder Löschen von Verknüpfungen:

❺ Drücken Sie so lange auf das Symbol, bis es ausgewählt ist und am oberen Bildschirmrand Entfernen erscheint. Verschieben Sie das Symbol an eine andere Stelle und lassen Sie es dort los. Ziehen Sie es an den linken oder rechten Rand des Bildschirms, um es auf einem anderen Startbildschirm abzulegen. Ziehen Sie das Symbol auf Entfernen, um es zu löschen.

Weitere Verknüpfungen

Nicht nur Apps lassen sich als Verknüpfung auf den Startbildschirm legen: Auch Kontakte, Notizblöcke und Lesezeichen können Sie an einer Stelle sammeln.

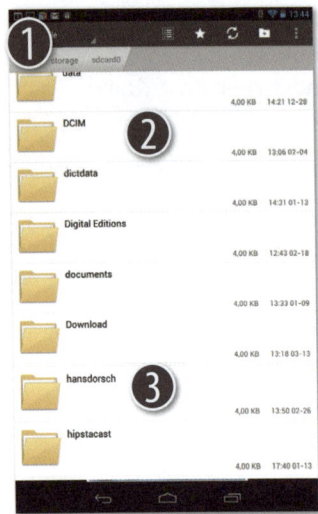

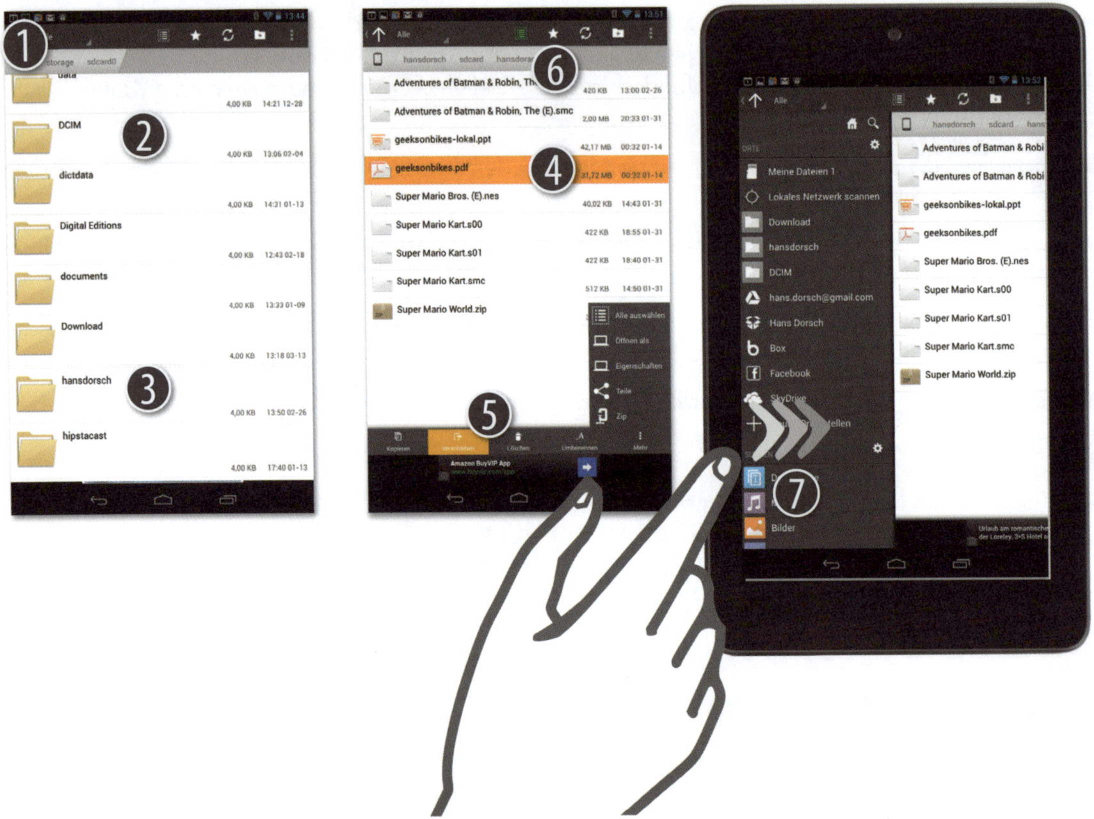
1
2
3
4
5
6
7
storage
sdcard0
DCIM
dictdata
Digital Editions
documents
Download
hansdorsch
hipstacast
Alle
hansdorsch
sdcard
Adventures of Batman & Robin, The (E).smc
geeksonbikes-lokal.ppt
geeksonbikes.pdf
Super Mario Bros. (E).nes
Super Mario Kart.s00
Super Mario Kart.s01
Super Mario Kart.smc
Super Mario World.zip
Alle auswählen
Öffnen als
Eigenschaften
Teile
Zip
Meine Dateien 1
Lokales Netzwerk scannen
Download
hansdorsch
DCIM
hans.dorsch@gmail.com
Hans Dorsch
Box
Facebook
SkyDrive
Bilder

Astro-Dateimanager – Dateien auf der SD-Karte verwalten

Android funktioniert ähnlich wie ein Computer, und der Speicher funktioniert ähnlich wie Ihre Festplatte im Computer. Mit einem Dateimanager können Sie, wie am Computer, Dateien ansehen, öffnen, kopieren und verschieben. Mein Favorit ist der Astro-Dateimanager. So finde ich schnell die Dateien, die ich vom Computer auf die SD-Karte meines Tablets kopiert habe:

❶ Installieren und starten Sie den Astro-Dateimanager. (Die kostenlose Version genügt. Wenn Ihr Tablet schon einen Dateimanager mitbringt, probieren Sie diesen vorher aus.) Suchen Sie den Eintrag sdcard (oder sdcard0) und tippen Sie darauf, um den Inhalt anzuzeigen.

❷ Auf der SD-Karte (sdcard0) speichern Apps Einstellungen und Dateien. Die Ordner heißen meist ähnlich wie die zugehörigen Apps. So finden Sie heruntergeladene Dateien im Ordner Download, Fotos und Filme, die Sie mit der Kamera machen, befinden sich dagegen im Ordner DCIM (Digital Camera Images), denn so heißen die Fotoverzeichnisse aller Digitalkameras.

❸ Tippen Sie auf einen Ordner, um sich den Inhalt anzusehen. Ich habe zum Austausch mit dem Computer einen eigenen Ordner angelegt, er heißt hansdorsch.

❹ Öffnen Sie Dateien direkt aus dem Ordner. Hier sind es Filme. Tippen Sie einfach darauf.

❺ Drücken Sie lange auf eine Datei, um sie zu verschieben, zu kopieren, umzubenennen oder zu löschen.

❻ Tippen Sie auf den Stern, um den Ort als Favorit zu erstellen und schnell zu Ihren Lieblingsordnern bzw. -dateien zu gelangen.

❼ Wischen Sie von links in den Bildschirm, um alle gespeicherten Orte zu sehen.

Übrigens: Genau wie andere Computer auch braucht Android bestimmte Dateien, um zu funktionieren. Wenn Sie nicht wissen, wozu ein Ordner gehört, verändern Sie besser nichts daran – es könnte sich um einen Systemordner handeln.

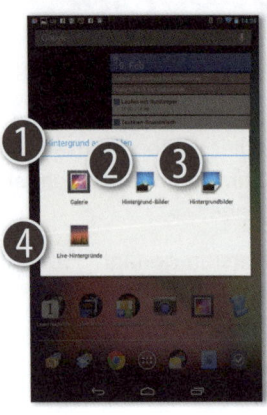

Der Startbildschirm mit eigenem Hintergrund

Ihr Tablet ist Ihr Tablet. Am Gehäuse können Sie wenig ändern, aber den Hintergrund Ihres Startbildschirms können Sie selbst auswählen, ganz nach Stimmung oder modischem Trend:

❶ Drücken Sie so lange auf eine leere Fläche, bis das Menü Hintergrund auswählen erscheint.

❷ Tippen Sie auf Galerie, um ein eigenes Hintergrundbild aus Ihrer Sammlung eigener Fotos oder den Downloads aus dem Web auszuwählen.

❸ Die Hintergrundbilder stammen vom Hersteller Ihres Tablets. Darunter sind manchmal echte Perlen zu finden. Schauen Sie sich dort mal um.

❹ Live-Hintergründe sind animierte oder interaktive Hintergründe. Sie reichen von sich zart im Wind wiegenden Grashalmen bis zu Google Maps-Karten, die Ihren Akku in kurzer Zeit leersaugen und den Bildschirminhalt unlesbar machen.

❺ Ich lade einen schönen Hintergrund mit Ballon aus der Galerie.

Außerdem gibt es im Play Store einige Wallpaper-Apps. Ich nutze Hintergrund von OGQ.

❻ Stöbern Sie in den Bildern und suchen Sie sich eins aus, das Ihnen gefällt, zum Beispiel diese Schneeflocken in Großaufnahme.

❼ Wählen Sie dann Set as Wallpaper. Dann können Sie den Ausschnitt noch anpassen und das Bild schließlich speichern.

❽ Das war's. Das gespeicherte Bild schmückt jetzt Ihren Startbildschirm.

Ruhig gewinnt

Wenn Sie Ihren Startbildschirm mit Widgets, Verknüpfungen und Ordnern strukturieren, können Sie nichts weniger gebrauchen als einen unruhigen, bunten Hintergrund. Entscheiden Sie sich deshalb für ein dezentes, vielleicht sogar einfarbiges Motiv.

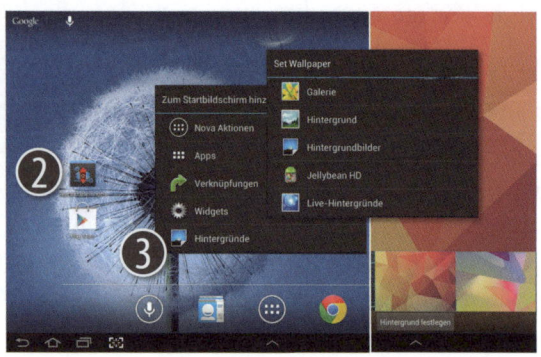

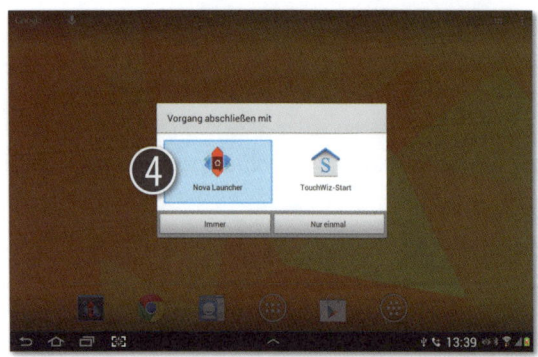

Nova Launcher – die Startoberfläche anpassen

Es gibt ja mittlerweile eine Menge Hersteller von Android-Tablets. Einige greifen mächtig in die Wundertüte und erweitern das Android-System um eigene Funktionen. Besonders häufig zeigt sich das am Home-Bildschirm. Das gefällt vielen Nutzern, vielen aber auch nicht. Gut, dass Sie die Darstellung ganz einfach ändern können. Mit einem neuen Launcher namens Nova Launcher passen Sie Ihr Tablet ganz schnell an:

❶ Installieren Sie Nova Launcher kostenlos aus dem Play Store. Tippen Sie dann auf die Verknüpfung.

❷ Jetzt ist Nova Launcher aktiv. Sie finden eine Verknüpfung zu den Einstellungen auf dem Home-Bildschirm.

❸ Wechseln Sie noch den Hintergrund aus: Langer Druck auf den Bildschirm, aus dem Menü Hintergründe → Hintergrundbilder wählen und dann eine neues Bild aussuchen.

❹ Wenn Sie jetzt auf die Home-Taste tippen, werden Sie gefragt, mit welcher App Sie den Vorgang abschließen möchten. Tippen Sie auf Nova Launcher und dann auf Immer. Jetzt ist Nova Launcher die Standardanwendung für die Home-Taste. (Wie Sie das wieder rückgängig machen, lesen Sie weiter unten in diesem Kapitel.)

❺ Sie können Ihren neuen Home-Bildschirm jetzt einrichten, wie Sie möchten. Mit Verknüpfungen, Ordnern und Widgets. Viel Spaß.

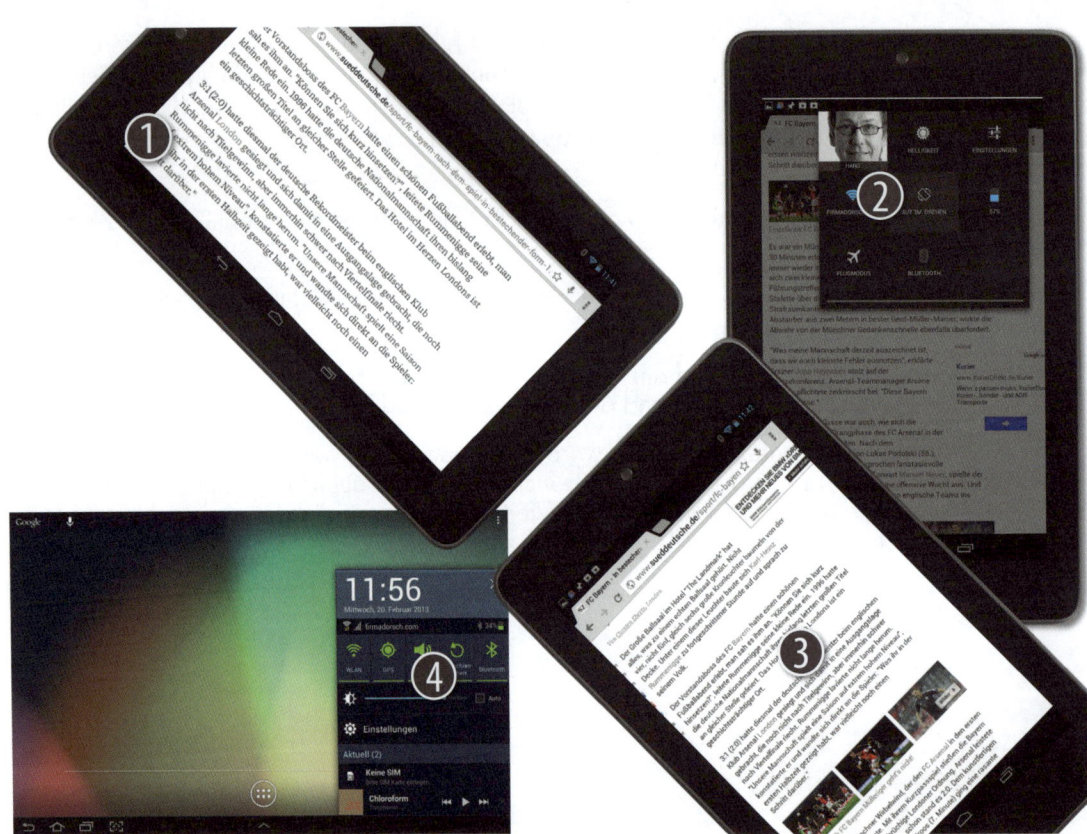

Bildschirmdrehung ein- und ausschalten

Android-Tablets passen die Bildschirmdarstellung automatisch der Lage des Tablets an. Das ist schön, denn so können Sie Ihr Tablet einfach auf die Seite drehen, um Fotos oder Filme im Querformat anzusehen. Wenn Sie aber auf dem Sofa mit einem Kissen gemütlich auf der Seite liegen und einen langen Artikel im Webbrowser lesen wollen, nervt diese tolle Funktion sehr schnell. Ihr Text legt sich dann nämlich nicht, wie ein Buch, mit Ihnen auf die Seite, sondern dreht sich in die Senkrechte. Wie gut, dass man diese Auto-Rotation ganz schnell ein- und ausschalten kann.

❶ Rufen Sie eine Browserseite auf und drehen Sie das Display zur Seite. Im Normalfall dreht sich ab ca. 45 Grad der Displayinhalt.

❷ Öffnen Sie die Benachrichtigungen (streichen Sie vom rechten oberen Displayrand nach unten) und tippen Sie dort auf den Automatisch Drehen. Nun erscheint die Anzeige Drehung gesperrt.

❸ Drehen Sie jetzt Ihr Tablet auf die Seite und lesen Sie bequem Ihren Artikel weiter.

❹ Viele Tablets, zum Beispiel von Samsung, haben die Funktion ebenfalls ab Werk eingebaut. Sie sieht unter Umständen anders aus. Am Samsung Galaxy Note 10.1 tippen Sie unten rechts auf die Statusleiste. Wählen Sie dann Bildschirm drehen.

Samsung-Geräte passen sich automatisch an

Einige Samsung-Tablets besitzen die Funktion Intelligente Drehung (zu finden unter Einstellungen → Anzeige). Dabei beobachtet die Kamera bei jeder Drehung Ihre Augen. Bewegen Sie sich mit in die Seitenlage, ändert sich die Ausrichtung des Bildschirms nicht. Eine ziemlich coole Idee.

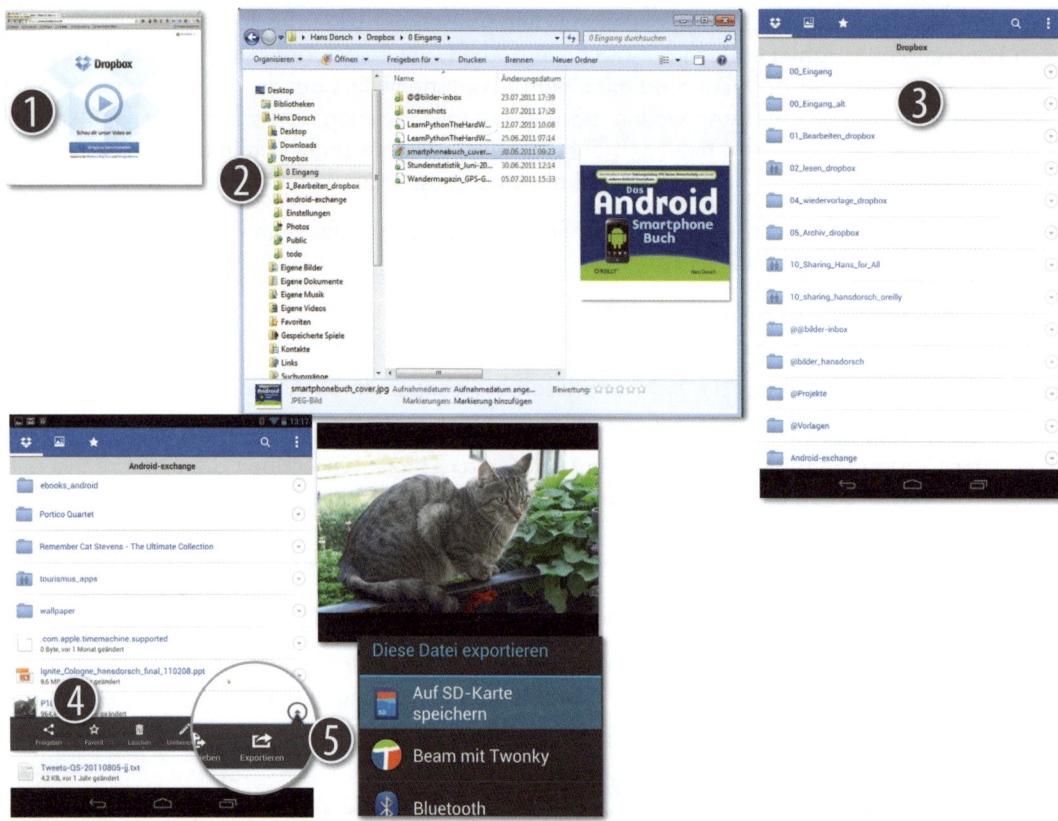

Dropbox – Onlinespeicher mit Tablet-Anschluss

Die Dropbox ist ein Ordner für digitale Daten im Internet, auf den Sie mit allen Ihren digitalen Geräten zugreifen können. Falls Sie jetzt einwenden, das sei Ihnen viel zu umständlich, zu unzuverlässig und außerdem nicht mit allen Geräten zu nutzen, dann sollten Sie sie sich erst einmal anschauen. Bis zu 2 GByte Onlinespeicher können Sie kostenlos nutzen. Ich zeige Ihnen mal, wie das funktioniert:

❶ Installieren Sie die Dropbox auf Ihrem Computer. Gehen Sie auf www.dropbox.com, klicken Sie auf Dropbox herunterladen, folgen Sie den Anweisungen und legen Sie ein Konto mit einem sicheren Passwort an. Das Ganze dauert knapp zwei Minuten.

❷ Öffnen Sie dann den Ordner Dropbox auf Ihrem Computer. Legen Sie die Dokumente in die Dropbox, an denen Sie arbeiten oder die Sie auf allen Geräten dabeihaben wollen. Ich habe die Ordner Eingang und Bearbeiten als Basis meiner verlässlichen Organisation angelegt. Alle Dateien, die Sie in die Dropbox legen, gleicht die Software sofort ab, ohne dass Sie etwas davon merken.

❸ Auf vielen Geräten ist Dropbox schon installiert. Wenn nicht, bekommen Sie die App kostenlos bei Google Play. Starten Sie sie und melden Sie sich mit Ihren Benutzerdaten an. Nach dem Öffnen präsentiert sich Ihnen der Inhalt des Dropbox-Ordners, wie er auf Ihrem Computer zu sehen ist. Tippen Sie auf einen Ordner, um seinen Inhalt zu sehen.

❹ Tippen Sie auf eine Datei, um sie anzuzeigen. Alle Formate, die Ihr Tablet darstellen kann, können Sie auch in der Dropbox öffnen. Das sind Bilder, Musik, Filme, Text und meist auch PDF-Dateien.

❺ Tippen Sie auf das Dreieck rechts, um etwas zu exportieren. Auf der SD-Karte können Sie die Datei speichern, etwa im Ordner Download.

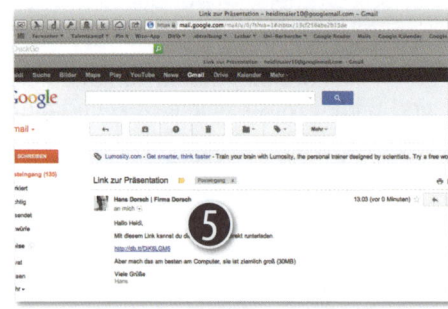

Dropbox – große Dateien mit anderen teilen

Manchmal halte ich Vorträge oder leite Workshops. Häufig kommt es vor, dass mich Teilnehmer fragen, ob ich ihnen nicht die Unterlagen schicken kann, damit sie sie auf ihrem Computer ansehen oder selbst weiterbearbeiten können. Das kann ich, denn sie liegen in meiner Dropbox. Und ich kann auch darauf zugreifen, wenn ich am Freitagnachmittag gemütlich den Tag in der Café-Bar ausklingen lasse.

1 Öffnen Sie die Dropbox und navigieren Sie zu dem Ordner, in dem sich Ihre Dateien befinden. Bei mir heißt er tourismus_apps. Hier liegt ein Präsentationsordner (bte_tourismus[…].ppt_media) von fast 30 MByte Größe. Den gebe ich zum direkten Download frei.

2 Tippen Sie auf den Pfeil neben einer Datei oder einem Ordner. Tippen Sie im Aktionsmenü, das erscheint, auf Freigeben.

3 Wählen Sie in der folgenden Auswahl Google Mail, um den Link per E-Mail zu verschicken.

4 Android erstellt eine E-Mail-Nachricht mit einem Downloadlink. Schreiben Sie noch ein paar Worte dazu, vielleicht einen Hinweis zur Dateigröße, und schicken Sie die Nachricht ab.

5 Ihr Empfänger erhält die Nachricht mit dem Link zur Datei bei Dropbox.

6 Ein Klick öffnet die Downloadseite bei Dropbox. Der Empfänger kann sich die Datei auf seinen Computer holen oder, wenn er oder sie auch ein Dropbox-Konto besitzt, sie in die eigene Dropbox laden (das ist noch praktischer).

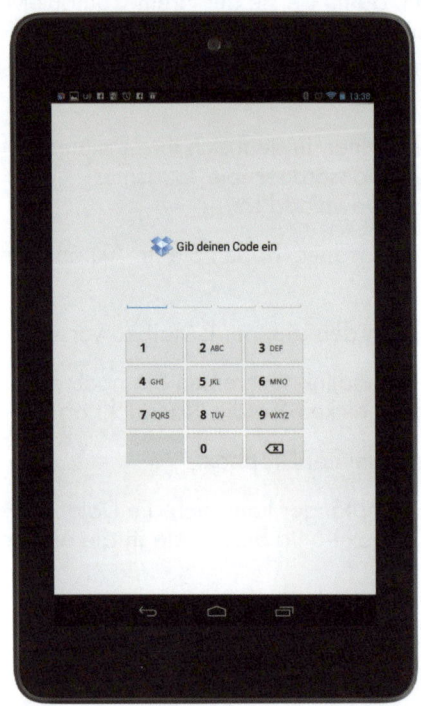
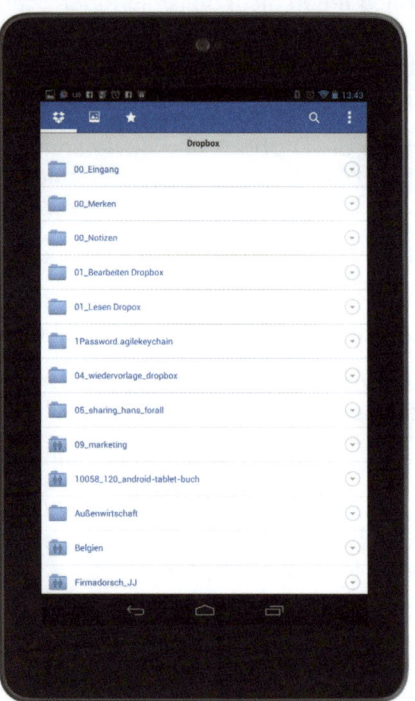

Die Dropbox und die Sicherheit

So bequem der Datenaustausch via Dropbox ist: Sie sollten sich darüber im Klaren sein, dass alle Daten, die sich im Dropbox-Ordner Ihres Computers befinden, immer auch in der Cloud hängen, also irgendwo im Internet. Wie sicher sie dort sind, hängt auch von Ihnen ab.

- Die Übertragung der Daten zwischen Ihren Geräten und der Dropbox erfolgt verschlüsselt. Das gilt für Zugangsdaten und für Dateien.

- Alle Dateien sind privat und nur für Sie zugänglich. Andere Nutzer können nur auf Ordner oder Dateien zugreifen, die Sie für sie freigeben.

- Ihre Daten werden verschlüsselt auf Servern von amazon gespeichert.

- Dropbox-Mitarbeiter dürfen nur auf Metadaten zugreifen (Dateinamen und Speicherorte), die Dateien selbst in Ihrem Dropbox-Ordner aber nicht ansehen.

- Sie können Ordner auf Ihrem Mac oder PC selbst verschlüsseln, z. B. als »Disk Image« (virtuelle Festplatte) mit 256-Bit-AES, oder mit Werkzeugen wie Truecrypt in die Dropbox legen und dort nutzen. So sind Sie völlig unabhängig von den Sicherheitsmaßnahmen, die Dropbox trifft.

- Leider lassen sich verschlüsselte Ordner zurzeit noch nicht mit Android öffnen. Es gibt allerdings Apps, die Daten verschlüsselt speichern und die Dropbox zur Ablage nutzen. 1Password gehört zu dieser Gattung (siehe nächste Doppelseite).

Mehr Sicherheitstipps

Lesen Sie auf der nächsten Seite weiter. Dort finden Sie Hinweise zur Onlinesicherheit. Den Dropbox-Sicherheitsüberblick finden Sie online unter www.dropbox.com/privacy#security.

1Password – mobiler Safe für Daten

Das beste Passwort ist eines, das Sie sich selbst nicht merken können. Klingt paradox? Wenn das einzige Passwort, das Sie zurzeit verwenden, Michaela oder 1234 heißt, sollten Sie aber über Ihre Sicherheitsstrategie nachdenken.

Diese Strategie könnte so aussehen: Speichern Sie alle Ihre PINs, Mitgliedsnummern, Kundennummern, Bankkonten und Logins für Websites, auf die Sie mit dem Browser zugreifen, in einer Datenbank auf dem Computer und sichern Sie diese mit einem Passwort ab.

Eine der bekanntesten Datenbanken heißt 1Password. Die App gibt es für Mac, Windows, iOS und Android. Zum Abgleich mit Ihrem Gerät speichert 1Password die Datenbank sicher nach dem AES-128-Standard verschlüsselt in Ihrer Dropbox (siehe oben). So kommt niemand an Ihre Daten, selbst wenn er Zugriff auf Ihren Speicher im Netz bekommt. Darauf können Sie sich verlassen.

❶ Installieren Sie 1Password auf Ihrem Computer (Mac oder Windows). Melden Sie sich dann an einer Website an, z. B. bei Bahn.de.

❷ 1Password kann sichere Passwörter erzeugen, speichern und automatisch einfügen.

❸ Im Programmfenster, das sich nur mit Ihrem Master-Password öffnen lässt, können Sie Logins und weitere Daten finden und verwalten. Diese werden verschlüsselt in Ihrer Dropbox gespeichert.

❹ Öffnen Sie den 1Password Reader am Tablet und suchen Sie in der Liste nach dem Login – entweder durch Blättern oder mit der Suche-Taste. Tippen Sie dann auf den gewünschten Eintrag.

❺ Auf der Detailseite sehen Sie alle Einzelheiten zum Eintrag. Autologin ruft die Website im Browser auf und füllt die Login-Felder mit Ihren Daten aus. Brauchen Sie die Anmeldedaten für eine App, z. B. den DB Navigator, kopieren Sie einfach die Anmeldedaten. Ein langer Druck auf das Feld Password kopiert Ihr Passwort in die Zwischenablage, von der aus Sie es überall einsetzen können.

Der smarte Weg zum sicheren Passwort

Hacker, die zu Testzwecken die Zugangsdaten von Mitgliedern eines großen Onlinediensts sammelten, kamen zur erschreckenden Erkenntnis, dass der Großteil der Nutzer Passwörter verwendete, die komplett unsicher sind. Dabei ist es gar nicht schwer, sicher online zu gehen. Mit diesen Tipps widerstehen Sie sogar Angriffen mit roher Rechengewalt:

- Ein Passwort sollte unterschiedliche Zeichen, Buchstaben, Zahlen und Sonderzeichen enthalten.
- Verwenden Sie keine einfachen Namen. Diese lassen sich rasend schnell mit einem sogenannten Wörterbuchangriff aushebeln.
- Sehr gut geeignet sind Sätze. Folgende Zeile aus einem Lied von Jan Delay habe ich schon als Passwort verwendet: »**U**nd **g**enau **d**arum **m**öchte **i**ch **n**icht, **d**ass **i**hr **m**eine **L**ieder **s**ingt!«. Mein Passwort lautete dann: »Ugdmindim1s!« (das L habe ich noch durch eine 1 ersetzt).
- Lassen Sie Passwörter automatisch erzeugen. Der Mac hat ein solches Werkzeug eingebaut. Ich verwende dazu die App 1Passwort auf allen meinen Computern. Mehr dazu finden Sie auf der nächsten Seite.
- Verwenden Sie für jeden Dienst ein eigenes Passwort. So vermeiden Sie, dass Hacker Ihr Passwort an einer Stelle klauen und sich an anderer Stelle damit einloggen.
- Ach ja: Behalten Sie Ihre Passwörter für sich. Verraten Sie sie weder Ihrem Ehepartner noch Ihren Freunden oder Ihren Kindern. Nicht, weil Sie etwas zu verbergen hätten, sondern einfach, weil niemand sonst sie wissen muss.
- Ändern Sie Ihre Passwörter regelmäßig.

Der smarte Umgang mit privaten Daten

Ein Tablet ohne Internetzugang ist wie ein Auto, bei dem nur der erste Gang funktioniert. Sie können ein bisschen damit fahren, aber außerhalb des Parkplatzes merken Sie, dass etwas fehlt. Schalten Sie dann die restlichen Gänge frei, fängt der Spaß richtig an – es wird aber auch gefährlicher.

Deshalb habe ich in diesem Kapitel ein paar Hinweise dazu zusammengestellt, wie Sie Apps wie Dropbox oder Evernote praktisch nutzen und trotzdem nicht die Kontrolle über Ihre privaten und vertraulichen Daten verlieren.

Sichern Sie Ihre Zugänge

- Verwenden Sie für jedes Onlinekonto ein einmaliges, sicheres Passwort. Mehr dazu finden Sie auf der vorherigen Seite.
- Aktivieren Sie die Zugangssperren an Ihrem Computer und Ihrem Tablet. (Richten Sie auf Ihrem Computer ein Benutzerkonto ein, falls Sie noch keines haben.)
- Sichern Sie vertrauliche Office-Dateien mit Kennwörtern (MS Office lässt sich zum Beispiel mit Kingsoft Office oder Quick Office öffnen).

Setzen Sie Ihren Verstand ein

Zwischen Ihren Onlinedaten und den neugierigen Augen anderer stehen nur Ihr Username und Ihr Passwort. Sollten Sie also einmal Opfer eines Phishing-Angriffs oder eines Passwortdiebstahls werden, kann Ihr Onlinespeicher zur Quelle aller Ihrer persönlichen Daten werden.

- Speichern Sie deshalb persönliche Daten nicht unverschlüsselt – weder offline noch online. Nutzen Sie Apps wie 1Password.
- Wählen Sie aus, welche Daten Sie anzeigen möchten, und speichern Sie nur diese in der Dropbox oder in anderen Onlinewerkzeugen.

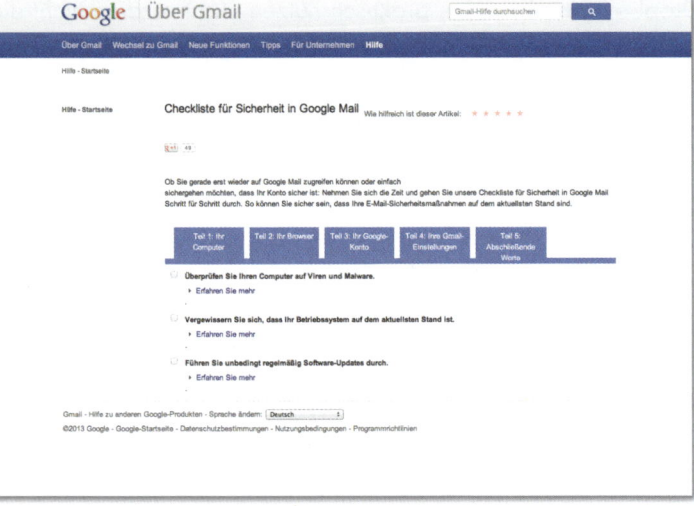

Sichere Daten und sichere Übertragung bei Google-Diensten

Bei Google sind Ihre Daten sicher aufgehoben. Dafür hat der Konzern ziemlich umfangreiche Sicherheitsrichtlinien erlassen. Hier eine Liste der Maßnahmen:

- Benutzerdaten werden auf Servern in der ganzen Welt gespeichert.
- Anmeldedaten für Kontakte und Kalender werden verschlüsselt über HTTPS übertragen.
- E-Mails werden ebenfalls über HTTPS mit dem IMAP-Protokoll übertragen.
- Gmail warnt Sie, wenn verdächtige Aktivitäten auf Ihrem Konto stattfinden.

Aber Ihre Daten sind nur dann sicher, wenn auch Ihre Zugangsdaten sicher sind. Deshalb sollten Sie darauf achten, dass Sie ein sicheres Passwort verwenden, und dieses ab und zu ändern.

Die Datenübertragung über das Mobilfunknetz UMTS erfolgt verschlüsselt. Die Gefahr, dass Fremde auf Ihre Daten zugreifen, ist gering, obwohl Hacker ständig versuchen, Sicherheitslücken zu finden. Öffentliche WLAN-Hotspots hingegen übertragen die Daten ungeschützt, und mit der entsprechenden Ausrüstung ist es ein Kinderspiel, übertragene Daten abzufangen und zuzuordnen.

Bei Google werden Ihre privaten Daten (Anmeldungen mit dem authToken, Mails) verschlüsselt übertragen, so dass sie nicht abgefangen werden können.

Datenschutz bei Google

Google stellt interessante Artikel zum Thema Sicherheit bereit, mittlerweile auch immer häufiger in deutscher Sprache. Wenn Sie Zeit haben, lesen Sie mal rein:

- Google-Datenschutz-Center – http://www.google.com/policies/privacy/
- Google-Checkliste für Sicherheit in Gmail – bit.ly/gmcheck
- Google Transparency Report – www.google.com/transparencyreport

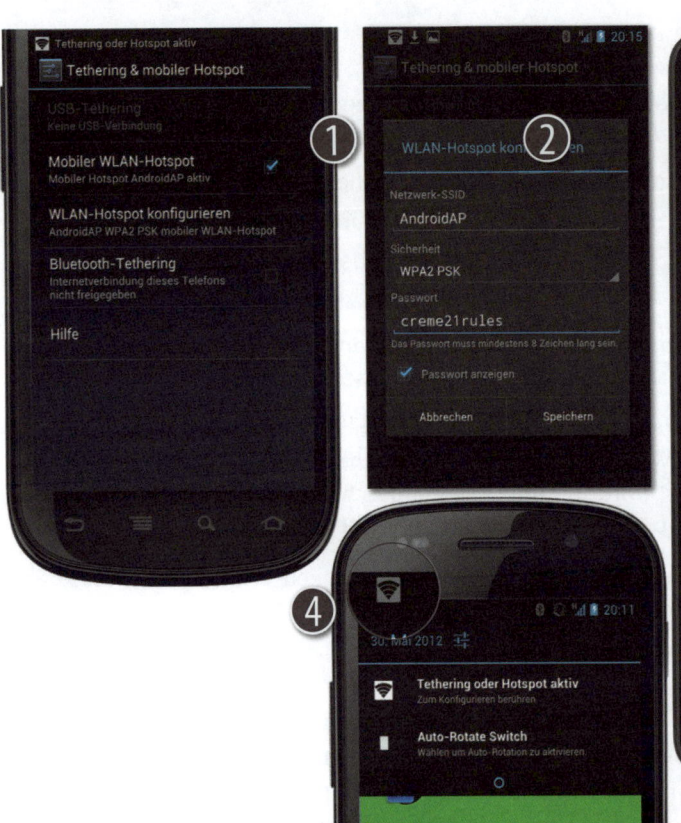
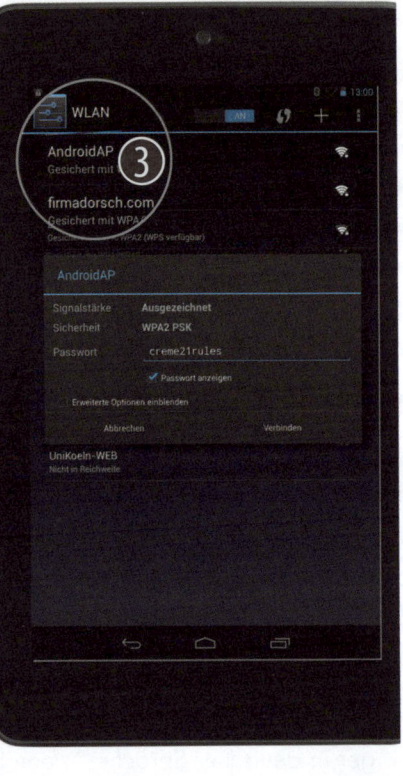

Mobiler Hotspot – die Internetverbindung des Smartphones nutzen

Achtung, das hier ist ein Smartphone-Tipp: Wenn Sie unterwegs ohne WLAN mit dem Tablet ins Internet wollen, brauchen Sie dazu eine Mobilfunkverbindung. Wenn Sie ein Android-Phone haben, können Sie diese auch mit Ihrem Tablet nutzen. Wenn Sie wollen, sogar zusammen mit mehreren Freunden.

❶ Am Smartphone: Öffnen Sie Einstellungen → Drahtlos und Netzwerke → Mehr → Tethering & mobiler Hotspot. Aktivieren Sie das Feld Mobiler WLAN-Hotspot mit einem Haken.

❷ Tippen Sie auf WLAN-Hotspot-Einstellungen und dann auf WLAN-Hotspot konfigurieren. Ändern Sie den Namen Ihres Hotspots, wenn Sie mögen, und geben Sie ein Passwort für Ihren Hotspot ein (am besten eines, das Sie aussprechen können).

❸ Am Tablet: Rufen Sie jetzt die WLAN-Einstellungen Ihres Tablets in den Einstellungen auf. Tippen Sie auf den neuen Hotspot und geben Sie das Kennwort ein. Sie sind verbunden.

❹ Ob der Zugang aktiv ist oder nicht, sehen Sie am kleinen Symbol in der Menüleiste.

Auch das Tablet kann ein Hotspot sein

Natürlich können Sie so einen Hotspot auch am Tablet einrichten – wenn es Mobilfunk eingebaut hat. Wenn Sie als Einziger vernünftiges Netz auf der Berghütte haben, können Sie Ihren Freunden den Zugang dazu einrichten. Das macht man so unter Bergfreunden.

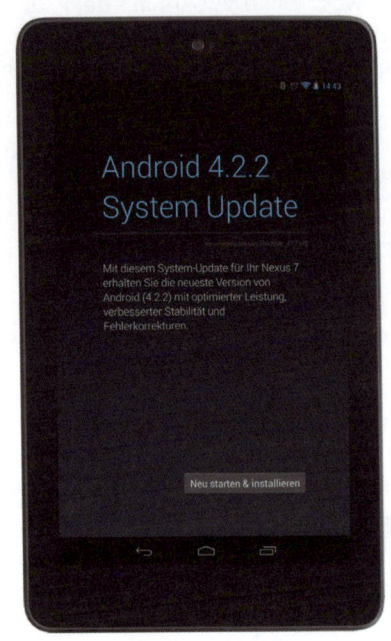

Android 4.2.2
System Update

Mit diesem System-Update für Ihr Nexus 7
erhalten Sie die neueste Version von
Android (4.2.2) mit optimierter Leistung,
verbesserter Stabilität und
Fehlerkorrekturen.

Neu starten & installieren

Kapitel 10 | Warten und pflegen – das Tablet sicher und funktionsfähig halten

»Schon mit Aus- und Einschalten versucht?«

Das ist die erste Frage des Systemadministrators, wenn Sie ihm einen Computerfehler melden. Und die Frage ist gar nicht dumm, denn in sehr vielen Fällen funktioniert das.

Ihr Tablet ist nichts anderes als ein äußerst leistungsfähiger Computer. Diese Tatsache versteckt sich allerdings ziemlich gut unter einer schicken Oberfläche und den aufgeräumten Programmen. Tauchen mal Probleme auf, hilft es aber, sich daran zu erinnern: ausschalten, einschalten und dann weitersehen.

- Neustarten: Lassen Sie das System Fehler bereinigen.
- Setzen Sie Ihr Gerät auf die Werkseinstellungen zurück und stellen Sie danach Ihre Einstellungen wieder her.
- Lassen Sie sich wirklich alle Systeminformationen zeigen.

Über das Tablet – wichtige Daten schnell zur Hand

Welches System läuft auf Ihrem Tablet? Wie ist eigentlich Ihre Telefonnummer? Das wissen Sie nicht? Es steht alles in Ihrem Tablet. Öffnen Sie Einstellungen und dann den letzten Eintrag in der Liste, Über das Tablet. Hier finden Sie unter anderem folgende Informationen:

❶ **Systemupdates** werden meist angekündigt. Um nachzusehen, ob Updates für Ihr Gerät vorhanden sind, tippen Sie auf den Eintrag und dann auf Jetzt überprüfen.

❷ **Status** zeigt Akkustatus und -ladung an, eventuell die Telefonnummer (für mich wichtig) und weitere Daten, die man manchmal gern zur Hand hat, z.B. die IMEI-Nummer (die eindeutige 15-stellige Seriennummer jedes Mobiltelefons), das Mobilfunknetz und die aktuelle WLAN-MAC-Adresse (die eindeutige Geräteadresse, falls Ihr Admin die wissen will).

❸ **Android-Version** zeigt die aktuell installierte Systemversion. Hier ist es die Version 4.2.1, auch »Jelly Bean« genannt.

Versionskunde im Android-Süßwarenladen

Die Android-Programmierer besitzen eine ausgeprägte Vorliebe für Süßigkeiten. Ob Sie sich die Versionsnamen für Ihr System beim gemütlichen Nachmittagskaffee ausdenken?

Die ersten Versionen des Android-Systems hießen Cupcake und Donut. Die aktuellen Versionen, von denen Sie hoffentlich eine installiert haben, heißen Eclair (2.0 bis 2.1.x, auf dem Bild), Froyo (Frozen Yoghurt, 2.2.x) und Gingerbread (2.3.x). Die süßen Honigwaben (Honeycomb, 3.x) waren einigen wenigen Tablet-Computern vorbehalten. Die aktuellen Versionen – jetzt für Smartphones und Tablets – heißen Ice Cream Sandwich (4.x) und Jelly Bean (4.1 und 4.2). Die kommende Version soll »Key Lime Pie« heißen. Lecker!

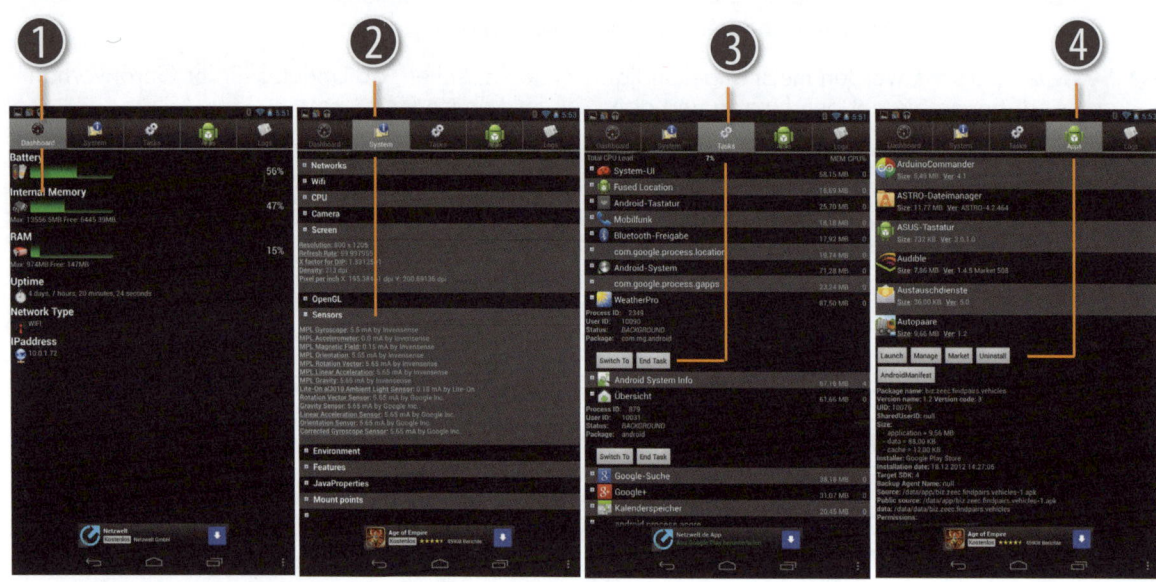

Android-Infos bis ins kleinste Detail

Manchmal will man einfach mehr wissen über die Technik, die man benutzt. Welche Auflösung hat mein Display noch mal? Mit welchem Takt läuft der Prozessor? Weil Android ein offenes System ist, können Sie all diese Infos abfragen, zum Beispiel mit der App Android System Info. Sie stülpt das Innere Ihres Gerätes nach außen. Da bleibt nichts verborgen.

❶ Das Dashboard zeigt die wichtigsten Zustände Ihres Geräts an: Batterie und Speicher.

❷ Alles, was Sie über Ihr System wissen wollen, finden Sie im zweiten Register. Wie hoch ist die Bildschirmauflösung? Welche Sensoren welches Herstellers sind in Ihrem Tablet verbaut?

❸ Die laufenden Tasks, also Apps und Hintergrunddienste, finden Sie im dritten Register. Tippen Sie auf einen Eintrag, um die Informationen dazu anzuzeigen, sie zu öffnen oder zu beenden.

❹ Auch praktisch: Der letzte Tab zeigt alle Apps auf Ihrem Tablet. Tippen Sie auf einen Eintrag. Sie können die App von hier aus starten, verwalten und deinstallieren.

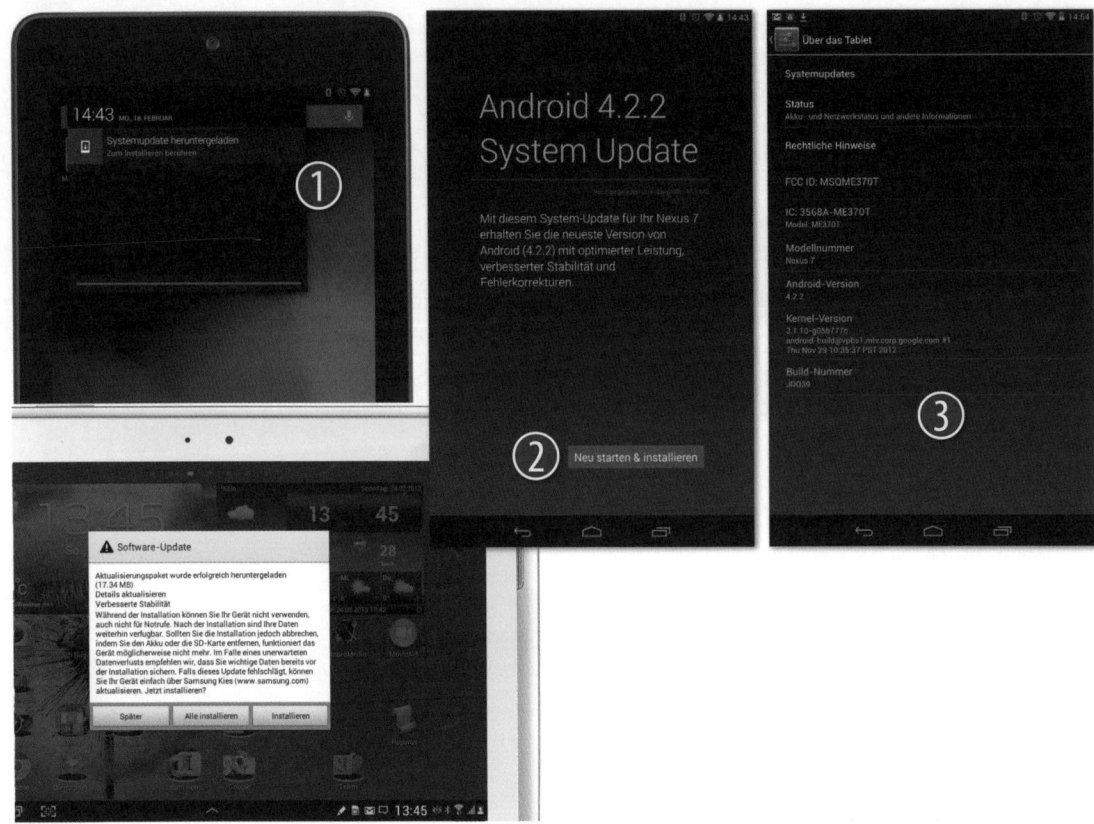

Android-Systemupdate installieren

Wieder so eine Sache, die mancher noch vom PC kennt: Systemupdates. Wenn danach der Computer nicht mehr richtig funktioniert, weil der Grafikkartentreiber nicht mit der Version X von Update Y zusammenpasst. Bei Android ist das Ganze richtig langweilig. Denn Updates bekommen Sie dann, wenn sie für genau Ihr Gerät verfügbar sind. Und installiert sind sie so schnell, dass nicht mal Zeit für einen Kaffee bleibt. Naja, soll mir recht sein.

❶ Ist ein Systemupdate erhältlich, werden Sie mit einer Benachrichtigung darüber informiert. Wenn Sie die Benachrichtigung antippen, erhalten Sie weitere Informationen.
Bei Samsung-Geräten sieht die Benachrichtigung ein wenig anders aus. Hier sehen Sie eine Meldung und einen Hinweis in der Navigationsleiste unten rechts.

❷ Die Infos zeigen Informationen zum Update. Hier gibt es zum Beispiel Leistungssteigerung, verbesserte Stabilität und Fehlerbehebungen. Tippen Sie auf Neu starten & installieren.

❸ Das Update dauert nur kurze Zeit. Währenddessen sehen Sie eine kleine Pausenanimation (Android mit Ladebalken oder Ähnliches). Wenn es wieder weitergeht, können Sie die aktuelle Systemversion in Einstellungen → Über das Telefon sehen. Hier ist es die Version 4.2.2.

Warten Sie auf ein Update? Mit einem Tipp auf den Eintrag Systemupdates weiter oben suchen Sie nach aktuellen Daten.

Worauf Sie achten sollten

Systemupdates sind unterschiedlich groß. Wenn möglich, sollten Sie das Update dann laden, wenn Sie in einem WLAN angemeldet sind.

Ach, und achten Sie darauf, dass Ihr Akku voll ist oder das Gerät an der Steckdose hängt. Ehrlich gesagt, weiß ich nicht, was passiert, wenn während des Updates der Strom ausgeht. Aber ich will es auch nicht herausfinden.

Genutzten Speicher anzeigen und aufräumen

Zugegeben, mit Streaming-Diensten für Video und Musik sind zwei große Speicherfresser praktisch ausgeschaltet. Aber selbst wenn Sie keine Film- und Musikdaten auf Ihrem Tablet ablegen, werden Sie möglicherweise an die Grenzen Ihres Speichers stoßen. Dann wird Ihr Tablet möglicherweise etwas langsamer und – viel schlimmer! – Sie können dieses eine tolle neue Spiel nicht laden, weil es einfach zu groß ist. Schön, dass Sie mit Android-Bordmitteln Speicherdiebe aufspüren und eliminieren können.

❶ Wählen Sie Einstellungen → Speicher. Jetzt wird der Speicher analysiert. Das dauert ein wenig. Am farbigen Balken können Sie die Belegung sehen. Apps und Bilder machen bei mir den größten Block aus.

❷ Tippen Sie auf den Balken Gesamtspeicher. Einstellungen → Apps wird aufgerufen. Tippen Sie auf Deinstallieren, um eine App direkt zu löschen.

❸ Aber auch an anderen Ecken lässt sich sparen. Hier belegt der Cache (Zwischenspeicher) aller Apps zusammen 1,35 GByte. Darin speichern Apps größere Daten auf dem Gerät, um sie nicht bei jedem Aufruf aus dem Netz laden zu müssen. Sie können ihn bedenkenlos leeren – und die gewonnenen Gigabyte zum Beispiel mit einem Video füllen.

Die Einstellungen können sich unterscheiden. Bei Samsung-Geräten (❹) sehen sie heller und, wie ich finde, ein wenig freundlicher aus. Die Funktionen sind aber gleich.

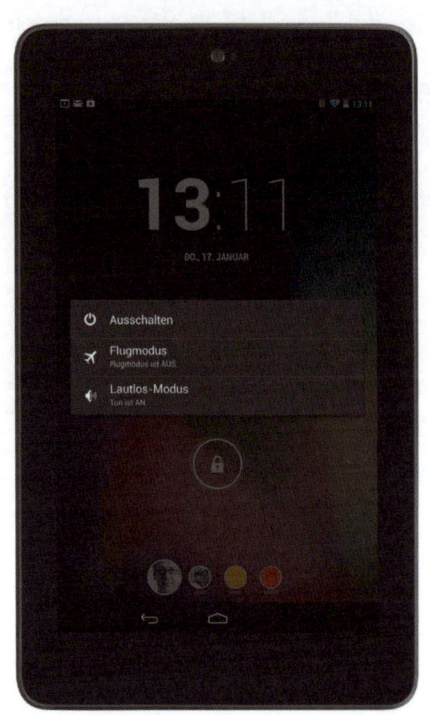

Neustart – das System aufräumen

Die Qualitätskontrollen bei der Tablet-Produktion sind ziemlich gut. Wenn sich Ihr Android also seltsam verhält, träge reagiert, wenn eine Taste nicht mehr funktioniert oder der Bildschirm plötzlich so dunkel ist, dass man kaum mehr etwas erkennen kann, ist das in den seltensten Fällen ein Hardwaredefekt. Ziehen Sie dann einfach mal den Stecker – oder übersetzt: Starten Sie das Tablet neu. Dabei geht nichts verloren. Android räumt nur ein bisschen auf.

Eine der zwei Möglichkeiten sollte jedes Tablet beherrschen:

❶ Drücken und halten Sie die Einschalttaste für zirka zehn Sekunden gedrückt (das Menü mit den Optionen sehen Sie nicht unbedingt.). Das Gerät startet neu und Sie können es wieder verwenden.

❷ Drücken Sie lang auf die Einschalttaste. Sie ist auch bei diesem Tablet am Rand zu finden. Wählen Sie aus dem Menü Neustart. Auch jetzt schaltet sich das Gerät aus und kommt im aufgeräumten Zustand wieder zurück.

Mit Akku raus ist's aus

Damit Tablets so lange laufen, wie es tun, brauchen sie riesige Akkus. Damit sie trotzdem schön flach bleiben, passen die Hersteller die Batterien praktisch formschlüssig zwischen Elektronik und Gehäuse ein. Früher stand in den Anleitungen: »Entfernen Sie den Akku und legen Sie ihn anschließend wieder ein.« Das geht heute nicht mehr.

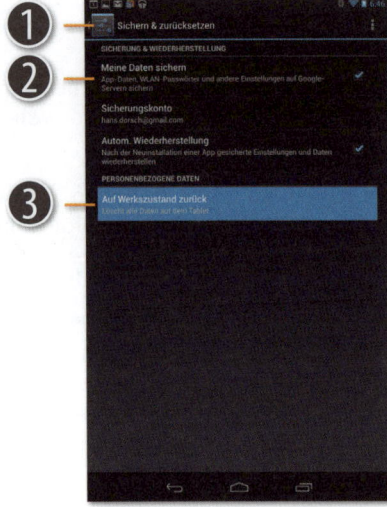

Tablet-Daten im Google-Konto sichern und auf Werkseinstellungen zurücksetzen

Ihr Tablet ist unter der schicken Hülle ein kleiner, leistungsfähiger Computer. Wenn es sich seltsam verhält, langsam wird oder permanent abstürzt, hilft es, wie beim Computer, den Zustand wiederherzustellen, den es beim Kauf hatte: den Werkszustand. Verglichen mit dem Computer, geht das beim Android-Tablet jedoch viel schneller und einfacher.

❶ Öffnen Sie Einstellungen → Sichern & zurücksetzen.

❷ **Sichern Sie Ihre Daten**: Aktivieren Sie die Punkte Meine Daten sichern und Automatische Wiederherstellung. Über Ihr Google-Konto speichert Android dann alle Einstellungen für Kontakte, Kalender, Apps und Zugangsdaten für WLAN und andere Netze sicher im Netz. Wie lange die Sicherung der Daten dauert, kann niemand genau sagen. Geben Sie Ihrem Gerät vielleicht einen Tag Zeit. Wie Sie die gesicherten Daten zurückholen, zeige ich Ihnen auf der nächsten Doppelseite.

❸ Tippen Sie auf Auf Werkszustand zurücksetzen.

❹ Bestätigen Sie das Zurücksetzen mit Tablet zurücksetzen. Ist Ihr Tablet durch ein Passwort oder ein Muster geschützt, geben Sie dieses im nächsten Schritt ein.

❺ **Löschen Sie jetzt alles:** Tippen Sie auf Alles Löschen. (Ich bin froh darüber, zur Sicherheit noch einmal gefragt zu werden.) Jetzt werden alle Einstellungen und alle heruntergeladenen Anwendungen gelöscht. Im Anschluss startet Ihr Tablet neu.

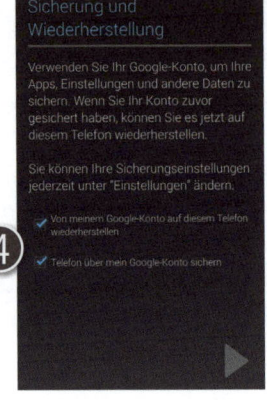

Tablet mit Google-Kontodaten wiederherstellen

Wenn Sie Ihre Daten bei Google gesichert haben (siehe vorherige Seite), können Sie Ihr Gerät im Fall eines Resets komplett wiederherstellen. Und sollte Ihr Gerät tatsächlich kaputt sein, können Sie auf diese Weise mit Ihren Einstellungen und Daten auf ein neues Tablet umziehen. Ich zeige es hier am Beispiel eines Android-Smartphones. Das Verfahren ist exakt gleich:

❶ Schalten Sie Ihr Gerät ein und folgen Sie den Anweisungen. Wählen Sie Ihre Sprache aus.

❷ Melden Sie sich am WLAN an – auch, wenn Sie Mobilfunk im Gerät nutzen. Bei der Wiederherstellung Ihrer Apps werden möglicherweise eine Menge Daten über das Netz bewegt. Das muss ja nicht von Ihrem Datenvolumen abgehen.

❸ Melden Sie sich mit Ihrem Google-Konto an, das Sie als Hauptkonto für Ihr Gerät verwenden.

❹ **Wichtig**: Holen Sie jetzt Ihre Daten zurück. Markieren Sie dazu den Punkt Von meinem Google-Konto auf diesem Gerät wiederherstellen. Tippen Sie auf Weiter.

❺ Das war's. Tippen Sie auf Beenden. Sie können Ihr Tablet jetzt schon benutzen. Die Wiederherstellung aller Daten dauert allerdings noch. Ein paar Stunden können durchaus vergehen.

Noch Fragen? Die Hersteller helfen – und die Anwender

Bei Problemen mit Ihrem Tablet gibt es drei Quellen nützlicher Tipps: den Hersteller, andere Anwender und Google.

❶ Wenden Sie sich direkt an den Hersteller, egal, wo Sie Ihr Gerät gekauft haben. Einen Mitarbeiter im Elektronikfachmarkt zu finden, der alles zu Ihrem Gerät weiß, ist schwierig bis unmöglich. Leichter findet sich da der Support-Bereich auf der Website. Registrieren Sie Ihr Gerät am besten sofort, nachdem Sie es gekauft haben. Notieren Sie sich auch die Telefonnummer der Hotline.

❷ Nutzen Sie das Wissen der anderen: Android-Nutzer helfen gern. Bei Fragen habe ich die besten Antworten in Foren gefunden, zum Beispiel bei www.androidhilfe.de und www.androidpit.de.

❸ Fragen Sie Google: Der Entwickler von Android bietet Unterstützung zum System und zu den Produkten und Diensten rund um Android. Die Seiten finden Sie bei Google Mobile oder unter http://support.google.com/nexus/. Auch wenn Sie kein Nexus-Gerät haben.

Index

O'REILLY IM SOCIAL WEB

  **Blog:**
community.oreilly.de/blog

  **Facebook:**
facebook.com/oreilly.de

  **Google+:**
bit.ly/googleplus_oreillyverlag

  **Twitter:**
twitter.com/oreilly_verlag

anfragen@oreilly.de · http://www.oreilly.de · +49 (0)221-97 31 60-0

Mehr Wissen im Querformat:

ISBN 978-3-86899-365-3, 19,90 €

ISBN 978-3-86899-952-5, 17,90 €

ISBN 978-3-95561-049-4, 17,90 €

ISBN 978-3-86899-839-9, 17,90 €

ISBN 978-3-86899-234-2, 17,90 €

ISBN 978-3-868999-379-0, 17,90 €

ISBN 978-3-86899-160-4, 17,90 €

ISBN 978-3-86899-964-8, 17,90 €

ISBN 978-3-86899-857-3, 17,90 €

ISBN 978-3-86899-845-0, 17,90 €

ISBN 978-3-86899-851-1, 19,90 €

ISBN 978-3-86899-377-6, 17,90 €